FBI
FEDERAL BUREAU OF INVESTIGATION

读心术全集

美国FBI超强读心术　　教你一眼看穿人心

 ·

华生 ◎ 编著

图书在版编目（CIP）数据

FBI读心术全集/华生著. -- 北京：中央编译出版社，2011.12
ISBN 978-7-5117-1175-5

Ⅰ. ①F… Ⅱ. ①华… Ⅲ. ①心理交往-通俗读物 Ⅳ. ①C912.1-49

中国版本图书馆CIP数据核字(2011)第252323号

FBI读心术全集

出 版 人：葛海彦
责任编辑：文 莲
特约编辑：张金蓉
责任印制：刘 慧
出版发行：中央编译出版社
地　　址：北京西城区车公庄大街乙5号鸿儒大厦B座（100044）
电　　话：(010) 52612345（总编室）　　(010) 52612335（编辑室）
　　　　　(010) 52612316（发行部）　　(010) 52612317（网络销售）
　　　　　(010) 52612346（馆配部）　　(010) 55626985（读者服务部）
传　　真：(010) 66515838
经　　销：全国新华书店
印　　刷：北京嘉业印刷厂
开　　本：710毫米×1000毫米　1/16
字　　数：370千字
印　　张：23.5
版　　次：2011年12月第1版
印　　次：2017年12月第13次印刷
定　　价：39.80元

网　　址：www.cctphome.com　　　　邮　　箱：cctp@cctphome.com
新浪微博：@中央编译出版社　　　　　微　　信：中央编译出版社（ID:cctphome）

本社常年法律顾问：北京市吴栾赵阎律师事务所律师　闫军　梁勤
凡有印刷质量问题，本社负责调换，电话：010-55626985

前言

我们经常说:"人心难测。"有的人心,狭小如针鼻,容不下一点误会与伤害;有的人心,广阔如大海,能够包容世间万物。但无论何种人心,其主人都不会轻易向他人袒露心迹,表白心声,有时还会遮蔽掩饰。而且,每一个人的心每时每刻都在变化,就像山间波谲云诡的雾霭一般,让人觉得变幻莫测,无所适从。所以,古今中外都会有许多人发出"世间最难揣摩的就是人心"这样的慨叹。

但是人生在世,想要建立良好的社会关系,取得事业上的成功,揣摩人心,就成了不得不懂的一项技能。只有了解他人,读懂他人的所能所需,才能够在工作方面做到知人善用,让人备感可靠;只有体谅他人,读懂他人的真实想法,才能够在感情方面处处顺风顺水,让人备觉安心;同样,只有抓牢他人,读懂他人的一举一动,才能够在商界百战百胜,赢得满堂喝彩。

不得不承认,如何读懂人心、把握人心、抓牢人心,正是目前我们大多数人都在头疼和苦恼的重要问题。

但实际上,想要做到这一点并不难。

就像哲学家所说:万事万物都会有其窍门所在。尽管人心易变,但是只要掌握了人心变化的规律,那么想要做到识人读心就不是难事了。事实上,在这个世界上,最懂识人、最会读心的,是我们经常在影视剧以及小说中看到的一个大名鼎鼎的神秘组织,即FBI(美国联邦调查局的英文)。

FBI自成立以来,就以其独特的手段、超高的办案效率而逐渐闻名于世。而在FBI成功的背后,读心术的影子也逐渐由朦胧转向清晰。尤其是FBI成立了专门的心理分析部门以后,运用读心术就成了FBI日常工作中不可或缺的一个重要手段。

因为每天都要面对最凶恶的罪犯、最狡猾的间谍、最灭绝人性的杀人狂,

FBI 所要面对的人心险恶比起我们普通人来说要更胜一筹。险恶的环境造就了非同一般的洞察力，FBI 所掌握的读心术，比起普通的识人之术来说，更值得我们去学习。当我们学会了 FBI 专属的读心术后，遇到生活中的种种问题，完全可以做到轻松面对，在谈笑间掌控大局，你的生活必然发生天翻地覆的变化。

这本《FBI 读心术全集》将 FBI 多年的识人读心经验全面系统科学地总结出来，运用轻松活泼的语言娓娓道来，不仅具备 FBI "一针见血"的明确性，更将 FBI 读心术的专业知识解读进我们生活中随处可见的交际案例里，真正做到了通俗易懂、内容广泛、实用性强。

在具体的内容安排上，本书首先介绍了 FBI 专用的套话和识谎两项技术，这曾是 FBI 密不外传的秘笈。其次，本书还介绍了最常规的识人读心技巧，也就是所谓的察言观色技巧，即从对方的反应、表情、动作、语言等四个方面来判断对方的心理活动，但这些常规技巧在经过 FBI 的经验加工和科学分析之后，其准确性和科学性都大大地上了一个台阶。不仅如此，本书还从犯罪心理学、情绪心理学、人格心理学、行为心理学、群体心理学等五个角度展开，分析了 FBI 的读心艺术，内容不可谓不全，不可谓不深，不可谓不透。

而之所以苦心编撰这本大全集，笔者希望：

每天，你翻开这本书，都可以学到一则能够随学随用的读心知识，这能让你在为人处世中更有信心，更泰然自若地面对种种问题；

每次，当你遇到了令人苦恼的难题时，翻开这本书，都能够及时地找到相应的解决办法，在风轻云淡间化解一个个无形的陷阱和危难。

当然，笔者最希望看见的是：有一天，这本书能被你束之高阁，放进书架的最高层，而书中的技巧与知识，你已经烂熟于胸。而这时，毫无疑问，你已经成为生活中的强者，社会中人人艳羡的成功人士。

CONTENTS 目录

第一章

FBI 超强读心术——第一时间看穿你的心思

自20世纪以来，FBI在执法过程中越来越多地用到读心术。伴随着FBI执法水平的提高，读心术也取得了突飞猛进的发展，同时逐渐融入到FBI的血液之中。如今的FBI无论是搜集情报、侦破审讯，还是在日常工作中，都离不开读心术的帮助。FBI之所以成为当今世界最令人瞩目的执法机构，正是因为他们拥有着世界上顶级的读心术。

- FBI是保证美国国家安全和利益的中流砥柱/003
- FBI需要精通读心术，才能战胜犯罪分子/006
- FBI的招募和训练过程中充分融入了心理学/009
- FBI善于从细节中发现罪犯的犯罪动机/011
- FBI能够在短时间内掌握他人的心理特征/014
- FBI在身体语言方面有着非同一般的敏感/017
- FBI的识谎术可以让说谎者无所遁形/020
- FBI善于运用套话技巧诱导嫌疑人说出真相/023
- FBI的心理控制法能让嫌疑人说出真相/025

第二章

FBI 套话的艺术——你不想说真话都不行

FBI读心术的一个核心技巧就是套话，因为他们每天都需要跟间谍、罪犯等人打交道，需要从他们的口中套出信息，所以FBI逐渐掌握了一种套话的艺术，只要掌握了这门艺术，真正可以做到让对方不想说真话都不行！

- 让对方多说话，哪怕是假话也会留下真线索/031
- 通过不断提问掌控话语的主导权/033
- 放个烟幕弹，让对方无法推测你的意图/036
- 换个角度发问，让对方自己打自己的脸/039
- 提供虚假信息，只要对方接话就一定露馅/042

运用模糊语言，让对方自己说出实情/045
用道具向对方暗示自己已经掌握了重要信息/047
欲擒故纵：如果觉得不方便就不要告诉我/050
使用反诘逼出真相，让他没机会说"我记错了"/053

第三章

FBI识谎的艺术——这样的回答是骗不过我的

识谎是FBI的另一个核心技巧，犯罪分子总是试图用谎言来掩盖自己的罪行，FBI为了弄清楚背后的真相，就不得不掌握强大的识谎术。对于FBI来说，如今已经很难有人能够欺骗他们了，他们总能从说谎者的身上看出一丝端倪。

矢口否认——否认得这么快，一定有问题/059
答非所问——看来这个问题你有所隐瞒/061
诉求细节——解释过多反倒不让人相信/064
假装生气——真生气是有底气，假生气就是心虚/067
坐立不安——说真话的人为什么会那么紧张/069
吞吞吐吐——明显对自己的言辞没有信心/071
故意拖延——在争取时间以思考怎么说谎/073
言行不一——所做的比所说的要可信得多/076

第四章

FBI破解应激反应——你的小动作出卖了你

人类在遭遇突然的刺激时，伴随着情绪的极端变化，身体本身也会产生一些细微的反应。正因为这些反应本身非常细微，我们平时往往很难发觉，但FBI对这些细节非常重视，他们可以通过人体突然的应激反应判断出其内心真实的想法和情绪状况。

冻结反应——面对不利刺激的第一反应/081
战斗反应——愤怒到极点就准备战斗/084

CONTENTS 目录

逃离反应——不喜欢你，就和你拉开距离/087
安慰反应——不舒适时就自我安慰一番/089
主从反应——一眼就能看透谁主谁从/092
胜败反应——谁胜谁败你都能一目了然/094
领地反应——捍卫自己的领地是人的天性/096

第五章

FBI破解面部表情——抓住那一闪而过的真相

面部表情是人内心的一面镜子。当然，伪装表情对于我们来说也并不是什么难事，但是无论如何伪装，FBI总能从中找出那一丝真实的痕迹，进而判断出对方真实的心理状态。

微表情会透露一个人心头的秘密/101
眉毛变化体现一个人的喜怒哀乐/104
眼睛的动作语言反映出的心理变化/107
通过眼神变化可以看透对方的内心/110
探视鼻子的瞬间动作传递出的信息/113
嘴部的变化表现人的"心事"/116
从微笑中捕捉对方心灵的变化/119
下巴动作是个性的"显示器"/122

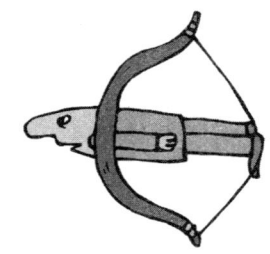

第六章

FBI破解肢体动作——你的肢体语言不会说谎

人们在互相交流时，55%的信息都要靠肢体语言来表达，而肢体语言就是由面部表情和肢体动作两个部分构成的，其中肢体动作传递的信息甚至要更加丰富一些。FBI对肢体动作的研究绝对到了臻于化境的层次，他们跟罪犯交流时绝对不会放过其身上的任何一个动作。

头部动作是心迹的自然流露/127
手势能直接反映一个人的所思所想/130
握手动作中表现出来的潜在信息/133
走路姿势是个性的速写/136
不同坐姿折射出的不同心理/139
双臂交叉是构筑防卫的屏障/142
叠腿的姿势显示了防卫的态度/145
脚部动作是最诚实的身体语言/148

第七章

FBI破解口头语言——什么样的人说什么样的话

世界上没有完全相同的两片树叶，更没有完全相同的两种声音，但"心由口出"，每个人的语言方式、说话的内容都体现了其与众不同的个性，正所谓什么样的人说什么样的话，FBI在这方面也深得其法。

选择什么样的话题反映什么样的心理/153
听声音可以辨别出一个人的个性/156
语言风格中暗藏着一个人的心境/159
语速和语调中暗藏的心理玄机/162
通过礼貌语的使用推断他的心理/165
不经意的口误会出卖他的真实意图/168
从对方语言的"破绽"中识破谎言/171
电话语言揭示人们不同的性格/174
不同的口头禅反映人的不同心态/177

第八章

FBI教你犯罪心理学——破解犯罪背后的心理密码

为什么人们会犯罪？什么样的人有潜在的犯罪危机？我们如何将体内潜在的犯罪

冲动消除？FBI教你专业的犯罪心理学，帮助你收获积极、和谐、安乐的人生。

七宗罪：引发犯罪的七种传统因素/183
力比多效应：性本能是犯罪的根本原因/185
人格分裂：各种冲突与矛盾的集合体/187
人格障碍：无法融入社会的边缘人/190
精神病质的人格：这样的性格有暴力倾向/193
连环杀手：异常行为背后复杂的犯罪成因/196
犯罪心理画像：卓有成效的犯罪心理分析法/199

第九章

FBI教你情绪心理学——我能读懂你的喜怒哀乐

喜怒哀乐的本质是什么？为什么人们会出现各种各样的情绪？这些情绪背后反映了人们什么样的心理？掌握了FBI的情绪心理学，就能透过人的情绪，看透其内心，从而作出最正确的应对。

吊桥效应：心动只是因为心跳过快/203
自卑情结：优秀源自对自卑感的超越/206
巧合现象：为何说曹操，曹操就到/209
童年阴影：藏在心底永远的痛/212
口头禅效应：一句话看透对方的内心/215
踢猫效应：坏心情是怎样传染的/219
健忘效应：忘记并不是因为记性不好/222
强迫性重复：为什么明知不可还为之/225
信手涂鸦：随手画画透露你的心思/228
墨镜效应：戴墨镜会让内心变得冷酷/232

第十章

FBI教你人格心理学——看人就要看到骨子里

每一个人都有其独立人格,其感觉、思考及表现方式都是独一无二的。人格心理学正是针对一个人最基础的人格进行研究,进而分析其心理,对其行为进行预判的。FBI正是通过这个手段将无数的犯罪都扼杀在摇篮之中。

认知失调:一致与冲突的博弈/237

后视偏见:事后诸葛亮,事前猪一样/240

归因理论:成功归自己,失败归环境/243

定位效应:人们为什么会先入为主/247

所有权之谜:自家的东西就是宝贝/250

适应性偏见:有多少事情你会习以为常/253

行动原理:行为的改变能够扭转态度/256

投射效应:以小人之心度君子之腹/259

过度自信:每个人都觉得自己比别人强/262

自尊原理:人敬我一尺,我敬人一丈/266

约拿情结:为什么有的人甘于平庸/269

自嘲效应:敢于贬低自己反倒是自信的表现/272

第十一章

FBI教你行为心理学——行为背后的心理根源

人的行为是外在表现,而心理才是内在支撑,有什么样的心理就会有什么样的行为。FBI正是掌握了这一点,才能够通过对人们日常行为的观察研究,反方向推断出人们的心理,发掘行为背后的心理根源。

安慰疗法:心理暗示能够产生积极作用/277

互惠原理:你对我好,我就对你好/280

喜好原理:为什么人们会爱屋及乌/284

从众原理:被人孤立的滋味不好受/289

损失规避：得到的快乐没有失去的痛苦强烈/293

自我求证心理：为什么算命师能猜中你的心思/296

锚定效应：在哪里抛锚，就会在哪里停下/301

诱饵效应：怎样发现别人设置的诱饵/305

竞争效应：资源越是稀缺，人们争夺得越激烈/308

行为陷阱：一旦陷进去，就难以自拔/311

沉没成本：有时候坚持到底并不明智/314

赌徒谬误：错误理解了概率论/317

道德风险：贪图安逸是人的天性吗/320

第十二章

FBI教你群体心理学——群体心理是如何被操纵的

　　FBI作为维护美国社会稳定的中流砥柱，他们在办案过程中不得不考虑社会群体的反应。FBI通过对群体心理学的不断研究，揭示了很多操纵群体心理的手段。

乌合之众：百口莫辩的集体幻觉/325

斯坦福监狱实验：弄假成真的角色扮演/328

去个性化效应：为什么老实人也会变疯狂/332

旁观者效应：围观的人越多，能帮忙的人就越少/335

斯德哥尔摩效应：为什么美女会爱上绑架她的匪徒/338

群体压力："大我"面前只能放弃"小我"/340

服从权威：权威拥有强迫他人服从的权力/344

公地悲剧：人人都关心自己那一亩三分地/347

搭便车效应：人人都想不劳而获/350

替罪羊效应：群体会把过错推卸给别人/353

社会懈怠效应：人多不一定力量大/356

社会促进效应：有人关注，我就做得好/359

第一章
FBI 超强读心术
——第一时间看穿你的心思

　　自 20 世纪以来，FBI 在执法过程中越来越多地用到读心术。伴随着 FBI 执法水平的提高，读心术也取得了突飞猛进的发展，同时逐渐融入到 FBI 的血液之中。如今的 FBI 无论是搜集情报、侦破审讯，还是在日常工作中，都离不开读心术的帮助。FBI 之所以成为当今世界最令人瞩目的执法机构，正是因为他们拥有着世界上顶级的读心术。

FBI 是保证美国国家安全和利益的中流砥柱

FBI 是美国联邦调查局的简称,是维护美国国家安全和利益的中流砥柱,是各种犯罪活动和罪犯的天敌和克星。FBI 从建立的那一天起,就成为美国历史不可或缺的一部分。

哪里有犯罪,哪里就有 FBI。《X 档案》、《沉默的羔羊》、《犯罪现场调查》……这些令人大呼过瘾的优秀影视作品几乎将 FBI 渲染成了一个神话,其成员被塑造成身手不凡、思维缜密的超级英雄,成为保证美国国家安全和利益的中流砥柱。

影视作品源于现实生活,但毕竟是经过艺术化处理的,不能和现实完全吻合。那么,现实中的 FBI 又是怎样的呢?

FBI 是英文 Federal Bureau of Investigation 的缩写,也就是美国联邦调查局的简称。但"FBI"也不仅是局称的缩写那么简单,它还代表着联邦调查局坚持贯彻的信条——忠诚(Fidelity)、勇敢(Bravery)和正直(Integrity)。

关于 FBI 的起源,有这么一段故事。在 19 世纪,政府机构经常雇用私家侦探公司进行破案。直至 1908 年,美国西部地区的土地非法销售激怒了在任的总统西奥多·罗斯福,他授权当时的司法部长查尔斯·约瑟夫·波拿巴成立一个小型侦探机构,以此来调查这些罪行。1909 年,该机构拥有了正式名称——调查局(The Bureau of Investigation,简称 BOI),这就是 FBI 的雏形,1935 年 7 月 1 日正式更名为联邦调查局。

FBI 隶属于司法部,是美国重要的情报机构,也是美国最早建立的警务机构。FBI 的使命是通过调查违反联邦刑法的行为来维护法律,保护美国免受外国间谍和恐怖分子活动的威胁,为联邦、州、地方或国际机构提供领导和执法帮助。最初,只有少数犯罪活动在该调查局的管辖范围之内,比如土地诈骗、全国性银行诈骗、反垄断犯罪以及跨州界犯罪等。但在接下来的数十年中,新颁布的法律扩大了他们的调查范围。如今 FBI 每次调查的情报资料,递交适当的美国律师或者美国司法部官员,由他们决定是否批准起诉或其他行动。其中在反暴行、毒品/组织犯罪、外国反间谍活动、暴力犯罪和白领阶层犯罪等方面享有最高优先权。

随着任务职能的拓展，FBI 的部门结构也变得庞大起来。FBI 总部位于华盛顿特区一栋以鼎鼎大名的胡佛局长命名的大厦。这栋大厦于 1974 年投入使用，外观酷似一个大型堡垒。总部下设 10 个由助理局长担任领导的职能部门，分管鉴定、训练、刑事调查、技术服务等工作，并在全国 59 个城市设立外勤办事处及从属于它们的 400 多个"地方分局"，还有分布在世界 22 个国家的驻外机构，执行总部分配的任务。另外，它还设有"罪犯司法信息服务部"、刑事犯罪"科学实验室"、"中央指纹档案馆"、"尖端人质拯救小组"以及专门培训高级特工的国家学院。

在对学员的培养上，FBI 可谓煞费苦心。美国联邦调查局国家学院就是 FBI 人才的摇篮，坐落在弗吉尼亚州匡蒂科美国海军陆战队基地内。这所始创于 1972 年的高级特工和间谍培训机构被 385 亩的森林完全包围，在空中都难以窥得全景。据 FBI 官方网站介绍，这样的环境有利于"安全、保密"。美国联邦调查局国家学院主体包括 3 座宿舍楼、1 座餐厅、1 座教学楼、1 个法医研究与训练中心、1 座有 1000 个座位的礼堂、1 座小礼拜堂、1 个大健身房、1 条室外跑道和 1 家装备齐全的汽修厂。除此之外，国家学院里还有一座模拟城市，专供 FBI 学员实战模拟用。模拟城市附近还有 1 个室内靶场、8 个室外靶场、4 个飞碟靶场和 1 个 200 米步枪冲锋枪靶场。

2008 年，联邦调查局迎来了百岁生日。历史学家认为，这一个世纪见证了 FBI 的成功和失败、荣誉和非议。专家们认为，FBI 在某种程度上折射出了美国 20 世纪的历史，是美国国家利益和安全的见证者和守护者。20 世纪 30 年代，联邦调查局逮捕了一批臭名昭著的绑架、抢劫和杀人犯，在打击三 K 党的行动中也扮演了重要角色。一战和二战期间，FBI 的职能开始转型，以调查外国的情报和恐怖活动为主，全面打响间谍战。之后，FBI 也进行过声名狼藉的对持不同政见者的调查行动，包括调查黑人运动领袖马丁·路德·金、驱赶卓别林、调查爱因斯坦等。2001 年 9 月 11 日的恐怖袭击是 FBI 的转折点。"9·11"以后，FBI 展开了有史以来最大规模的调查，出动了近四分之一的特工和专业人员。此后，FBI 将打击恐怖主义列为首要任务。

为此，美国威斯康星州马凯特大学的教授埃森·希奥哈里斯曾写了一本书，书名叫《联邦调查局与美国民主》。他在书中指出，在大多数美国人的印象里，FBI 的形象是正面的，人们认为它是打击犯罪最有效的机构，是美国国家利益和安全的中流砥柱。可以说，这种评价是对荧幕中 FBI 的肯定。

FBI 需要精通读心术，才能战胜犯罪分子

与犯罪分子较量，需要斗勇，更重要的是斗智。而读懂犯罪分子的内心想法，FBI 无疑已经在智斗中占尽上风。因此，作为犯罪分子克星的 FBI 必须掌握读心术。

FBI 的职责就是与威胁美国国家利益和安全的犯罪分子作斗争，将他们一网打尽。可是面对林林总总的罪犯，尤其是那些高智商、行踪诡秘的危险分子，"道高一尺，魔高一丈"，如何才能更胜一筹，在与这些危险人物的斗智斗勇中胜出呢？答案就是掌握读心术。

所谓读心术，就是通过对一个人声音、表情、眼神、肢体动作等的分析，从而解读其内心想法的技术。这种技术建立于心理研究之上，具有普遍的适用性。

也许有人会说，用现代化的跟踪、监视工具以及测谎工具等已经足以让犯罪分子现出原形，何必要掌握那么抽象、复杂的读心术呢？跟踪和监视工具在应用上有一定的局限性，不是放之四海而皆准的。而测谎仪器就更不用说了，它的运作机理就是建立在心理学读心术的基础之上，而且它依然需要 FBI 人员的辅助，比如有技巧的提问、道具支持等。所以，读心术是 FBI 的必备技能。

一般来说，对于有些犯罪嫌疑人，特别是那些狡猾的犯罪嫌疑人，FBI 很难从他口中直接获得有用信息。不过，不要紧，通过对疑犯全方位的观察，听其言，观其行，察其心，FBI 也能"读"出有用信息。而且，这种信息更加真实，更具价值。

心理学家认为，一个人的语调、表情、肢体动作等是其内心世界的外在表现，是洞悉人心的一扇扇窗子，也是 FBI 能够"读心"的秘密所在。比如说，皱一下眉头表示厌恶、焦虑，眼睛痛苦放大表示惊恐、惊讶等强烈情绪等等。

在线人的举报下，FBI 一举拿下"潜伏"在美国多年的一名高级间谍。据

FBI 所知，该国间谍和所有高层都是单线联系，其任务交接和碰头十分隐秘。而且，FBI 已经掌握了一个该国间谍高层领导的嫌疑名单。

审讯一开始，这名间谍在 FBI 强大的审讯压力面前，滔滔不绝地交代了很多信息，当然，都是些无足轻重的过失情报。谁都看得出来，他是在拖延时间。

正当 FBI 要深入询问一些问题时，他开始采取避而不答的策略，和 FBI 周旋。当询问到他的上级是谁时，这名间谍沉默了。此后，任审讯员如何试图和他沟通，他总是保持一贯的沉默，好像变成了一个哑巴。

这时，一名老资格的 FBI 审讯员被请了进来："我非常理解你的处境，你一定是在等着引渡回国，不是吗？"他想尝试通过和对方产生共鸣，和他建立信任关系。

这名被俘的间谍抬起头来，看了一眼这位"新人"，然后又低下了头。之后，任审讯员说什么，他都没有再抬起头，也没有作出任何反应。

审讯员笑了，放慢语速，和对面的间谍说："我很欣赏你的做事风格，不过采取不合作态度是不明智的。我们已经得到了确切情报，下面出现在我名单中的人很快就能和你在这儿见面了。他们是尼克尔·卡尔林斯、奎因·格林、史考克·汉克斯……"每念一个名字，审讯员都会停顿一下，眼睛死死盯着对方，看他有没有什么反应。当读到"鲁尼·史密斯"时，受审间谍的食指条件反射似地弹了一下。

FBI 终于得到了想要的答案，鲁尼·史密斯就是这名间谍的上线。于是，FBI 强化了对他的监控，终于拿到了能够逮捕他的真凭实据。

这名 FBI 探员之所以能确认鲁尼·史密斯，是建立在读心术的基础之上的。人们在听到与自己无关的人时，往往不会有什么反应。相反，提到某个你脑中正在想的或者和你有莫大关系的人时，你的身心状况就会起一些微妙的变化。

一个训练有素的 FBI，必定是一名读心专家，能够从心理学的角度来对案件进行分析。从多年的实战经验来看，他们通过解读犯罪分子心理，从而更快得到有用信息，梳理出案件的头绪，极大地提高了工作效率。

一位曾在 FBI 工作长达 30 年的有着丰富经验的老牌探员，通过自身实际经验向其他成员不停地传授关于读心术方面的知识，并把一些方法编著成教科书分发给每个成员。其中，包括如何透过眼神、肢体动作、发问等洞悉被调查人员的内心世界，并及时准确抓住他们的心理，尽快突破他们的心理防线。可见，读心术已经成为 FBI 的必修课。

FBI 的招募和训练过程中充分融入了心理学

> 心理学已经融入了 FBI 的血液中，渗透到招募和训练学员的每一个地方。FBI 不仅运用心理学原理招聘学员，还会教授他们心理知识，培养他们卓越的心理素质，从而更好地为国家服务。

FBI 作为美国政府重要的政治工具，其组织结构不断发展壮大，俨然成为一个庞大的独立王国，它在国外很多地区都设立了分支机构，其成员活跃在世界各地。很多人可能会有疑问：组织庞大、运转高效的 FBI 是如何招募和训练成员的？

FBI 招募成员的方式并不神秘，每一个致力于加入 FBI 的人都可以在他们的官方网站上提出申请。可是在赢得面试机会后，应聘者就会发现，想要顺利拿到 FBI 的录取通知书，并不是一件轻松的事。

FBI 在招募成员的时候，会对应聘者进行全面的背景调查。这些调查重点在于了解应聘者的心理状态和品质，一个具有缺乏耐心、自卑等负面心理情绪的人，或者患有某些精神疾病的人，无法成为这个卓越团队的一员。而且，通过资质审核之后的应聘者还要接受进一步的考察。为考验应聘者的心理素质，FBI 会设计一些特殊的场面。比如，让应聘者长时间独处一室、故意冷淡应聘者、用各种方法试图激怒应聘者（比如对应聘者进行口头攻击，甚至给应聘者一个耳光）等。这一切都是为了让应聘者尽可能地呈现出他们的真实状态，有助于招聘官全面审核其心理素质是否过硬。

成功通过面试的学员将会进入为期 3 个月的培训，并将在此期间证明自己的确是做 FBI 的材料，否则，等待他的依然是淘汰。

在所有的培训项目中，激发和培养出学员强大的内心也是训练中的常备科目。为此，新学员在 FBI 学习期间，教官经常设计一些针对性的课程，促成这一点。下面是一则教授学员运用心理暗示克服恐惧心理的案例：

FBI 教官在对学员进行心态培训，以建立他们强大的内心。他把学员带到一间黑屋子里，说："你们听我的指挥，走过脚下这座曲曲弯弯的小桥，千万别掉下去。不过掉下去也没关系，底下就是一点水。"学员们听明白了，摸索着踏上小桥，走到对岸。

突然，教官打开了一盏黄灯。透过黄灯，学员们看到，桥底下不仅仅是一点水，还有几条在蠕动的鳄鱼。他们吓了一跳，庆幸刚才没有掉下去。教官在桥那端又问："现在谁敢走回来？"这次没人敢走了。教官接着说："你们要用心理暗示，想象自己走在坚固的铁桥上。"他诱导了很长时间，终于有三个人站起来，愿意尝试一下。第一个人颤颤巍巍，过桥的时间多花了一倍；第二个人哆哆嗦嗦，走了一半再也坚持不住了，吓得趴在桥上；第三个人才走了三步，就再也不敢向前了。

教官于是打开了所有的灯，大家这才发现，在桥和鳄鱼之间还有一层网，网是黄色的，刚才在黄灯下看不清楚。于是，绝大多数人都不怕了，几个人都快速地走过来了。最后只有一个人不敢走，教授问他："你怎么回事？"这个人说："我担心网不结实。"

很明显，这名学员出现在了淘汰名单上，而那些勇于克服心理障碍，勇往直前的学员们则为自己争取到了加分。

同样的一座小桥，每个人都有能力轻松走过去，但是因为桥下恐怖的景象，使大家都失去了走过去的信心，即使胆子最大的，也是颤颤巍巍，用了双倍的时间才走了过去，可见心理状态的确影响着一个人的所作所为。而FBI培训过程中要做的，就是塑造他们过硬的心理素质，视一切艰难凶险为平常。

要想成功做到这一点，就必须调整好对待拒绝和失败的心态。充分运用心理学知识，从社会广招素质过硬的英才，并在培训过程中，对学员进心各种心理暗示，通过教授他们心理学方面知识、技能，培养他们的强大内心——FBI就是这样塑造合格成员的。

FBI 善于从细节中发现罪犯的犯罪动机

> 一名合格的 FBI 成员绝不会疏忽,绝不会放掉关于罪犯的任何一个细节。在与罪犯较量时,他经常能从一个小细节出发,经过抽丝剥茧式的心理分析,探索到对手的犯罪动机。

FBI 对小细节的关注几乎到了痴迷的程度,也正因如此,他们经常能独辟蹊径地分析出罪犯的行为动机。的确,在发生恐怖袭击或者有犯罪活动的时候,FBI 会全力出击,他们有一种不抓到罪犯誓不罢休的精神,驱使着他们不放过任何一个细节。

在 FBI 调查取证和审讯的过程中,他们会认真研究犯罪者的犯罪动机,尤其是对犯罪现场细节方面的研究。在他们看来,一切可以作为犯罪证据的痕迹,哪怕微不足道,也要仔细排查并作出判断。他们的上司会告诉他们,犯罪者不会无缘无故去犯罪的,只有找到罪犯最真实的犯罪动机以后,才能将案件真相复原出来。

美国某市郊区的一条小路上,发生了一起残忍的凶杀案:受害妇女心口中了致命一刀,脸部血肉模糊,胸部也被砍得一塌糊涂。FBI 迅速赶到犯罪现场,封锁了现场。经法医鉴定,除了胸口那一刀,其他的刀痕都是死者死后罪犯泄愤所致。

探员鲁斯·伯格发现了一个耐人寻味的细节:受害妇女相貌美艳,既没有遭受过性侵害,随身携带的贵重首饰、财物也没有损失。由此出发,并结合对令人发指的犯罪现场的研究,他认为凶手是出于一时的气愤做出摧残死者身体的变态行为。依照这种残忍程度,他还做出推论:凶手有精神病史,可能患有一种或多种偏执狂的妄想症,是一名体型瘦削的男子,而且还会继续作案。他之所以认为凶手体型瘦削,是因为他知道一项权威研究发现,身材清瘦或身体衰弱的人更容易发生精神分裂的症状。

没过几天,就有一名妇女向 FBI 报告,就在受害妇女被害前的一两个小时,曾和公园一个瘦削的男子有过口角,而这个男子恰恰是她的高中校友。而且经过初步调查,这名名叫山姆的男子体型特征和鲁斯做出的推断相符,而且右脸边有一块大大的黑痣。

接到这个线索,FBI马上开始了逮捕,将疑犯山姆拘押,开始了审讯。

"你和她并不认识,为什么你要杀她,还要毁掉她的容貌呢?"鲁斯向山姆道出了自己心头的疑惑。

可是,山姆那边没有任何回应。他选了沉默,一句话不说,肢体上也没有任何表示。鲁斯重述了几遍自己的问题后,依然没有得到回应,他就站了起来,眼睛直勾勾地盯着山姆:"告诉我,为什么?"

见鲁斯在盯着自己,山姆慌乱地低下头。可是,他刚一低头,就又将头转向了另一方。在鲁斯看来,这是个耐人寻味的细节:为什么我一看他,他就选择躲避,而他躲避后,又选择了另一种躲避呢?

突然,看着桌面玻璃上自己的影子,鲁斯想到了山姆家中的一个难以解释的现象:山姆家没有一块镜子,玻璃也都是磨砂的。一刹那间,鲁斯什么都明白了:山姆是一个对自己长相极为敏感的人,敏感到可以因为他人一个鄙夷的眼神或一句话而杀人。

"那天下午,你和她碰巧在路上打了个照面,她看了你一眼,脸上露出不屑的样子。这让你很恼火,你骂了她。然后你一句我一句,对骂起来。直到她骂你是'丑八怪',你终于无法忍受,拿出随身携带的刀刺死了她。不过,你还是觉得不解恨,你一刀一刀割她的脸……"

鲁斯一字一眼地还原着案发过程。山姆再也坐不住了,他的脸部开始抽搐,手脚变得哆嗦……而这一切都证明鲁斯的判断是正确的!

细节的产生不是偶然的,每一个细节中都隐藏着一个不可告人的秘密。就像上面案例中犯罪分子的恶行细节一样,寻常人可能会认为这纯属偶然。殊不知,由于对犯罪分子的深刻了解,使得FBI成员对一切细节都不会放过。因为,很多时候,正是这些小细节解释了犯罪分子的作案动机。

犯罪分子在犯罪过程中都会有一定的犯罪动机,这些动机非常之多,有些人可能是对自身处境的不满,有些人可能是对社会环境存在一定的抱怨,更有一些人因为心理的扭曲可能把犯罪当成一种常态,而这些动机往往就隐藏于种种细节之中。面对纷繁的犯罪动机,如果单凭个人逻辑判断的话,就很难在案件上有重大突破。正因如此，对细节的精确捕捉成为FBI分析犯罪分子行为动机的秘密武器，也驱使FBI探员形成了这样一个共识：细节决定成败，绝不放过任何一个小细节。

FBI 能够在短时间内掌握他人的心理特征

> 欲知其人，先识其心。对 FBI 来说，短期内掌握他人的心理特征已经成为一种基本技能。而对犯罪分子来说，其心理状态决定了他的行为动向，被人识破了心理，就好比一个透明人，在想什么，要做什么，FBI 都尽收眼底。对比之下，孰胜孰负，一目了然。

一眼就看透你在想什么，对 FBI 来说，这绝对不是什么过誉之赞，而是一种客观评价。FBI 每天都在与犯罪分子打交道，无论是在现场与他们狭路相逢，还是在审讯室唇枪舌剑，都必须仰赖这种技能，以增加自己胜出的几率。

是严格的入职培训和日常学习以及无数的实战造就了 FBI 这种短时间内掌握他人心理特征的本领。"这个人昂首挺胸，一副胸有成竹的样子，不过脖子挺得特别僵硬，很明显，这一切都是他的伪装，其实他的心里非常焦虑。"像这种判断，一名合格的 FBI 在见到某人的第一眼就可以脱口而出。而且，接下来的事实也将证明其正确性。

在与犯罪分子短兵相接的过程中，能够迅速掌握对方的心理特征，FBI 已经赢在了起点。这不但有助于 FBI 成员掌握对手的每一步行动，从而先发制人，有时候甚至能提前出手，阻止不利局面的出现。

华盛顿的一条金融街上像往常一样热闹，这里聚集了全世界很多大型金融机构和证券公司。这天，一名负责该地区巡查的 FBI 在例行巡查的时候，发现在一家银行的门口有一名头戴围巾的中年妇女左顾右盼。这名 FBI 的第一反应就是，这名中年妇女可能在等待某人。正当他陷入思索时，这名女子放开了脚步，向银行的运钞车走去。该银行是当地最大的银行之一，每天运送的资金数额非常巨大。但是该地区的治安却屡出问题，经常发生一些持枪抢劫案件。

此时，这名 FBI 提高了警惕，他躲进一家临街的商铺中，近距离观察该女子下一步的行动。通过观察，他发现这名妇女的眼睛中流露出紧张和恐惧的神情，她不像一般路人那样忙着赶路，她的眼睛总是盯着运钞车，并来回从运钞车前面经过。由此，这名 FBI 判断，这名妇女想要抢劫运钞车，正在做前期的摸底工作。于是，趁这名中年妇女不注意，他悄悄接近了她。此时的中年妇女突然感觉到有什么安全隐患，就戴上手套，下意识地从口袋中取出手枪，在这一刹那，一旁的FBI扑了上去，将其打倒在地。

经过对这名妇女的调查，FBI得知，她是一名来自国外的恐怖分子，所属的恐怖组织经常在欧美发达国家抢劫运钞车。通过进一步调查和审讯，该妇女交代了他们犯罪的全过程。据不完全统计，她所在的恐怖组织在不到三年的时间里，先后抢劫了数十家银行的运钞车，并且每次都得手。

试想，如果不是这名FBI在犯罪第一现场及时掌握对方的心理动态，适时出击，很有可能让对方得逞，拉开新一起运钞车抢劫案的序幕。

相对于见不到凶犯就能掌握对方心理，在犯罪现场洞察对方心理，逮捕犯罪分子只是小菜一碟。很多罪行的发生都是隐秘的，FBI不可能未卜先知提前到达现场。但是即便如此，通过犯罪现场遗留的痕迹、作案手法等进行分析，FBI也能在短时间内掌握罪犯的心理特征。

在美国某小镇，FBI在水塘里发现一个箱子，其中装满了三具女性尸体（一名成人和两名儿童）的碎块，唯独少了头颅和生殖器官。这让广大民众一度怀疑凶手心理变态，一时间弄得人心惶惶。

FBI经过对尸体的鉴定却认为，尸块的形状显示，凶犯就是为抛尸方便而碎尸。案犯手法干净，说明他思路清晰，而不是变态。头颅被砍下，是为了让警方难以辨认死者身份，生殖器官被挖走则说明嫌犯很可能与成年受害人之间有性关系。

后来，FBI逮捕了犯罪嫌疑人乔治，被碎尸的成年受害人是他的妻子。在强大的心理攻势面前，他承认自己吃掉了妻子的生殖器官，同时还杀害了他们的两个女儿。乔治还一度供认，说自己杀人是因为妻子与人私通。

但是，FBI并不相信这种说法，因为既然乔治能将生殖器官吃掉，说明"他认为她是干净的"，就不会有私通这一"事实"。后来，FBI经过进一步调查，果然发现了真相：乔治非常歧视女性，经常怨恨自己的妻子没给他生儿子，于是他找了一名情妇，二人还生下了一个男孩，并打算结婚。当乔治要和妻子提出离婚时，却遭到拒绝，他一怒之下，痛下杀手，发生了这场人间惨剧。

对FBI来说，遇到狡猾凶残的对手，那是家常便饭。不过，欣喜的是，FBI几乎每次都能顺利破解难题，让对手拜服，其秘诀也在于FBI善于解读对手心理。再出色的犯罪分子都会有内心波动，都会有心理弱点，掌握了这些，FBI就无往而不胜。

心理学认为，驱动一个人行为的源泉是心理，所有的外在行为都是内在心理状态的反映。而FBI之所以能在与犯罪分子的交锋中胜出，很大程度上要归功于他们善于短时间内掌握他人心理特征的本领。有了这项本领，他们行动上就能先人一步，在博弈中就更胜出一筹。

FBI 在身体语言方面有着非同一般的敏感

FBI 是身体语言的解读专家，对身体语言有着超乎寻常的敏感。对手的身体有任何"风吹草动"，都逃不过 FBI 探员的眼睛和耳朵，更加逃不过 FBI 的内心解读。

除了嘴巴会说话，我们的身体也会"说话"。著名的心理学家西格蒙德·弗洛伊德曾经说："任何一个感官健全的人，最终都会相信没有人能守得住秘密。如果他的双唇紧闭，而他的指尖会说话，甚至他身上的每个毛孔都会背叛他。"这从一个侧面揭示了这一点。

在生活中，一个人面对重压之时，常会不自觉地做出某些动作，比如触摸颈部，在额头或是耳垂上做小动作，男性会下意识地拉一下领带，女性则玩弄颈上的项链等，这些都是多数人紧张时会做出的动作。其次，一个人紧张时常常深呼吸或是话突然变多，比如你看到对方深深呼气、吸气，就知道他可能在压制情感；或是在沟通时，对方不太爱说话，却忽然说个没完没了，也代表他重压之下情绪开始变得不稳定……

而 FBI 就对诸如上述的身体语言有着非同寻常的敏感，几乎成为一种职业病。有 FBI 探员说："在实际办案过程中，可以从对方外在的身体语言中读懂他们的内心世界，这非常有益于我们破获疑难案件。因此，我们会把如何通过身体语言来破解内在信息作为 FBI 重点培训的教程。"他们通过某人外在的体貌特征，比如手臂、笑容、面部表情、握手动作、脚步信息等多种角度对人进行综合分析，从中窥视对方内心的真实想法。

FBI 对身体语言方面超出常人的敏感，不是可有可无的，而是一种必备素质。犯罪分子的某些暗含深刻含义的身体语言稍纵即逝，比如一个眨眼只需要 0.2 秒到 0.4 秒。如果对这些身体语言没有近乎苛刻的敏感，FBI 探员就会错过走进对方内心世界的机会。

2008 年，担任美国联邦调查局探员长达 25 年的乔·纳瓦罗出版了一本畅销书，叫《牌桌上的阅人术》。他借助自己在担任探员期间所练就的观察力，传授玩家如何透过眼神、肢体动作等看透对方的心思，在牌桌上大出风头。

乔·纳瓦罗在书中指出，FBI探员在身体语言方面的敏感仰赖于他们超强的观察力，而观察力则完全是靠后天练习而成的。当然，这种训练的方法不可能拿出来说，乔·纳瓦罗也不会把FBI的这项秘密说给别人听，泄露"行业机密"。所以，他把FBI的这种方法世俗化了。虽然被世俗化，但仍旧可以见到FBI的影子。

据乔·纳瓦罗说，练习观察力，最有效的方式之一是"回忆游戏"，可以在任何时候、任何处所练习。例如，当你走进一个房间之后，闭上眼睛，尽可能回忆走进房间之前你看到了什么，越具体越好。时间一久，你就可以像FBI探员一样，走到朋友家的前门时，就已经把周遭环境看清楚：门前街道上停了哪些品牌的汽车、隔壁房屋外有位男性在做什么，另一间屋子的门前放着的是报纸还是图书。

当你察看完周遭环境之后，需要问一下自己：这些代表什么意义？例如，隔壁房屋的那位男性在除草，那么，他是不是肯定就住在那里呢，还仅仅是个除草工？然后你会想，由于门前的街道上没有停放任何除草公司的车辆，所以，那个男人应该就是住在那里的。

乔·纳瓦罗现在是一个扑克牌俱乐部的教官，有兴致时，他也会跟一些陌生人玩上几把。据他说，他坐上牌桌的第一件事就是察看对手，包括他们的面部表情、双手放的位置、坐姿、穿着装扮等。但更主要的是，在玩牌进程中，他会特别重视对手的行动出现的异常。例如，原本放在牌桌上的双手忽然围绕在胸前或放在大腿上，这样的动作可能代表他没有拿到好牌。但假如对方将身体往后移，然后跷脚而坐，这表示他已经胜券在握，或者是他的牌已经足够大。

从资深的FBI探员那里，我们能得到这样一个结论：FBI对肢体语言的敏感是他们解读对手的重要武器，而且，这种武器不是先天的，而是通过独特的后天训练而来的。

FBI探员以其非同一般的敏感性，能从肢体语言上看出对方的所想所做，这给他们的工作带来了极大的便利，提高了工作效率。就像下面的案例显示的那样：

坐在桌子另一端的那个疑犯小心谨慎地回答着FBI特工的问题，生怕出一点儿漏洞。事实上，当时他还不是那次谋杀案的主要嫌疑人，因为他有充分的证据证明自己当时不在现场，言语之中也表现得非常恳切。

但是他对面的那名探员依然不依不饶，不停地问他问题："假如让你去杀一个人，你会使用枪吗？"疑犯耸了耸肩，露出很无奈的表情。

提问仍在继续："假如让你去杀一个人，你会用刀吗？"疑犯又耸了耸肩，还是摇了摇头。

最后，那名探员问："假如让你去杀一个人，你会使用铁锤吗？"这时，疑犯的表现就完全不一样了。当他听到铁锤时，眼皮明显地耷拉下来，像是在掩盖什么。这位特工立刻明白了其中的意义。从那一刻起，这名嫌疑人就成为该案件的第一嫌疑人。

这里所说的碎冰锤便是本案的作案工具，但这早已是众所周知的了，这名嫌疑人自然也知道。这位特工的主要目的其实是想观察嫌疑人在听到作案凶器名字时的反应，据此推断他是否是凶手。后来的进一步调查说明，他没有被冤枉，他就是杀人凶手。

听到自己作案工具的名字，疑犯会产生异常的身体反应，而FBI是不会错过这些反应的。

FBI深知身体语言的重要意义，因此，他们在面对犯罪分子时，总是对周遭环境以及犯罪分子的每一个肢体变动都敏感地"扫描"到大脑，分析其内在含义。在常人看来，他们就犹如神人一般，其秘密就在于此。

FBI 的识谎术可以让说谎者无所遁形

> 对人类肢体语言的深刻解读，以及高超的问话技术，使得每一个 FBI 都成为一名技术高超的测谎专家，再狡猾的犯罪分子也休想蒙混过关！

绝非危言耸听，我们活在一个充满谎言的世界里。美国新泽西州约翰逊医学院的刘易斯博士作过人类谎言的相关研究：他要求被调查者反省自己每天说谎的次数，而被调查者承认，他们平均每天最少说谎 25 次。这个数字让被调查者感到吃惊不已。而在 FBI 的日常工作中，所面对的谎言就更多了。

有谎言，就有测谎。童话故事中的匹诺曹，一说谎鼻子就要长一寸。童话毕竟是童话，没有人当真。然而现代科学证实，人在说谎时生理上的确发生着一些变化，有一些变化是肉眼可以观察到的，如出现抓耳挠腮、腿脚抖动等一系列反常的肢体动作。还有一些生理变化是不易察觉的，如：呼吸频率的变化，面部肌肉的微弱抽动，口舌等部位出现某些特定反应，手、足等肢体做出某些动作等。

但是无论这些反应多么隐晦，都逃不过 FBI 测谎专家的"眼睛"，因为每一名 FBI 都是技术高超的测谎专家。再高明的说谎者在面对 FBI 探员时，也会无所遁形。下面是一个关于上文提到的乔·纳瓦罗的案例：

在一次侦查工作中，乔·纳瓦罗和同事都认为，一名佩枪的逃犯可能会藏匿在他母亲家里。他们二人来到这位老妇人的家门口，敲了门，那位夫人开门请他们进去。在出示证件后，乔·纳瓦罗开始询问一系列问题。当他问到"你儿子在家吗"时，老妇人把手放到了颈窝上，然后说："没有，他不在。"乔·纳瓦罗注意到了这点，但是仍然接着继续询问。

几分钟后，乔·纳瓦罗再次问道："你儿子会不会趁你外出时偷偷潜入你的房子？"老妇人又一次将手放到了颈窝上，然后说："不，应该不会。"此时此刻，乔·纳瓦罗已经可以确定她儿子一定就藏在那间屋子里，于是继续问问题，一直到离开的时候。那一刻，他问出了最后一个问题："那么，我可以总结我的记录了，你儿子确实不在这间屋子里是吗？"这一次，老妇人仍然想把手放在那个位置上。由此，他更肯定这个女人是在说谎了，于是乔·纳瓦罗和同事申请了搜查令，结果逃犯就藏在一堆盒子下面的密室里。

抚摸颈部这类安慰行为会泄露很多秘密，会告诉别人你的不自在，或者对别人所做或所说的事情产生了某种消极反应。而案例中老妇人这种不自在的原因只有一个——她在撒谎！除了查看对方是否触摸自己，做出安慰性动作，FBI还有很多方法可以进行测谎。比如：

1. 看对方是否提及自己姓名。美国赫特福德郡大学的心理学家韦斯曼说，"人们在说谎时会自然地感到不舒服，他们会本能地把自己从他们所说的谎言中剔除出去。比如你问你的朋友他昨晚为什么不来参加订好的晚餐，他抱怨说他的汽车抛锚了，他不得不等着把它修好。说谎者会用'车坏了'代替'我的车坏了'。"

2. 观察对方的眼睛反应。说谎者从不看FBI的眼睛——他们知道这句忠告，所以高明的说谎者会加倍专注地盯着你的眼睛，瞳孔膨胀；此外，高明的欺骗者正视FBI，注意力太集中，眼球开始干燥，会更多眨眼。最后，大部分人，当大脑编瞎话时，他们眼球的运动方向是向右上方的。如果人们在试图记起确实发生的事情，他们会向左上方看。这种"眼动"是一种反射动作，除非受过严格训练，否则是假装不出来的。

3. 让测试者重述一遍。人们很少能记住所有发生的事，通常会纠正自己，把思绪理顺。所以他们会说，"我回家后，坐在电视前——噢，不，我先接了电话，然后坐在电视前面。"但是说谎者在陈述时是不会犯这种错误的，他们已经在头脑的假定情景中把一切都想好了，他们绝不会说'等一下，我说错了'。恰恰是在陈述时不愿承认自己有错暴露了他们。

4. 观察对方笑的真假性。美国匹兹堡大学的心理学教授杰夫里·考恩正在研究测量疑犯接受审问时面部肌肉变化的机器。"真正的微笑是均匀的，在面部的两边是对称的，它来得快，但消失得慢，"考恩说，"它牵扯了从鼻子到嘴角的皱纹——以及你眼睛周围的笑纹。从另一方面说，伪装的笑容来得比较慢，而且有些轻微的不均衡，当一侧不是太真实时，另一侧想作出积极的反应。"

5. 观察对方表情的持续时间。维持一个正常的表情会有几秒钟，但在

"说谎者的脸"上，真实的情感会在脸上停留极短的时间。一个著名的轶事是，美国保密局提供的胶片中，比尔·克林顿说到莫尼卡·莱温斯基时，他的前额微微皱了一下，然后迅即恢复了平静。

6. 辨别对方的音量和声调变化。一个人在说谎时，声调会突然升高，音量也会变大，用以掩饰内心的脆弱和不安。

7. 观察对方的鼻孔。说谎者会觉得鼻子不舒服，不经意地触摸它——这是说谎的体现。

FBI 善于运用套话技巧诱导嫌疑人说出真相

以心理学为基础，洞察疑犯的心理动态，应用针对性的套话技巧，让对方一吐为快，让隐藏着的真相浮出水面，为今后的庭审提供证据——这是 FBI 的拿手戏！

直到 20 世纪初期，在美国，刑讯逼供还是一种经常使用（即便是不合法的）的做法。只要嫌犯签下一份弃权书，声明供词并非受到胁迫而做出的，即使是警方通过"酷刑逼供"（不给食物和水、强光照射、殴打疑犯和长期隔离等）获得的口供在法庭上通常都是可以被采纳的。

不过，在 20 世纪 30 年代至 60 年代间，出于对人权的保护，以及对警务工作的整顿，FBI 逐渐改变了审讯方法。FBI 为了撬开对方的嘴巴，套取信息，不再采用那些"酷刑逼供"的粗暴方法，而是换了一种比较"温柔"的方式。

FBI 借助于一些基本的心理学原理，比如同理心、趋同心理和喜欢得到肯定的心理等等，总结出了各种实用的套话技巧。比如，"一人唱红脸，一人唱白脸"的方法。在这种方法中，一名警察恫吓嫌犯，另一个则装做对嫌犯很照顾的样子。人倾向于相信自己的保护者，并愿意与其交谈。

另外，还有一种常见的方法，就是通过交换个人秘密套话，如下面案例所示：

FBI 抓到了一名偷窃的惯犯约翰，屡教不改。但是，他的偷窃非常奇特，他只偷储物罐，而且每次被抓到后都很悔恨："我也不想的，我恨自己，可就是抑制不住！"

可是，当 FBI 进一步了解他为什么这么说时，他又极力回避。FBI 探员大卫认为，对方可能存在一些心理方面的障碍，比如强迫症之类的问题，而且很可能与小时候的一些创伤经历有关。

为了从对方口中套取信息，大卫走进了审讯室。和约翰礼貌打招呼后，大卫讲了自己小时候的一段经历："这件事我从没有告诉过别人，但是你的情况让我想起了我小时候做过的一件丑事。那时，我想攒钱买一辆山地自行车，就把零用钱都放在一个存钱罐里。妈妈告诉我，照这样下去，年底就能买到一辆新车子，前提是我保证不拿这些钱乱花。可是我没有做到，没有钱花的日子太难熬了。我就做家务赚钱，比如修剪草坪和铲雪，这样我就可以从存钱罐里继续取钱。可是我取的钱越来越多，要干的家务也越来越多。有一就有二，后来，我从存钱罐里取了五美元。那是一个冬天，所以我就祈祷下雪，好让我通过铲雪来弥补'财政赤字'，可是很遗憾，那年并没有下雪。这与你目前的处境有些类似，当你开始想偷钱，想以后还回去的时候，就开始了一个恶性循环。很不幸，你在还回这笔钱之前，就被抓了。"

约翰听得动了情，抑制不住自己的心情，竟然哭了起来。大卫觉得这很反常，就进一步询问："大卫，不妨把心事说出来，说出来就不难过了！"

"小时候，家里穷，而且父母都没有医保。有一次，母亲因为身体不舒服，就攒了一笔钱找医生作检查。可是，我却为了买山地车，偷偷地挪用了那笔钱。母亲没有骂我，可是没有了钱，就没法去作检查。一年后，母亲的身体越发难受，终于凑足了钱去检查，可是，已经到了癌症晚期。两个月后，她就离开了我。从那以后，我就开始偷窃，我控制不住自己。每次得手后，我都会有一种莫名的快感。就算后来我工作了，薪水足够我养家，可我还是改不了这个毛病。"

听到这些，大卫终于可以确定：约翰的确患有强迫症，小时候因为偷钱而造成的遗憾迫使他一次次通过偷其他人的钱弥补愧疚感。后来，大卫还为约翰联系了心理医生，在医生的开导下，约翰终于克服了心理障碍，戒掉了偷窃的习惯。

人都喜欢能和自己坦诚相待的人交流，也愿意彼此分享秘密。若非大卫先透露自己小时候的一段经历，泄露自己的秘密，和对方达成心理上的一致，则很难让约翰开口，套出他小时候那段难以启齿的凄惨往事，找到他偷窃的动机。

上面所展示的几种技巧，不过是FBI的雕虫小技，下一章将介绍更多实用的套话技巧。

一句话，直击疑犯的内心世界，运用各种有效的套话技巧，让对方吐露实情，是FBI与疑犯作斗争的最后一步，也是最有成效的一步。

FBI 的心理控制法能让嫌疑人说出真相

以心理学研究和审讯实践为基础，FBI 在多年的工作中，总结出一套成功让疑犯说出真相的方法，九步就能瓦解对方心理，控制对方心理。

"屈打成招"在美国早已成为历史，文明式的审讯已成为主流。FBI 有一套指导审讯的理念，通过九个步骤就能开展一次成功的审讯（当然，其中的许多步骤是交迭进行的）。

第一步：与嫌犯对质。审讯者陈述嫌犯的犯罪经历，并告知已获得对其不利的证据（证据可能是真实的，也可能是虚假的）。在对质过程中，审讯者会用很自信的陈述，表明已经确定嫌犯参与了犯罪。这时，嫌犯的心理压力开始增加。如果嫌犯情绪失控，出现舔嘴唇、抚摸头发等行为，审讯者会将这些小动作视为嫌犯撒谎的暗示，确定自己的判断是正确的。

第二步：主题编制。审讯者编造一个关于嫌犯为什么犯罪或犯罪过程等的故事，并讲给嫌犯听，通过观察嫌犯听故事时的反应来揣测他的作案动机及如何让他伏法等。

第三步：阻止否认。让嫌犯否认自己的罪行会增加其信心，所以 FBI 会设法打断嫌犯对罪行的所有否认，不给他说"不是我干的"的机会。

第四步：击破反驳。在审讯者完整地编制一个相关的主题后，嫌犯可能会提出逻辑上的反驳，而非简单的否认。

第五步：掌控嫌犯的注意力。到这时，嫌犯会感到沮丧不安、举棋不定，急需寻找一个对他友好的人摆脱困境。审讯者要尽量利用嫌犯的无助感，假装和他站在一边。为了使嫌犯更加难以从这种局面中脱身，审讯者可以在身体上更靠近嫌犯，比如触摸嫌犯的肩膀或者轻拍他的背部表示友好，让疑犯以为找到了"救命稻草"。

第六步：嫌犯丧失决心。如果嫌犯出现双手抱头、双肘置于膝盖上、肩膀耸动等表示不反抗的信号，审讯者会抓住机会开始引导嫌犯招供。到了这一阶段，审讯者会刻意与嫌犯进行目光交流，以强化嫌犯的心理压力。

第七步：让疑犯选择动机。审讯者为犯罪行为提供两个不同的动机，让对方选择。一种动机是社会可以接受的（"由于一时失控而犯罪"），另一种则是道德败坏的（"你因为贪欲而杀了她"）。FBI会故意增大两种动机的落差，直到嫌犯表现出选择其中一种动机的迹象。

第八步：让嫌犯供述。一旦嫌犯选择了动机，供述也就开始了。一般来说，审讯者会安排至少两人为口供作证。其中一人可以是审讯室里的另一位同事，而引入第三位见证者的目的则在于强迫嫌犯向一个陌生人供述，因为向一位陌生人供述能增加嫌犯的心理压力。

第九步：强化供词可信度。嫌犯为了尽快摆脱审讯，通常什么事情都愿意做。嫌犯确认他的供述是自愿的，不是被强迫的，并当着见证人的面在供词上签字。之后，审讯者还会让嫌犯写出供词或者将他的口供录到录像带上。

当然，这九个步骤并不一定是连贯的，在具体操作过程中，也会出现一些反复，或者直接从某几个阶段跳过。但整体来说，一次成功的审讯往往离不开这九步心理控制法的指导，就像下面这个案例显示的一样。

保罗因为涉嫌贩卖毒品，被FBI请进调查室。负责审讯的麦克智勇双全，是一个缉毒方面的能手。"首先，我向你陈述一下你的罪行……"麦克有板有眼地读起手头的资料，同时，他注意到保罗听到这些陈述，尤其是量刑部分时，显得有些局促。就凭这一点，麦克已经确定对方和毒品脱不了关系了。

"如果有人从哥伦比亚运输大量毒品到墨西哥边境，然后通过他们的神秘通道运抵美国达三年之久，你觉得这个人是不是罪无可恕呢？"麦克选择了一个主题。

"他可能是有苦衷的，有些事情，做了一次就不得不做下去。"保罗明显是在为自己开脱，这更强化了麦克的判断。

"说吧，你们是通过什么渠道得到毒品的？"麦克给保罗递过一杯咖啡，平淡地说道。"在我的律师没来之前，我不会再说一句话！"狡猾的保罗显得很放松，采取不合作的态度。"我再问一遍，你们是和谁接头的？！"麦克双眼直视保罗，一字一眼道。保罗有些局促地摇了摇头，意思很明显：我不会说话的！

经过几次重复询问，麦克转身离开了房间。保罗顿时长舒一口气，终于摆脱了询问，不用再担心什么了。可没放松多久，麦克又来到他面前，手里拿着一份文件：“现在我们已经掌握了你下面所有人的资料，他们愿意指证你。如果你能提供下次的毒品交易地点，指证上家，我们同样会为你记上一功的。我们要打老虎，而不是你这只蚊子！”

保罗刚轻松了几分钟，就骤然面对这种高压，眼神变得躲躲闪闪，再也没有了从前的淡定。而这一切都被麦克看在眼里。"上家是谁！说出来，你才有机会获得减刑机会。"麦克突然大喝一声，双眼冷冷地逼视保罗。"杰森，是杰森……"保罗竟然脱口而出，连自己都没有意识到。

"你愿意在供词上当众签字吗？"

"愿意！"

一切办理妥当，麦克甩下手中的一叠文件，轻松地走出了审问室。保罗拿过文件一看，傻眼了：那只是一叠废纸而已！

在上面这个案例中，麦克步步为营，对保罗进行心理控制。保罗的心境也不断发生微妙的变化，并且体现在言行举止之中。麦克给出一个强压之后，保罗终于禁不住交代了重要信息。

第二章

FBI套话的艺术
——你不想说真话都不行

FBI读心术的一个核心技巧就是套话,因为他们每天都需要跟间谍、罪犯等人打交道,需要从他们的口中套出信息,所以FBI逐渐掌握了一种套话的艺术,只要掌握了这门艺术,真正可以做到让对方不想说真话都不行!

让对方多说话，哪怕是假话也会留下真线索

言多必失，而FBI对这句话进行反向操作：让调查对象多说话，从而透露更多的信息。无论这些信息是真是假，都成为还原真相的最佳线索。做到这点，你也可以像FBI那样成功套话。

中国民间有一句话："言多必失。"一个人总是滔滔不绝，话说得多了，自然就会暴露出许多问题。比如他的品性、个人经历、对事物的态度、对事态发展的看法等等，都会从谈话中流露出来。这就相当于把自己暴露，容易被他人所利用，自食其果。

在套话时，不妨让对方做那只大雁：让他开口说话，多说话。FBI就经常使用诸如下述开放性问题来审问疑犯："你可以谈谈自己的经历吗"、"你能详细说说吗"、"我觉得你还有一些话没说出来，不妨都说出来听听吧……"、"对于这件事，你有什么看法吗"、"为什么呢"等等，这些比较概括、广泛、范围较大的问题，对回答的内容不作严格限制，给对方以充分发挥的余地。

而就在对方口若悬河、滔滔不绝之际，也就在不知不觉中透露出了很多信息。无论这些信息是真是假，都有助于我们更透彻、更深入地了解对方。因为对方说得多了，无论是谎言还是真话，难免会留下真实的线索。

一名外籍男子频繁出入美国国境，形迹可疑。后来，他终于引起了旁人的注意。这旁人不是别人，而是大名鼎鼎的FBI。一个人几年来一次美国，也没有人在乎。可该男子就不同了，一年里他有时进出十几次，他的记录乱得很。有时他从母国入关，过些天又从加拿大回来，而这中间根本没有出关记录。

尽管该男子是个良民，可是不得不面对海关人员的盘问。而且，每一次他都轻松过关。由于出入境次数过多，海关的自动警示系统还是提醒外交部注意他。于是他的材料被海关转到在华盛顿的外交部，外交部又转交给联邦调查局总部，最后被转到在L城的FBI特工手里。

这天，该男子出差回来，在办公室收到一个电话留言，说他是FBI特工，叫弗瑞德，想抽空和他谈谈。第二天一上班，他又接到了对方的电话。听了他

的介绍后，该男子不客气地说："据我所知，联邦调查局只跟犯罪或谋杀有关，我是良民，我想我们没什么可谈的，您大概找错人了吧。"

弗瑞德非常有礼貌地说："哦，其实那只是一些误解。FBI有很多职能，其中一项是了解在美国境内外国人的活动状态。请放心，您没有遇到什么麻烦，我们只是随便聊聊……"

推辞不过，男子就约了一个餐馆和弗瑞德会面。在餐馆，一个满脸笑容的谢顶男人一边主动和该男子握手，一边自我介绍："我是弗瑞德，FBI，你今天怎么样？"点菜后，弗瑞德开门见山，"就像我上次说的，你没有麻烦，请不要紧张，我们只是想和你聊聊天。"

在该男子看来，弗瑞德不招人讨厌，很直率，态度和蔼可亲。在不知不觉间，男子就好像遇到知己一般，话也变得多起来。在弗瑞德的询问下，他告诉了弗瑞德他的家庭情况，他来美国在什么地方读的书，什么时间开始工作的……而且，每当自己问弗瑞德问题时，对方都能神奇地扭转乾坤，把说话机会留给自己，让他一吐为快。

后来，该男子和FBI特工弗瑞德还成了无话不谈的好朋友。他们在每一次的相处中，该男子总能坦诚相对，实话实说。

有一次，弗瑞德半开玩笑地对他的朋友说："你竟敢骗我，你第一份工作明明是在家乡一个小餐馆打零工，却告诉我是在美国做会计！要知道，当时，你说的每一句话都是有录音的，而且我们都会逐项调查。事实证明，你没有骗我，你是清白的！"这时，男子突然意识到，二人第一次见面时，弗瑞德为什么一个劲儿地要自己说话……

FBI以其超级的个人魅力和沟通技巧，能够让人放松地畅所欲言。殊不知，对方所说的每一句话，哪怕是假话，都会成为FBI调查的真线索，成为FBI侦查的切入点。

同样，在生活中，如果你想从一个人那里套话，不妨鼓励他多说话，以便于你掌握更多信息，并从这些信息中寻找蛛丝马迹，或通过核实提炼出你所需要的信息。

通过不断提问掌控话语的主导权

不断提问，让对方的大脑高度运转，疲于应对，使得对方没有精力去撒谎或者有所隐瞒，这样一来，FBI就牢牢掌握了交谈的话语权，套出对方的话也并非难事。

交谈的时候主导权很重要，谁掌握了主导权，谁就能引领话题，套出自己想要知道的话。如果连主导权都丢了，跟着对方的思维走，那么就会将话题扯远，永远得不到你想要的信息。FBI经常通过不断提问取得话语的主导权，一通抽丝剥茧式的提问下来，让对方毫无招架之力，只能乖乖作答。

下面这个案例虽不是源自FBI，但是案例的主人公在掌握话语主导权方面，显然已经得到FBI不断提问这一技巧的精髓，值得我们仔细品读，学习借鉴。

鲍勃是一位保险业务员，今天要去拜访客户史密斯先生。说起来，鲍勃之前已经与史密斯先生接触过两次了，但客户总是说"没时间"、"不在家"等托词，对投保这件事一直没有多大兴趣。

鲍勃这回终于见到了史密斯先生，但是，开场好像不太乐观。两人坐下之后，史密斯先生给鲍勃递了一杯水，他开口就说道："鲍勃，实话跟你说吧，每个月到我这个办公室来向我推销保险的至少有七八个。我也不迂腐，可能保险确实是有用的，但是，你看看，我现在才三十出头，健健康康的，等过几年我奔四十了，那时候再买保险也不迟啊，现在买，就是浪费钱。"

鲍勃见客户一开口就堵住了自己，他思量了一番，灵机一动，端起手中的那杯水，向客户说道："史密斯先生，您还别说，以前我有很多客户都这么和我说过。我想问您一个问题，您看，就我手里这杯水，我现在10美元卖给您，您会买吗？"

史密斯先生笑了起来，带着点不解摇头答道："10美元？一美元我也不会买的！"

鲍勃又问："假如您三天没有喝水了，我拿着这杯水，100美元卖给您，您怎么看呢?"

史密斯先生犹豫了一阵,还是摇摇头。

鲍勃接着道:"那么,假如您在沙漠里迷了路,一个人走了六七天也没找到一滴水,这时候,我拿着这杯水到您面前,您会要吗?如果没有这杯水您就走不下去了,而我要把这杯水1000美元卖给您,您觉得呢?"

史密斯先生若有所思,似乎想通了什么,他认真地回答:"要真是那样,这杯水我肯定是要买的。鲍勃,我想,我有些明白你的意思了,你是想告诉我,保险其实是个居安思危的东西,虽然现在不需要,但以后需要时可能就有点晚了,对吧?"

鲍勃微笑着,真诚地说道:"史密斯先生,您不愧是商场里打拼出来的,见微知著,让人不能不佩服。确实,就像您说的那样,保险就像这杯水,您现在不需要它,但以后会需要,只是到您真正需要它的时候,就算花几倍甚至几十几百倍的代价恐怕也很难为自己、为家人买到周全的保障。"

史密斯先生沉思了一会儿,缓缓地点点头,然后主动拿过鲍勃带来的保险建议书,翻看了起来。最后,史密斯先生按照鲍勃的建议投了保。

本来史密斯先生"先发制人",围绕一个类比批评发问,掌握了话语的主导权,想要鲍勃知难而退。可谁知鲍勃接过话头后,反而通过一阵子提问牢牢地牵制了对方的思路,直到最后让客户对保险的看法大为改观,爽快投保。

仔细回味上述提问,我们不难看出:不断提问并不仅仅是问题的罗列,有很多讲究,否则就无法掌握话语的主导权。事实正是如此,大家在通过提问掌握话语主导权套话时,不妨运用如下技巧和方法:

首先,先对方一步发起提问,第一时间取得话语主导权。先开口,往往能先发制人,让对方的思路跟着自己走。若慢人一步,思路常被人牵制。这就是人们常说的"先发制人,后发制于人"的道理。

其次,激发对方思考,使其无暇反客为主。让对方的大脑一直处于高度运转状态,通过一连串的问题让他思考,让他回忆,不给他喘息之机。

再次,提问要依照从一般到具体、从粗浅到深入进行,逐步调动对方的整个思维。为了按照符合逻辑的顺序去了解那些尚未掌握的事实,我们要把有关的问题连接起来,首先在脑子里把已经掌握的情况回忆一下,然后再提出一个与前面的事实有着逻辑联系的问题。

　　最后，发现对方岔开话题时，马上提醒对方不要离题。例如，被询问者说"我们接着就去了那栋公寓"，之后滔滔不绝地诉说无关信息。此时，我们可以插进一句："好的，之后又去了什么地方？"在运用这种技巧时，我们不需要做出恼怒的表情，只要简单一句话就能重夺主导权。

放个烟幕弹，让对方无法推测你的意图

在套话时，放烟幕弹隐藏自己的虚实至关重要。因为，在清楚你的虚实后，对方经常回避那些对自己不利或者你不知情的信息。如果你让对手推测不出意图，对方就会"不小心"交代一些重要事实。

《鬼谷子》是中国历史上一部著名的研究权谋策略以及言谈辩论技巧的兵书，也被人称为极具智慧的"治人兵法"，它的第一篇就叫《捭阖》。什么叫捭阖？捭，就是放出话去，以钓出别人的话，摸清别人的想法；阖，就是收起自己的话，绕过自己不想谈、不能谈的东西。更浅显一点地说，捭，就是套话；阖，就是防止别人套自己的话。

"捭阖"策略的一种重要表现就是通过释放烟幕弹，从而隐藏自己的意图，套取对方的信息，就像下面案例所展示的那样。

罗伯特是公司里出类拔萃的销售员，他人无法做成的业务，他往往能一举拿下，这让许多同事既羡慕又嫉妒，都认为幸运之神总是伴随着他。

然而，罗伯特的成功真的只是靠运气得来的吗？让我们来看看他第一次拜见某客户时的情形。

由于是"突然袭击"，罗伯特并没能掌握某公司总经理汤姆太多的资料。进入客户公司，他坐在会客厅的沙发上，并没有急于介绍自己，而是仔细地观察起将要交谈的客户和周围的环境。

最终，在汤姆想起办公区里还有个不速之客时，罗伯特将手从一个精致的篮球模型上放下来，很感兴趣地说："前几天我刚看了火箭与小牛的球赛，火箭队给我的印象太深啦，虽然每一位队员都不是很出色，但是那股豪放和团结的劲儿，真让人佩服……请问，您也喜欢看球吗？"

"是啊。"汤姆看起来很是兴奋，"想不到你也喜欢火箭队，那可是我家乡的球队，休斯敦！哈哈，没的说，打起球来就是团结……"

"哈哈，你都是一个人去看球，还是和家人一起？"

……

就这样，罗伯特和汤姆相谈甚欢，短短时间内，竟好像相识多年的好友一般。有了这层关系做铺垫，罗伯特的销售项目几乎是不费吹灰之力就拿下了。

毫无疑问，上面案例中篮球只是个幌子，是个烟幕弹。罗伯特真正的目的是想借此套出客户的家庭情况、个人喜好等等，从而掌握更多客户资料，为接下来的谈话打下铺垫。但这时候，如果直接发问："汤姆，你家里有什么人？""有什么爱好？"……显然不会收到上述的效果。所以，罗伯特能够成功的最关键点，就在于他巧妙的发问方式。

让对方摸不着头绪对于套话非常重要，你故意放几个烟幕弹，对方就不知道你的虚实，不知道你已经了解了哪些信息，不了解哪些信息，从而在跟你的沟通中就不能很好地防范你，不经意间就会透露你需要的重要信息。

FBI 有一种惯用的放烟幕弹的妙招，就是假装菜鸟。菜鸟有一个巨大的优势，就是他们可以问问题，问很多基本的问题，东问一通，西问一通。嫌疑人不太可能恼怒，对待不熟悉的新手，他们高兴还来不及呢。如果 FBI 调查者看起来不像是审讯方面的专家，便可以自由询问许多问题，甚至看上去很愚蠢的问题。如果嫌疑人有担心，调查者就说："嘿，我在这方面是个菜鸟，也许你能帮帮我！"通过假装菜鸟，有经验的调查者可以在"烟幕"之下任意发问，尤其是那些非常敏感而关键的问题。

说到底，假装菜鸟的本质就是隐藏关键信息或提供虚假信息，从而制造出"烟幕弹"，让对手云里雾里，辨不清我们的真实意图，以致会在无意间透露某些关键信息。这样一来，套话的目的就很容易达到了。

"很抱歉，我知道你很生气，我刚才问了一些让你难堪的私人问题。作为调查员，这是我的工作。坦率地说，我刚认识你，但是不能确认你讲的是不是都是真话。这件事非常严重，如果你不能据实以告，我就无法找到事情的真相，而你也会一直受到我们的'关照'。假如你是案子的目击者，你能再说一遍案发当天你待在家中看到的一切吗？"FBI 调查员吉姆对眼前刚被激怒的大卫打出了情感牌，但他依然不忘说自己"掌握了一些情报"，从而让对方心有疑虑。事实是，FBI 对该案几乎一无所知，除了确认疑犯是两个年轻人之外。

"好的，那天起床后，我闻到从邻居家传来一股汽油味。之后，我就看到两个年轻人跑向路边的车疾驰而去……"

"你确认是两个人,而不是其他目击者所称的三个人?"吉姆又释放其"烟幕弹"。

"绝对是两个人,两个年轻人跑向汽车!给我印象最深的是,他们一个穿着红色上衣,一个穿着绿色上衣,其他的就记不清了……"

到目前为止,吉姆已经确认这名目击者说的都是实情。起初他向目击者询问了几个和案子完全无关的问题,好像自己对目击者有不好的看法,以此激怒对方。之后,他又通过道歉,连续释放"烟幕弹"确认了目击者是可信的,从而为案子的侦破作出了贡献。

孙子兵法有云,"实则虚之,虚则实之",说的就是在斗争中要善于释放烟幕弹制造假象,隐藏自己的真实意图,让对手摸不着头脑。当对手处在一团雾水之际,很容易道出一些有用的信息。而在一旁的你则对此洞若观火,坐收渔翁之利。

换个角度发问，让对方自己打自己的脸

> 只有一个人所描述的事实各个环节相互呼应，合乎逻辑，不至于自相矛盾，他的话才具有可信性。否则，我们就可以通过换个角度提问，让对方的虚假陈述不攻自破，套出对方的真话。

某国曾流传着一个关于军人的笑话，在彰显军人坚强毅力和可敬可爱的同时，也揭示出一种高明的套话技巧：

在一个寒冷的冬天，一位德高望重的将军去某营地视察。

寒风刺骨，士兵们列着整齐的队伍，等待着将军的训示。将军走到一位直打哆嗦的士兵面前问道："冷吗？"

"报告将军，不冷！"

"那怎么鼻青脸肿的？"将军又问道。

"冻得！"

将军通过换一个提问角度，让对方自己打自己的脸。试想，如果士兵不冷，又怎么会"冻得"鼻青脸肿呢？

换个角度发问，就是发现对方说了假话以后，换个角度发问，让他自相矛盾，戳破他的谎言，进而逼其道出实情。这种技巧对FBI的探员来说，是家常便饭。很多嫌疑人谎话连篇，极力隐瞒真相。如果FBI只是一味地从一个角度出发询问，则很容易走进死胡同。而若换个角度发问，让对方在不知不觉中否定自己原有的陈词，就等于揪住了对方的狐狸尾巴，甚至会直接揭示出真相。

20世纪60年代，美国俄克拉何马州地方高级法院受理了一桩颇为棘手的刑事案件。有人被控犯有杀人罪，FBI经过了漫长的调查取证，掌握了很多重要的证据，足以证明他杀人的事实成立。但是他的辩护律师不同意对他的指控，理由是：被害人的尸体一直没有找到，法院根本无法认定所谓的被害人已经死亡。

案件进入了审判阶段，法庭对被告人是否有罪展开辩论。被告人的辩护

律师站起来说道："法官先生，陪审团的女士们，先生们，有一件事情会让你们大吃一惊。"他举起手腕看了一下手表，随即把目光转向了法庭的入口处，"再过一分钟，在本案中被认定已经死亡的那个人将通过这扇门走进法庭。"

法官和所有陪审团的成员一下子都惊呆了：什么，他没有死？他们全都把目光投向了法庭的入口，紧张地等待着那石破天惊的一幕。

可是一分钟过去了，那里什么也没有发生。

这时，辩护律师说："请原谅我开了一个小小的玩笑，这只是我虚拟的一个情节，那个人并没有像我说的那样从这里走进来，但是你们刚才的反应证明了一点，那就是：你们并不能完全肯定那个人已经死亡。因此，基于这一点之上的所有指控都是不能够成立的。"

法官和陪审团的成员们一下子陷入了极其尴尬的境地，他们一个个面面相觑，没有人能出来驳斥他的说法。是啊，既然你们确认他已经死亡，为什么还要朝门口看呢？难道一个已经死了的人能够走进法庭吗？

但是，主控方的首席律师凯勒是个富有办案经验的人，对FBI的套话技术耳濡目染，颇有造诣。这时，他站起来反驳说："没错，刚才大家都在看门口，这说明大家对被害人是否死亡还心存疑虑，这不奇怪，因为任何推断都有可能发生意外，他们中没有一个人是当事人，因而并不直接知道被害人是否死亡。可是有一个人知道，那就是您的委托人，本案中被控杀人的当事人。我注意到了，他并没有朝门口看去。这说明什么呢？说明他根本就不相信被害人会从那扇门里走进来。"

控方律师没有顺着反方律师看待问题的角度辩驳，而是换了个角度发问，让反方打了自己当事人的脸。到这时，这件案子的结果已经很明了了。

这个案例后来收入了美国联邦法院的案例汇编，成为法学界的经典，并被援引到一些心理学和诉讼学的教材中。如果不是运用了高超的问话技巧，从而让对方自相矛盾，反方律师面对如此棘手的对手，也许这个案子的审判结果会以另一种面目示人。

一个不肯吐露实情的人为了回避事实，往往会说一些无关痛痒的事情。而一名经验丰富的套话者也经常问一些看似无关痛痒的问题，从不同角度寻找突破口。比如，一位目击者称自己在半夜目睹了案发过程，指证某人行凶。而律师则会暂时放过这个问题，询问案发现场细节以及该目击者的视力、作息时间等等。假如某项事实和他"目睹"案发相违背，比如他的视力极差等，从而击破目击者的谎言，现出真相。

提供虚假信息，只要对方接话就一定露馅

虚假信息是套话利器，无论对方是肯定还是否定，都会或多或少地透漏出一些有用信息，达到我们的目的。

那些说假话或者对事实有所隐瞒的人，都有一个心理弱点：急于证明自己是"清白"的，是"诚实"的。为此，他们不会放弃任何一个证明自己的机会。无论这时候出现了什么样有利于他们的证言、证词或证人，对此，他们都会自作聪明地说"是的"、"不是的"！有时候，为了增强可信性，他们甚至会自作聪明地"添油加醋"。

以此为依据，我们可以提炼出一条套话的重要技巧：提供虚假信息，看对方的反应。假如对方对该信息作出正面回应，像真的似的，那么就可以判定对方在有意隐瞒一些东西了。

皮尔太太是一名优秀的 FBI 探员，她经常在生活中下意识地使用工作中的一些专业技巧，就像下面这件事一样。

一天，皮尔太太下班后，扔下了手中正在做的晚饭，一脸阴郁地坐在沙发上。就在刚才，她的一个闺蜜打电话告诉她：她好像在一家地下赌场门口看见了皮尔的身影，但因为只是匆匆一瞥，所以并不敢确认。

在这之前，皮尔太太因为皮尔赌博跟他吵了许多次架，皮尔也信誓旦旦地表示，自己以后再也不会去类似的地方。而今天，皮尔出门前，说他要去拜访密西比街的一个老客户。

他究竟有没有去赌场呢？

皮尔太太有些犹豫，闺蜜在电话里也说并没有看清楚，那么如果直接问的话，皮尔一定会以自己不信任他而大发雷霆吧？而且，即使他真的去了，被问到时也一定会矢口否认。

这真是一个难题。

傍晚，皮尔回家时，太太正在厨房里哼着歌儿忙碌。

"今天下午看新闻，说密西比街那儿出了车祸，正堵车，我以为你会很晚

回来。"

"哦……"皮尔一愣,但很快反应过来,"没错,那车祸现场可真惨,很多人都在围观,所以我抄近路赶回来了。"

"皮尔,你又去赌场了!"完全肯定的皮尔太太从厨房走了出来,"密西比街那边并没有堵车!说吧,你到底去哪里了?"

……

皮尔太太为了试探丈夫是否会说实话,就抛出一个假消息:密西比街因为出车祸而堵车。而不知这是陷阱的丈夫因为心虚,就顺着妻子的话说下去,反而中了妻子的圈套!在这种情况下,他只能把实情讲出来。

同样,假如一个人否认我们提供的虚假信息,我们可以顺其自然地询问其否定的原因,打开对方的话匣子!事实上,很多人还没等我们主动询问原因,就已经将自己知道的一切脱口而出。因为他们知道,如果自己认可了假消息,那么,就意味着自己在撒谎,难脱嫌疑。于是,他们回答"不是的",并在不知不觉中说出实情!就像下面这个案例揭示的一样。

"乔伊,我们都知道你是一个好人,愿意相信你的清白。可是,现在的情况对你很不利,据邻居证实,你是最后一个见到马克的活人!"FBI探员史蒂芬对眼前这个有重大作案嫌疑的乔伊和善地说道。

"我不明白,为什么她能肯定我是最后一个人呢?"

"是他们门口的监控设备告诉我们的!"史蒂芬一字一眼地说道。

"好吧,就算是这样吧!难道最后一个见到马克的人就是凶手,法官判刑是要讲求证据的!即使有人看到了我行凶,有人证,你们也没有物证,仍然不能判我刑!"看来,乔伊对量刑是有一定了解的。

听到这话,史蒂芬已经确定对方就是凶手,否则乔伊也不会退后一步说无法给自己判刑,因为说这些话已经表明他在潜意识中认可了自己的罪行。

于是,史蒂芬更进一步,要让对方方寸大乱:"呵呵,可是你的作案动机是明显的。你欠了马克一笔巨款,马克经常去你那儿索债,让你不胜其烦。于是,你就动了杀机。有一天,你主动和他约定了日期,说自己要去还钱。你到他家后,马克还高兴地拿出葡萄酒和你干杯,庆祝你们债钱两清。在马克举杯痛饮的时候,你悄悄绕到他背后,拿出绳子绞死了他!"

此言一出，乔伊被激怒了，眼睛露出惊恐之情，大声打断史蒂芬的推测："污蔑，毫无真凭实据的污蔑！"

"但是，我们在楼下的垃圾桶里已经找到了那段绳子，谢天谢地，那上面应该还保留着你的指纹！"史蒂芬站起来，快速回应道。

"不可能，那根绳子不可能出现在什么垃圾桶里！"情急之下，乔伊拼命否定。

"那它在哪儿？"

"我已经烧掉了，倒进了下水道，冲得干干净净！"

"非常感谢，看来我和我的同事要去你家打扰一下了！"史蒂芬长舒一口气，转身走出了审问室。直到这时，乔伊才恍然大悟：中计了，惨了！

不时放出的虚假消息帮助 FBI 探员套出了疑犯的所作所为，彰显了 FBI 探员史蒂芬的智慧。乔伊在史蒂芬凌厉的逼问之下，急于否定史蒂芬的虚假信息，反而透漏出了不利于自己的真相，最终自作自受，搬起石头砸了自己的脚。

总之，一句话，向对方提供虚假信息，只要对方接话就一定会露馅。

运用模糊语言，让对方自己说出实情

使用模糊性的语言有技巧地"不懂装懂"，反而能给对方以强烈的心理暗示：FBI 已经掌握了一切，我只能交代一切。靠着这种"不懂装懂"的技巧，我们经常能在旁敲侧击中套出实情。

一般来说，交谈双方必须准确地把己方的立场、观点、要求、征询等信息传达给对方，帮助对方明了自己的态度。如果交谈者传递的信息不准确，那么对方就不能正确理解你的态度，势必影响双方的沟通和交流，使谈话向不利的方向转化。

不过，凡事总有例外，有时候，模糊的语言反而能帮助我们"浑水摸鱼"，收到奇效。

浑水摸鱼的字面意思是在浑浊的水中有利于抓到鱼儿，用于军事是指，当敌人混乱无主时乘机夺取胜利的谋略。这种策略产生的本源并不复杂，那就是让对方头脑迷糊，容易作出误判，从而做出有利于己方的行动。

我们都知道，意思表达明确的语言能让人头脑清醒，思维清晰。这样一来，在对方头脑清醒的时候，对于那些对方不想透漏的信息，我们就很难获悉。相反，模糊性的语言则让人摸不着头绪，不知你的底细和底牌。尤其是在我们给出一些暗示时，他们经常在不知情、一片迷糊的状态下说出那些我们想要的信息。就像下面这个案例显示的那样。

某公司与这一地区的几家供货单位都有业务关系。一次，该公司和其中一家供货单位谈判时，价格问题久争不下。

公司一名谈判人员决定从对方的产品入手，给他们一个下马威。尽管他对这些产品的来源和质量并没有多少了解，可还是突然抛出一个新问题："据传，贵方的水泥可是，呵呵……有些……让人吃惊啊！"

"没有的事，我们的产品都是严格按照国家标准生产的。"对方极力否认。

"哦，这都是外面的一些说法，我可不想点破啊，就看贵公司的诚意了。"这名谈判人员还是在说些让人一头雾水的话。

"的确，由于市场对我们的产品需求旺盛，加上我们产量不足，我们的确曾把附近几家工厂的散装水泥按出厂价收购,然后再重新灌装销售给客户!不过,这些产品的质量都是信得过的,有保障的!"

"你们这样做,产品的价格还那么高,这让我们如何是好啊……"

供货单位一看情形不好,心道,不会是不想从我们这儿进货了吧,假如他们把这个秘密告诉给我们其他客户,那我们可亏大了:"价格好说好说,我们都是老朋友了,就按你们说的办,难不成就因为这五个点坏了我们的业务关系,这就签合同吧!"

"合作愉快!"

就价格谈价格,已经谈成了僵局,于是采购方的谈判人员抛出一个对产品质疑的含糊语句,暗示自己对供货方的一切尽在掌握中。试想,做了"坏事"的供货方如何不心虚,一心虚就把自己公司的产品秘密透漏出来,在谈判桌上矮了半截。

FBI调查人员在与被调查者交谈的时候,运用上述模糊语言可谓是家常便饭。出于表达策略上的需要,他们会经常故意运用诸如"我们基本掌握了所有情况"、"你们的做法令人惋惜"等模糊语言来套出复杂信息。比如说,想要打探被调查者的行程,FBI大都不会直接询问,而是运用这样的问句:"昨天你的行程有些意思,请给我们详细说说吧!"这就容易让对方联想到自己的行程已经被掌握了,不能造假,否则就会被拆穿。

当然,我们在使用模糊语言时,也要求它具有一定的准确性。因为模糊语言反映了我们对某一个客观事物一定的认识程度,而这种认识必须是相对准确的。换句话说,使用模糊语言就是为对方界定了一定的理解范围,如果抛开了准确性原则,就容易让对方识破,从而让对方从你界定的范围中溜走。比方说,FBI询问疑犯是否有、有几名同伙时,首先要辨明的是对方是否有同伙,假如疑犯单身作案,猝然听到一句"你另外的同伙离开本市没有",反而让疑犯获悉FBI了解的信息有限,从而产生撒谎的冲动。

运用模糊语言实质上就是通过向对方暗示自己已经掌握了有关情况,从而向对方施压,让他从实招来,不要耍花招。当然,这种模糊也必须建立在相对准确的基础上,否则对方会识破,认定我们是在套话,从而加剧了戒备心理,这就弄巧成拙了。

用道具向对方暗示自己已经掌握了重要信息

"人靠衣服，马靠鞍"，"衣服"和"鞍"的道具力量是无穷的，这是因为道具能给人以强烈的心理暗示。因此，道具成了 FBI 震慑约谈者以及套取信息的重要着力点。

有一个真实的故事：

一家大公司举行董事会议，十二名董事围坐在椭圆形的会议桌旁激烈地讨论着。其中十一名董事面前摆着纸和笔，而最后的一位呢，他面前除了纸笔外，还堆满了一叠叠文件资料，每一叠几乎都厚达十公分。董事们对该次会议的中心议题——有关公司经营方针的变更，每个人都踊跃发言，各抒己见，一时之间，争论四起，难成定论。

在这一片混乱当中，那位携带了大批文件、图书等资料的董事却一直保持着沉默，而每一位董事在起身发言的时候，都会不约而同地以充满敬畏的眼光向那堆文件资料行"注目礼"。待在座十一位董事都发言过后，主席遂请最后那位似乎是有备而来的董事说几句话。只见这位董事站起来，随手拿起自己面前那叠资料上的一张纸，简要地说了自己的意见，便又坐了下来。随后，经过一番简短的讨论，那十一名董事一致认为最后发言的那位董事"言之有理"，都同意他的意见，这场纷乱而冗长的争论才告结束。

散会之后，主席赶忙过来与这位一锤定音的董事握手，感谢他所提供的宝贵意见，同时也对其为收集资料所下的工夫表示敬意。

那位董事听了主席的一番话，顿时愣住了，随后不好意思地笑着解释说："什么？您大概误会了，我手头的这些文件资料和今天开的会根本是两回事嘛！这些东西是我秘书整理出来的一些往年的文件，先交给我看看，如果没有保存的必要，就要烧毁了。而我正打算开完会便外出度假，所以顺便把它们也带到了会场。至于我发表意见时手上拿的那张纸，不过是刚刚边听各位发言边随手记下的摘要而已。"

试想一想，偌大的会议室里，十一位董事手头最多只有简单的纸和笔，而最后那位董事面前却是小山一般高的文件资料，谁不会惊讶呢？这个董事既然带来这么多"道具"，说明他下了极大的功夫，做了万全的准备，他的意见必是有根有据、一字千金——其他的董事大概都是如此思量的。所以，这位董事说的话被大家一致认同了，尽管他带来的其实只是一大摞陈年的废旧文件。

这个小故事启示我们：运用道具能够向对方暗示自己已经掌握了重要信息。而对这一点，FBI一点儿都不感到陌生，因为他们已经将它应用到套取被调查人员重要信息中去。

道具可以强化FBI调查员的言语和非言语信息，同时还能向被约谈者发出无声的警告：不要妄想隐瞒，更不要撒谎。道具可以给约谈者某些帮助，令对方以为你掌握了重要证据。因此，FBI在约谈之前会计划好道具的使用，预测每种道具可能会对被约谈者产生什么样的效果。

具体来说，FBI常用的道具主要有以下几种：

第一，证书和奖状等审讯室摆设。挂满与重要人物合影的照片、奖状和证书的墙面，可以增加FBI的可信度和威严度，告诉对方自己是可以信任的，有充分的能力。另外，柔和的灯光和色调有助于令疑犯心情放松，畅所欲言。

第二，文件、文档等资料。在审讯室的文件柜上贴上标签，上面用粗笔写上被约谈者的姓名以及"发现的证据"等字样，并将这些信息传递给对方，制造出已经掌握了很多证据的假象。以此类推，带一个厚厚的牛皮纸文件袋去审问室，在文件袋标签上清楚写上嫌疑人的姓名，也可以达到相似的目的。当然，FBI也要视对方罪行轻重调整文件袋的厚度，如果带着一个厚厚的文件夹去审问一个小混混，岂不让人觉得"拿大炮打蚊子"？

第三，视频、照片等监控记录。FBI在审问中，出示装有政务塑料袋的录像带，上面标明是录有证据的视频信息，标签上写明犯罪现场、日期等内容。这会给对方以强烈的暗示：自己的罪行已经被录了下来，无法推脱。或者出示犯罪现场或受害人的照片，刺激疑犯。有时，这些照片会令对方幡然悔悟，供出所犯罪行。

第四，与嫌疑人的同谋合作。让嫌疑人的同谋进入审问室时看一下他的同谋，就会迫使嫌疑人重新考虑是否与FBI合作。因为嫌疑人会怀疑自己的同谋会率先合作，来换取作为污点证人的豁免权。无论这名同谋是否参与合作，

FBI 都会安排他出场，从而达到虚张声势的目的。

如果嫌疑人拒绝合作，那么就让他的同谋写下"我已经告诉调查员全部真相"的声明，并签上字。然后，FBI 调查员会拿着这份声明出示给不愿合作的疑犯。在这种情况下，大多数疑犯都会痛骂自己的同谋，并且对审问采取完全合作的态度。

第五，同事配合。指挥一个不在场的同事给自己打电话或悄声和自己说话，会让疑犯以为有新的证据，或者让他以为自己的同谋已经招供。同时，让疑犯"无意间"听到这些对话，可以向他传达强有力的信息和暗示。

欲擒故纵：如果觉得不方便就不要告诉我

> 让我说的，我偏不说，不让我说的，我偏偏乐意说，欲擒故纵式的套话术就是抓住了人们的这个心理弱点，恰当利用，帮助 FBI 找到了事实的真相。

当一个人不想说出心里的实话，不想表露自己的心思时，我们越是打探得紧，越是追着问，他就越是不愿告诉我们。一旦逼急了，他还可能会翻脸，会发火。

上述现象在 FBI 的日常工作中表现得尤为明显。FBI 对某些人逼问得越紧，越得不到答案。越得不到答案，FBI 就越心急，于是就走进了这么一个恶性循环的死胡同。这其中蕴含的道理非常简单：FBI 对某个问题表现得越有兴趣，对方就越有所警惕，担心对自己不利，或者想以此为要挟作为讨价还价的资本，不肯轻易吐露实情。

相反，如果我们能换一种方式，在"巧"字上多下一些工夫，多采用一些套话策略，那么，对方反而容易在不知不觉中坠入"套"中，露出心思，说出真话。

如何巧妙走出这个死胡同呢？方法很简单，欲擒故纵，向对方说"如果觉得不方便就不要告诉我"，向对方暗示自己并不是很渴望知道这件事情，这件事情对自己并不是那么重要，从而降低对方戒心，使他说出实情。

实际上，这种欲擒故纵的套话术已经不单单是 FBI 的独有技巧，它有着广泛的应用，特别是在商业谈判中。

美国某汽车服务公司是一家专门为物流公司提供车辆维护、运营咨询和软件服务的企业。该公司的明星销售员亚瑟人送外号"推土机"，表示他无坚不摧，对任何难办的客户都有办法。

专用车公司的一位销售经理已经与某运输公司接触了很长时间，虽然车队的领导很喜欢该公司的专业服务，但他们公司的首席财务官唐·格林就是不同意这笔生意，而他才是最后的决策者。

关键时刻，只有"推土机"披挂上阵了。他通过广泛的情报搜集，得悉唐和妻子丽萨在远郊拥有一片牧场，风景如画。他们在牧场上养了一小群长角牛，其中一头叫做"拳王"的公牛曾数次夺得州公牛比赛的冠军，夫妻二人对它宠爱有加。

在一个星期六的早上，当"推土机"确信只有丽萨一个人在牧场时，就上演了一出偶遇的好戏。他假装驾车路过时偶然看见了"拳王"，然后非常礼貌地请求丽萨同意自己为"拳王"拍几张照片。

两个星期以后，"推土机"又一次来到了唐家，并带来了一个精致的相框，里面有一张漂亮的"拳王"照片。丽萨一家顿时对他产生了好感，热情地邀请"推土机"进客厅喝咖啡。在闲聊中，"推土机"随口说出自己的职业，对此，敏感的唐有些生气地说："如果你是为了向我了解公司采购事宜，你以后就不用来了！""推土机"微微一笑："如果您觉得不方便，我是不会和您谈公事的。再说，我的确是因为喜欢'拳王'才和丽萨偶遇的！"这几句话让唐放松下来，因为有太多人接近自己是别有目的的。

此后的三个星期，"推土机"按兵不动，他在静静地等待时机。在这段时间，唐必定每天都会看到"拳王"的精美照片，毫无疑问，妻子还会不止一次地向他提起那个彬彬有礼、热情友善的年轻人，而这张精美的"拳王"照片就是他的杰作。

等到一个周末，"推土机"再次拜访了唐家，和两位主人进屋喝冰茶。唐不经意问"推土机"是否真在某汽车服务公司做销售工作。"真的！这还有假吗？"唐有些得意地说，"我在××公司，你们的人这几年一直追着我，想跟我做生意呢。""推土机"解释说他负责其他的业务，而且自己从不会勉强客户和自己合作，然后又看似随意地说："我们为客户提供很多数据，非常个性化的数据。所以我们通常只关注那些真正的大客户。我不是很熟悉我们公司，也许你们并不需要我们那样的高端服务。也可能我们的要价比你们现在的供应商要高。当然，贵公司也许符合我们的客户条件，不过，现在我们还是谈谈'拳王'吧！""推土机"就这样巧妙地挑起唐的好胜之心，然后就将话题转移，表示自己没兴趣听对方介绍自己的公司。可他越是这样，唐越是迫不及待地诉说自己公司如何如何……

而且到了下个周一的早上，唐就打电话给他。"推土机"虽然心中暗喜，却表现得好像对生意不太热心。与"推土机"交谈得越多，唐就越感兴趣，对汽车服务公司的兴趣也越来越浓厚。最终，两家公司签署了服务协议。

签署服务协议之后，大家都很开心，公司领导还给销售部全体员工发了一封主题为"最牛销售"的邮件，详细描述了"推土机"精心设计的每项行动，成为公司销售人员竞相学习的榜样。

让客户自己说出真实想法，甚至引导客户对产品感兴趣，是每一个销售人员梦寐以求的。为此，很多销售员巴不得一天到晚缠着客户，不断地询问"你对我们的产品有兴趣吗"、"和我们公司合作吧"等等，其内心所想也昭然若揭。这样下来，越想"擒"住客户，客户反而溜得越快。

而上面案例中的"推土机"则反其道而行之，欲擒故纵，从不急于和对方探讨业务，好像对方说不说自己公司的需求都和他无关，这反而激起了对方的倾诉欲望和购买欲望。

直接告诉对方或者暗示对方"你说不说这件事，我都无所谓"，以此降低对方的警戒心理，从而大胆放言——这就是FBI欲擒故纵式的套话技巧。

使用反诘逼出真相，让他没机会说"我记错了"

利用反诘让被调查人员对自己说过的话"盖棺论定"，堵死他说"我记错了"的退路，从而可以让FBI从容地在对方的话语中寻找纰漏，然后致命一击，逼其说出真话。

FBI经常从日常生活以及史上著名的案例中汲取套话技巧，并通过学习、吸收，成为他们的秘密武器。下面这则和美国总统林肯有关的著名案例就曾带给他们丰富的营养。

林肯还是一名律师的时候，曾为一起案件辩论。在检察官询问完证人证词后，林肯站了起来，和证人有了如下对话：

林肯：那么，直到案件发生之前，你都一直与被害人在一起，而且也亲眼看见，被告拿手枪狙击被害人？

证人：没错。

林肯：你站的位置离他们近吗？

证人：大概距离6米左右吧。

林肯：不是3米左右的距离？

证人：不！距离6米以上，或者更远。

林肯：是在视野宽广的草原上吗？

证人：不，是在森林里。

林肯：什么样的森林？

证人：桦木林。

林肯：时间是在八月，所以桦木的树叶长得很茂盛吧？

证人：相当茂盛。

林肯（把案件中使用的手枪拿给证人看）：你认为这把手枪，是当时使用的那把吗？

证人：看起来很像。

林肯：你能看得见被告开枪，或是枪管样式，以及其他情况吗？

证人：是的。

林肯：案发现场距离布道会场多远？

证人：大概500米左右。

林肯：光线在哪个方向？

证人：在布道会场的牧师讲台旁边。

林肯：有500米远？

证人：是的，我已经回答过了。

林肯：那么，在案发现场，你是否看见被告或被害人带了蜡烛之类的照明灯具？

证人：没有！带蜡烛到那种地方干什么？

林肯：那你是怎么目击枪击事件的？

证人：借着月光！

林肯：你在晚上十点看见枪击事件，在桦木林里，离灯光500米远，你看得见手枪的枪管、看得见被告开枪？而你距离被告6米远，所看到的一切，全都只靠月光的亮度？

证人：是的，之前已经说过了，我全都看见了。

林肯（从大衣的侧边口袋掏出一本蓝色封面的天文历，然后慢慢翻开，把其中一页当成证据，呈给陪审员及法官看）：案发当晚月亮直到翌日凌晨一点才会升起，你怎么会借着月光隔着500米看到枪击事件呢？

……

对证人的诘问，有"主诘问"与"反诘问"两种方式。在顺序上，先进行主诘问，然后再进行反诘问。所谓的主诘问，无论在民事案件还是刑事案件上，对于进行主诘问的一方来说，都是要证人在法官面前作出有利证词而进行的一种诘问。需要特别注意的是，在上面的案例中，林肯进行反诘问之前，检察官曾经进行过主诘问，该位证人作出的证词，应该都是满足检察官需要的证词。相对于此的反诘问，目的即在于破坏有敌意的证人的证词。

预测他人会用什么方式逃脱，并事先将逃走路线堵住，之后再突然以子之矛，攻子之盾，进行反诘问，让对方没有机会说"我记错了"，这是揭破他人谎言、令其吐露实情的有效方法，是FBI总结形成的一种重要套话技巧。

多年的审讯经历告诉FBI：很多时候，受约谈者经常在陈述完一些话后，当FBI探员发现其中某些对对方不利的信息并且指出后，对方往往会以"对不起，我记错了"应对，然后更改自己的口供。个别时候，有些证人到了法庭又全盘否定自己以前的证词，而代价就是一句简单的"我记错了"。

如何才能让那些出尔反尔的人没有机会说"我记错了"，从而让他们无法在谎言和真相间摇摆，直接道明真相呢？一种可行的方法就是借鉴上例林肯所应用的反诘问，在他陈述完事实后，对其言辞再次作一番确定。如果从中找出纰漏，那么就揭穿他，继而逼问真相。而假如对方对自己的言辞确定无疑，那么，也会为今后的进一步套话奠定良好的基础。

第三章

FBI 识谎的艺术
——这样的回答是骗不过我的

识谎是 FBI 的另一个核心技巧,犯罪分子总是试图用谎言来掩盖自己的罪行,FBI 为了弄清楚背后的真相,就不得不掌握强大的识谎术。对于 FBI 来说,如今已经很难有人能够欺骗他们了,他们总能从说谎者的身上看出一丝端倪。

矢口否认——否认得这么快，一定有问题

急于否认自己做下的某件对自己不利的事情，是人天生的自我防御反应。FBI经常观察受调查者有无这种反应，继而从中看出问题，最终鉴别对方是否说谎。

这种场景在生活中比比皆是：

傍晚时分，母亲在厨房里做饭，几个孩子在院子里踢足球。突然，砰地一声，继而传来一阵玻璃碎掉的声音。母亲立刻会意，一定是几个孩子不小心把玻璃打碎了。

"不是我干的，不是我干的！"紧接着就传来一个孩子的高声叫嚷。母亲当即就明白，这孩子真不让人省心，做错了事还不承认。

之后，母亲就从厨房走了出来，向孩子们走去。

事实的确如此，在母亲的进一步"审问"下，这个孩子的同伴们一个个都指着这个最先否认犯错的孩子："还想抵赖，就是他干的，我们都看到了！"

于是，这个闯祸的孩子慢慢低下了头，承认自己闯祸了。

母亲为什么一听到一个孩子在事发后立即说"不是我干的"，就确定祸是他闯的呢？难道母亲能未卜先知？

其实，无论是孩子还是成人，都有一个天性，对于自己做下的不好的事情，为了给自己开脱，往往会在第一时间矢口否认，推卸责任。当这件事与自己利益相关时，更是如此。不过可惜的是，在一个有着丰富"测谎经验"的母亲看来，这种姿态不但没能让他摆脱嫌疑，反而暴露了自己。

这种急于为自己开脱、矢口否认一些指控的行为，大多隐瞒着不可告人的秘密。诚实可信的人在回答一件事情之前，承认做下某件事也好，否认做下某件事也罢，都会有一定的思考时间，总是隔一段时间再回答。而一个说谎的人则不是这样，他们为自己做下的劣行执意抵赖，一听到不利于自己的询问和指控，就会条件反射似的矢口否认："这与我无关"、"我不知道"，就像上文中孩子说出"不是我做的"一模一样。

基于这种发现谎言的小技巧，FBI曾经侦破过一起抢劫案。

美国芝加哥大学发生了一起抢劫案，犯罪嫌疑人是该校一名物理学教授。FBI在对这位教授进行初步调查时发现，该教授的言行举止并没有什么异常。

之后，FBI深入到大学中去，在这名教授的同事和学生中间展开了调查。他的同事和学生都对这位教授印象很好，他们根本就不相信教授会和这起抢劫案有关。

FBI通过对这名教授的讯问发现，他表面上虽然表现得非常平静，但是当问及他抢劫案件的事情时，他总是摇头表示不知情，一口咬定与自己无关。当问及该教授在事发当晚在何处时，这名教授突然表现出烦躁的情绪，还大声说自己与此案无关。

虽然FBI没能从教授口中得到有关抢劫案的任何线索，但是教授这种矢口否认的态度反而加深了FBI对他的怀疑。FBI没有放松对教授的调查，功夫不负有心人，不到一个星期，FBI就找到了一位重要的目击证人，他可以证明教授就是抢劫案的主犯。在证据面前，教授的矢口否认起不到任何作用。

否认得那么快，就一定有问题。FBI探员们就是通过这一点增加了对疑犯的怀疑，从而抓住他不放，多方寻找证据，最终将他绳之以法。

你刚提完问题，对方就矢口否认，本想急着为自己开脱，努力表示自己的清白，殊不知，这反而暴露了自己想要用谎言摆脱干系的想法。因为，一个内心平和、问心无愧的人，又何必急着做出"此地无银三百两"的多此一举呢？

答非所问——看来这个问题你有所隐瞒

很多人对答非所问这一"沟通技巧"寄予厚望,希望以此蒙混过关。可是,FBI是不会让他们得逞的,反而要从中发现对方想要隐瞒某些事项,为进一步的套话奠定基础。

对所提出的问题不作正面回答,答非所问,表示该人对所提出的问题有所隐瞒。

《孟子·梁惠王下》中讲述了孟子与齐宣王的对话,成为"王顾左右而言他"这一典故的来源,也是答非所问的典型对白。

孟子对齐宣王说:"大王的臣子中,有一个人把他的妻子和孩子托付给他的朋友后,就去楚国游历。等他回来的时候,他的妻子和孩子却在受冻挨饿,那么对他怎么办?"

齐宣王说:"将他抛弃。"

孟子说:"司法官不能管理他的下属,那么对他怎么办?"

齐宣王说:"罢免他。"

孟子又说:"一个君王没把国家治理得很好,那么对他怎么办?"这时,齐宣王却没那么爽快了,而是转头和身边的大臣说起其他事情了。

齐宣王对一些非敏感的问题还可以直接作答,可是一旦问题变得敏感起来,他就不满乐意了,从而把话题转到其他方向。其实,在孟子看来,他的这种做法反而是他心虚的表现,变相地承认了自己治理国家不当。

同样,某些明星在闹出绯闻时,无数记者围着他们要求其发表看法。明星们则把头摇得跟拨浪鼓似的:"这是个人隐私,你们还是提问其他的问题吧","抱歉,我们正在赶时间,请让一让"……然后将话题转移开,或者逃离采访现场。如此表现,反而让洞悉人性的记者紧抓不放。不久之后,往往证明这些传闻原来是真的!

心理研究人员认为,答非所问是隐瞒问题的一种方法。比如说,在FBI进行审讯过程中,有些疑犯在被要求描述案发当时他在做什么时,会将问题扯到很远，极力回避问题的实质。其中一个最可能的解释就是，该疑犯正是作案人，不愿意回顾自己的作案场景，因为这会给他们带来强烈的冲击，如果控制不好自己的情绪，就容易被FBI识破。

然而，并不是每个人都能像FBI那样明察秋毫，从对方的答非所问中找到问题的实质。

1958年7月9日，来纳西州的埃斯蒂斯·基福弗参议员主持了一次听证会，讨论关于同意美国棒球大联盟的要求免受反托拉斯法制裁的议案，当时他还是反托拉斯反垄断专门委员会的主席。在这次听证会上，美国扬基棒球队的教练施丹格尔被叫去作证。

当基福弗参议员询问施丹格尔是否支持这项法案时，施丹格尔是这样回答的："嗯，我现在必须说，由于球员的帮助，棒球队在这方面已经取得了很大进步……我不是制订这个福利计划的人之一。不过这个年轻人就在这儿，他代表棒球俱乐部，而俱乐部可以代表全体队员。由于我不是俱乐部成员之一，我也不享受这些福利——那些你们认为'他必须来此作证'的福利。不过，我必须说，这对全体球员来说是一件好事。我想要替球员们说的一件事，就是他们确实应该有比较好的福利基金。我想这应该有赖于电台和电视台的宣传，否则你不可能有那些钱花……"

施丹格尔一通话把所有人搞得晕头转向。面对这样混乱的情况，基福弗参议员提醒道："施丹格尔先生，我不知道我有没有把问题问清楚。"

施丹格尔这位"哦哦先生"的回答是："哦，是的，先生，没关系，我也不知道我是不是能把你的问题回答清楚。"

一时间，基福弗参议员有些不知所措，他说："我是在问你，先生，为什么大联盟想要我们通过这个提案？"

这次，施丹格尔又开始了长篇大论："我要说我不知道，但是我也要说，你们之所以希望这个提案通过，是因为他们希望打棒球能继续成为高新职业之一，正如这个职业现状一样——我只是从棒球的角度来说，而不是从其他什么球类运动的角度。我在这儿不会多说其他什么球类运动，我是干棒球这一行的。这一行是目前为止这一百多年来最清白的行业。在这儿，我不想说电视台的收入，我也不想说棒球场的收入。你们应该把那些摘出去。对此我不太清楚。我是说，这些球员的福利现在已经有了很大的改善。"

基福弗参议员被这些话搞得越来越糊涂，最后不得不把希望寄托在坐在施丹格尔教练身边的棒球明星米基身上，"米基先生，关于在棒球运动实施反托拉斯法您有什么见解？"

米基往前俯身，凑近麦克风说道："我的观点和施丹格尔先生的完全一致！"

可悲的基福弗参议员毕竟没有FBI那般的察人之明，被二人搞得晕头转向。很明显，无论是施丹格尔还是米基都在打哈哈，他们都有自己明确的观点，但他们就是将观点隐藏起来，不愿意就此提案表明自己的态度。这是有一定原因的：如果他们贸然发表自己的见解，有可能被棒球联盟抓到把柄，不利于自己的职业生涯。

"王顾左右而言他"也好，一直打哈哈离题千里也罢，都是答非所问的表现。这些表面看起来无用的信息，反而是对方在有意隐瞒重要事项的表现。因此，在交流中，一旦发现对方答非所问，我们一定要急追不舍，直到将对方要隐瞒的事情探个究竟。

诉求细节——解释过多反倒不让人相信

说谎的人最怕的就是听者不相信自己的话，为了增强可信性，他们会添加一些细节，刻意将事情描述得有鼻子有眼。殊不知，这种自作聪明的做法，正好为 FBI 鉴别对方是否诚实提供了素材。

假如有人向你提出了一连串的问题，问你上周具体做了什么事情。你很可能已经不记得这些事情的细节了，假如你是一个诚实的人，肯定会直言已经忘记了。但说谎的人不会这么说。他们会夸夸其谈，当说到并不是那么重要的信息时，他们似乎都具备了超乎寻常的记忆力，而且通常都会"想起"哪怕是最细枝末节之处。

看来，"解释就是掩饰"这句话是有一定道理的。很多说谎的人喜欢用诉诸细节的方法解释自己的所作所为，经常把情形弄得"越描越黑"。诚然，诚实的人会比说谎者提供更多细节，但是这些细节应该与他谈论的话题相关，不会和无关的信息相混淆。如果一个人的话中混入了过多无关的细节信息，则是在制造诚实的假象，这意味着欺骗。

对绝大多数人来说，要想记住一个时间段的所有细节是不可能的。通常，人们在回忆某个时间段的各种细节时，有时会纠正自己，理顺思路。这个过程中，他们难免会复述得不太顺利，偶尔中断。但是说谎者在陈述时不会犯这样的错误，因为他们已经在头脑的假定情景中把一切都想好了，已经打好了腹稿如何应对讯问，特别会着意描述几个细节加强可信性。不过，这恰恰暴露了他们。

德国作家戈·毕尔格在其名著《吹牛大王历险记》中塑造了一个吹牛大王，以吹牛大王的口吻讲述了种种神奇的经历，其中有一篇《房顶上的马》是这样的：

有一次，我骑马到俄国去。

那是冬天，下着大雪。

马走累了，开始一走一蹶。我呢，困得要命，疲倦得差一点从马鞍上摔下来。可是我怎么也找不到过夜的地方。一路上，一个小村庄都没遇见。

怎么办呢？

只好在旷野里过夜了。

周围一棵树也没有，只有一根小柱子竖在雪地上。

我随手把冻得发僵的马拴在这根小柱子上，自己往雪地上一倒，就睡着了。

我睡了很久，等醒来的时候，发现自己不是睡在田野里，而是睡在一个村庄里，说得更确切一些，是睡在一个小城镇里，四面八方都是房子。

这是怎么一回事？我跑到哪儿来了？一夜的工夫怎么会长出这么多房子呢？

而且我的马哪儿去了？

好半天我也闹不明白，究竟发生了什么事情。突然，我听见一阵熟悉的马嘶声，这是我的马在嘶叫。

可是它在哪儿呢？

嘶声是从头顶传来的。

我抬头一看——啊！这是怎么啦？

我的马挂在钟楼的房顶上啦！它就拴在那个十字架上。

我马上明白是怎么一回事了。

昨天晚上，整个小城镇连所有的人和房子都被大雪埋上了，只剩下十字架的尖儿露在雪外头。

我不知道这是十字架，还以为是一根小柱子呢，所以把马拴在它上头了！夜里，我睡觉的时候，天气渐渐地暖和起来，雪化了，于是我就不知不觉地降到地面上来。

但是我那可怜的马却留在房顶上了。它拴在钟楼的十字架上，没法下到地面上来。

怎么办呢？

我没考虑多久，便抓起手枪，瞄得准准的，放了一枪，正好打中了缰绳，因为我本来就是个神枪手呀。

缰绳断成了两截。

马很快回到我身边来了。

我跳上马背，一阵风似的向前跑去了。

整个故事构思巧妙，真实得就像有一幅幅画面扑面而来。尤其是里面的细节描写，让众多听故事的人都不禁相信这是真的！可是，一个善于鉴别谎言的人会告诉你，这都是编造的。比如他说自己把"冻得发僵的马拴在这根小柱子上"是没有必要强调马冻得如何这一细节的，再如，"睡在一个小城镇里，四面八方都是房子"这一句，既然睡在一个小城镇里，四面八方自然是房子，这种细节也是不需要特别提及的。看来，主人公不但是个吹牛大王，还是个说谎大王。

"你那晚的确在案发现场不远？""是的，那晚是个阴天，路上一片漆黑，伸手不见五指，我就凭着感觉去串门，我还不小心踢到几块石头，当时还以为踢到什么东西了呢！"当 FBI 听到这句话时，他们就会提高警惕了，一个简单的黑夜何须啰啰唆唆说这么多呢？其中，一定有诈！

假装生气——真生气是有底气，假生气就是心虚

说谎令人心虚，心虚就会企图运用假装生气的方法保护自己。但是这种企图是不会得逞的，FBI能识破撒谎者的虚假生气，并顺藤摸瓜，直到触及事实真相。

人们常说，"吠犬不咬人"，这不是因为"吠犬"对人友好，而是因为它心里没底气，没有胆量去咬人，只能用叫声来吓唬人。狗大声吠叫和人遭到误解而生气的深层原因是相似的：真生气是一个人有底气的表现，说明这个人清清白白，没做过什么亏心事。反之，假装生气就是另一种说法了，假生气是因为心虚所致。

因此，当一个人在听到某个问题后，表现出十分生气的样子："你竟然不相信我"、"我不知道"，或以各种正当理由拒绝作答，你千万不要当真，哪怕他表现得多么气愤，因为他极有可能是心虚所致。

"为什么你对你父亲的失踪一点儿没有表现出伤心的样子？"FBI探员拉里面对眼前平静的比尔，有些不解。

比尔摊开双手，做出一个很无奈的动作："我和父亲相处时间较少，我对他没有多深的感情，完全可以这么说，他在我的生活中可有可无。"

"那我就奇怪了，既然你和他的关系不好，为什么在你众多的兄弟姐妹中，你所得的遗产是最多的，几乎是全部？"

"我怎么会知道?! 也许老头子看好我，觉得我最有能力！"比尔听到这话后，有些不耐烦地瞪了拉里一眼。

"好吧，原来是这样。那请问，有人曾看到你和你家的律师巴布里先生经常在一家酒吧窃窃私语，这你又如何解释？"

比尔突然站起来，拍打着桌子："难道我和我家的律师聊聊天都犯法吗？"

……

经过这次审讯，拉里基本确认比尔有重大作案嫌疑，他那几次出格的生气出卖了他。因为面对这种稀松平常的问题，实在没有理由大动肝火，而且生气

的动作还那么夸张。后来，经过多方调查，FBI终于锁定了比尔和父亲的律师为同谋，证明他们将受害者杀害，然后伪造遗嘱骗取家产。

虚假的东西是不会骗过FBI的，虚假的生气也别想瞒过FBI的眼睛和耳朵。

在具体鉴别假装生气时，FBI认为，观察生气时面部表情的持续时间以及出现时机和面部表情与肢体的协调度，这些都能提供说谎线索。

一般来说，长时段的生气表情——有的长达十秒左右或更长，通常约五秒，绝大多数都是假的。真正发自内心的气愤都不长，除非情绪达到了极点，如怒气冲天、暴跳如雷等，此时真正的情绪表情在脸上最多停留几秒钟。即使在特别极端的情况下，面部表情也很少能持续那么久。因此，当你发现对方脸上的"气色"长时间不消退，八成是他在假装生气，做戏给你看。

观察面部表情与肢体动作之间的相对顺序也可以看出说话人是否在说谎。同样假设那个被逼问得不胜其烦的疑犯在生气，并重重拍打桌子，如果生气的表情是在捶打桌子之后才出现的，同样可以断定是装出来的。事实上，任何与肢体动作不同步的面部表情都很可能是说谎线索。

有了上述三种判定虚假生气的方法，相信没有人能够逃出我们的火眼金睛。任何想用假装生气的方法来掩饰自己谎言的行为都是徒劳的。

坐立不安——说真话的人为什么会那么紧张

> 紧张到站着不自在，坐着又不断做出小动作，好像浑身都不舒服，可能的解释就是他这个人撒谎了，在无意识间将自己心头的秘密映射出来。

谎言往往总是和紧张情绪如影随形，坐立不安，"惶惶不可终日"，这些紧张的表现就是一个人说假话的重要特征。

相信公司的招聘人员一定会对那些坐立不安的应聘者特别关照，因为这种反常的举动证明对方非常紧张，可能在撒谎。在面试之初，适度的紧张是正常的，但是当面试者在回答某个问题时，突然变得躁动不安，那就有问题了。

一次面试中，应聘者与招聘人员相谈甚欢，都给对方留下了良好的印象。在面试的最后关头，这名应聘者谈到的最后一个问题是互联网的重要性。招聘人员对他的见解很是赞赏，然后随口讲起许多毕业生都在使用互联网时出现的问题，无非是从社交网站上传那些可能成为一个人日后尴尬的图片或信息。

就在这时，招聘人员注意到，应聘者开始不断更换坐姿，头部一会儿偏向左，一会儿偏向右，如坐针毡，并且将这系列动作重复了好多次。招聘人员看在眼中，记在心里，这才想到他在回答其他几个关键问题时，也曾经这样过。但是招聘人员并没有点破，只是感谢他来参加面试，然后很有礼貌地将他送出办公室。

之后，该招聘人员回到电脑旁，结果在上面发现了一些信息，证明该应聘者在回答那几个关键问题时说了谎。

一个处处讲真话的人，除非特别容易害羞，否则是不会在与人正常沟通之际坐立不安的，除非他在说谎。

经验告诉我们，一个人说谎时，会变得特别不自在，不知道如何协调自己的肢体动作，在外人看来就是"坐立不安"。

来自得克萨斯基督教大学的心理学家查尔斯·邦德教授所从事的研究验证了这个经验的正确性。邦德调查过与说谎有关的各种行为。他对来自60多个国家的数千人进行了调查，要求他们描述如何分辨别人是否在说谎。人们的回答竟然惊人的一致。从阿尔及利亚到阿根廷，从德国到加纳，从巴基斯坦到巴拉圭，几乎每个人都认为说谎者倾向于避免目光接触，会紧张地挥手，整体的表现就是坐立不安、有些紧张。

特别是，当一个正在说话的人轻微抖动双脚，很大程度上表明这个人在说谎。此类行为的有趣之处在于，它完全是一种自发的行为，是由潜意识决定的，连做出这些动作的人自己都意识不到。

一位FBI探员曾经审讯过一名女子，他们怀疑她是一桩重大犯罪案件的目击者。但几个小时审讯下来，没有丝毫进展。这是一件令人十分难堪的事，整个审讯也格外无聊乏味。被审讯者没有说出任何有意义的信息，但是该审讯员突然注意到她的腿一直在轻轻摇动。

但这种常态是相对的，当被问到"你认识理查德吗"这个问题时，事情终于发生了变化。那一刻，她甚至还没来得及回答问题（至少没有来得及作口头回答），她的腿从摇动变成了上下踢动。这是一条很重要的线索，它告诉FBI这个名字对她有一定的负面影响，尽管她的口中说出的是："没听过，不认识！"

FBI抓住这点后发现，在后来的逼问之下，该女子只得承认这名叫理查德的人曾经和她卷入一宗诈骗案中。颇具讽刺意味的是，正是她猝然踢动的行为让她不得不在联邦监狱中待上10年，她一定会懊悔得想踢自己。

再嘴硬的疑犯也会在无意识间透漏自己的秘密，说谎功夫欠佳的人难以消除紧张情绪，从而表现得坐立不安，这就等于告诉FBI"我在说谎"。

当你看到这些坐立不安的征象——将手放在腿上不断搓动，不自主地抖腿，频繁地更换站姿或坐姿，脚趾不安分地移动等后，几乎可以断定，这时候从这些人口中说出的话都是经过"加工"的，不再是原汁原味的实景重现。

"不做亏心事，不怕半夜鬼敲门"，不说违心的假话，一个人也不会紧张到坐立不安的程度。因此，当你想要判定一个人是否在说谎时，就看他是否表现出站也不是、坐也不是的紧张样子就可以了。

吞吞吐吐——明显对自己的言辞没有信心

说谎者知道自己的话是假话，因此很难表现出十足的信心，而说话吞吞吐吐就是对自己的言辞缺乏信心的明显表现。因此，FBI 在观察一个人是否说谎时，经常从对方说话的流畅程度上进行判断。

人们在说真话的时候底气十足，说起话来也跟连珠炮似的，顺畅流利，表现出相当的信心。相反，那些心里有鬼，出口成"谎"的人，则会吞吞吐吐，含糊其辞，没有信心。

小说家经常喜欢用"吞吞吐吐"这个词来表现作品中某个角色的说谎窘态。而日常生活中，"吞吞吐吐"和谎言之间也在很大程度上存在某种联系。比如说，一位平常说话节奏平稳、不着急的人，面对一些人对他说出不利的话的时候，如果他吞吞吐吐，说的话颠三倒四，那么这些指责很可能就是事实，他自己心虚、中气不足，他的辩解本身就是在延续谎言。

同样的场景也屡屡出现在法庭上：证人收到提问后，大都保持着尽可能快的语速，尽可能快速且流利地陈述自己的所见所闻。因为他们知道，如果能够在语速上保持一定节奏，这样听起来更具可信性，更有利于让法庭采纳自己的证言。当有些人在面对质询的时候，或缄口沉默，或支吾其词，一副笨嘴拙舌、口讷语迟的样子，显得对自己没有信心。

可见，对"吞吞吐吐"这一典型的非正常语言特征多加关注，绝不是多余的。

1963 年 10 月 31 日下午，美国克里夫兰市一位具有 20 年侦探经验的便衣警察麦克法敦看见两个人在商店橱窗前走来走去。

在观察了他们一段时间后，麦克法敦怀疑他们在探查地形，可能要抢劫商店。其间，第三个人来和他们交头接耳，然后又匆匆离去。麦克法敦认为自己作为警察有责任对此作进一步的调查，以预防犯罪事件的发生。

不久，第三个人又回来了。这时，麦克法敦走上前去，亮出警察身份，问讯了几个问题。这几个人声称"在此散步"，简单的一句话说得吞吞吐吐，一个个好像连自己说的话都不相信。警察立刻警觉,抓住一个让他背过身去,从上拍到下,感到左胸口袋有东西,取出一看,是一把左轮手枪。他又拍查另一个人的外衣,也找到一把手枪。

后来,这些人因非法携带隐蔽武器而被逮捕、被控告。

这几个"在此散步"的人,连这么简单的一句话都不能说利索,吞吞吐吐的,怎么能不引起老警察麦克法敦的怀疑?

具体来说,那些因为对自己的言辞没有信心而导致的"吞吞吐吐"经常有以下几种表现。

第一,重复某一个词,如"我,我,我说我当时……当时……"等。没有人会相信自己的谎言,因此,他们会有意识无意识地不断重复,借以说服自己,说服他人。

第二,思维跳跃性强,经常转移话题。有些说谎者宁可隐瞒真相,也不愿另外编制虚构的故事。因为隐瞒事实,只需要避开对自己不利的部分,其他的都是真话,总体说来被揭穿的概率小。到了关键时刻,说谎者就经常使用跳跃式说话含糊地越过想要隐瞒的内容,跳过敏感的范围,之后继续说实话。比如"不久之后……"、"后来……"、"结果……"、"在那之前……"、"让我再好好想想……"等,从而表现得毫无连贯,吞吞吐吐。

第三,自我否定一些内容。说谎者对自己的谎言经常进行修饰,在发现某些不合理之处后,会马上否定,说出"哦,不是这样的,应该是……"、"刚才我记错了一点……"、"我要补充一点的是……"等话,整体上表现得左右摇摆,说起话来也不像平常信心十足。

了解了上面这些,如果再有人在你面前睁着眼说瞎话,比如说一个上门的推销员,当你问他"是否能给予一年的保修"时,他这样回答你:"嗯,啊……好,你放心,有的。"这样你就该怀疑了。当你再深入地问他,或者要求其出示保修证明的时候,他的谎言便会不攻自破。如果你相信了他的话,到产品需要维修的时候,那将证明他的话是一个大大的谎言。

当然,并不是所有在说话时表现得吞吞吐吐的人都是在说谎,比如口吃、害羞等有交流障碍的人,这需要我们针对具体交谈环境和交谈对象作出合适的判断。

故意拖延——在争取时间以思考怎么说谎

说谎是一个构造全新信息的过程，需要大脑的高度参与。为此，说谎者会不遗余力地运用拖字诀构思"全新信息"，从而表现出种种争取时间的行为，成为说谎的先兆。

如果你曾经说过谎，那么，你对下面这个情景也许会产生某些共鸣：

在你事先没有做任何准备的情况下，你的上级突然来了兴致，向你问起某项工作的进展，你顿时惊醒：还没有动手呢。幸运的是，这项工作并不紧要，还没有到截止日期。问题是你不想用"还没着手做呢"显示自己的无能，于是你决定用一个善意的谎言来应付，之后再立即处理这项工作。可是，如果要你张口就将谎话道出，却又谈何容易？你多半会停顿一下，或者说"哦……刚才我没听清，能再说一遍吗"让对方再复述一遍问题，而你则乘着这个空当编谎话。

要知道，说谎是一项复杂的脑力活动，说谎者需要一定的时间组织谎言，而且还要让谎言听上去合理可信，与真实的无差别。因此，那些事先没有做任何准备的撒谎者在"信口雌黄"之前，一定会应用拖延战术为自己争取一定的思考时间。

到目前为止，FBI只需要一个目击证人就足以证明严重偏执型人格疑犯的罪行。不过为了慎重起见，还是要一遍一遍地重复讯问，看对方如何应对。

"让我们来花点儿时间核实一些情况，虽然你说不是你做的，我也希望如此。不过，我还是想和你模拟一下法庭上的场景。假设你是陪审团成员之一。"负责审问的FBI调查员对这名屡次修正自己口录的疑犯这样说道。

"陪审团的女士们先生们，现在我呈上证据……"调查员一一列明那些对疑犯不利的证据。"很明显，证据确凿，疑犯有作案动机。现在，在听到这些话之后，如果你是陪审团成员，你会作何反应？我给你最后一次机会，告诉我你案发时正在做什么？"

疑犯感受到了巨大的威胁，但是他不愿意这么快就缴械投降："什么？你刚才说有一副手套是怎么回事?"

调查员看穿了他的伎俩,又在拖延时间,一定又说撒谎了:"你很清楚这点,请不要转移话题,回答我,案发之时你到底在做什么?"

"我——我——那天早上——见天气不错,穿上衣服后——就来到花园散步……"疑犯慢悠悠地说道。

调查员对这个谎话王露出无奈的笑,断然打断对方:"我问的是案发时,也就是晚上七点钟,你在做什么?"

"我要申请一名律师……"疑犯没有直接回答调查员的讯问,反而要求为自己寻找律师。

到现在为止,调查员已经确认疑犯是一个谎话连天的偏执狂,看来先一步的确应该转而从证人那里寻找案件突破口。

在上面的案例中,疑犯通过发起提问、减缓语速、偏离谈话主题等种种方法拖延时间,为自己下一步的说谎做准备。但是,这些小伎俩是无法骗过FBI调查员的。

FBI在多年的测谎实践中,发现了说谎者拖延时间构思谎话的种种特征,如下所示:

第一,语速明显降低。人们在表述事实类的信息和构造的信息时,大脑的活动量是不同的,前者远远低于后者,这种差别会通过语速表现出来。表述事实类信息,也就是讲真话时,语速维持在略高于平均水平;而在虚构信息,也就是讲假话时,语速就会明显降低。

第二,长吁短叹。一个本来乐观开朗、快言快语的人,突然变得长吁短叹起来,留出一段说话的空白时间,很有可能是他的大脑在构建一副虚假的图画。

第三,回避问题,主动发问。为了争取思考时间,有些人会向问话者发问,提出诸如"你是从哪儿得到的消息"、"你能再说一遍吗"、"你说的嫌疑是什么意思"等问题,有时甚至以听力不佳为由不止一次地提出相同问题,或者用发问的方式故意曲解对方立场。

第四,短话长说。对方本来是一个说话简洁明了的人,突然变得啰里啰嗦,重复以前说过的话,甚至说一些与话题无关的废话。

第五，把某些词拖得太长。如"我的——确很喜欢"，"这个肯——定有"。

经得起推敲的谎言需要花费一番思考，因此，每一个说谎者都会在说谎之前或说谎时通过拖延为自己争取时间用于思考。同时，这种拖延时间的行为也成为说谎的迹象，成为我们测谎的依据。

言行不一——所做的比所说的要可信得多

言为心声，可是当这个言为谎言时，这个心也已经是被修饰的了。而一个人的肢体动作则不然，它更加忠诚于我们的真实内心，我们完全可以这么说"行为心声"。

让我们看一段摘录自一起交通事故中 FBI 调查员和肇事司机之间的交谈记录。记录显示：FBI 借助司机一次言行不一的举动找到了这起意外的真正原因。

调查员：请为我模拟一下当时发生的情况，也就是让实景再现，请一边回顾，一边配上你当时的动作。

司机：我专心驾驶，看见前方一辆汽车朝我疾驰而来，然后我就试图躲开。（司机做出双眼直视前方，以及躲避的样子。）

调查员：那辆车向你开来后，你都做了些什么呢？

司机：我双手一直握紧方向盘，然后试图避开这辆车。（司机说话时，一只手抹了一下耳朵，然后很快放在身体前方，就像握着方向盘似的。）

调查员：请你再模拟一下，你把双手放在方向盘后，然后发生了什么？

司机：我踩刹车，但是车子抛锚了。

调查员：你的脚踩在刹车上，但是车子失去控制，是这样吗？

司机：是的，车子失去了控制。

调查员：我有些不明白了，既然你用力踩刹车了，车子却没有停下来，当时究竟发生了什么事？

司机：手机掉到在刹车下面了，一定是我抓方向盘时掉下去的。

调查员：这么说来，当时你是在接听电话啦？

司机：是的。

调查员：你掉了手机，想去捡手机，结果导致汽车失去了控制，是吗？

司机：当时我觉得车子行驶很安全的，所以才去接电话，可是……

聪明的 FBI 调查员让肇事司机回忆并模拟车祸场景，让司机透露更多的肢体语言，结合口头语言，有利于发现司机刻意隐瞒或剔除撒谎的信息。嘴里一边说着"我双手一直紧握方向盘"，一只手却不由自主地向耳朵靠拢，然后警觉地放到身体前方，这种言行不一的行为，是一种非常明显的说谎征兆。

通常来说，身体语言是人本能的反应，要比嘴里所说的可信得多。一个人用嘴巴说谎的频率较高，"百炼成钢"，水平越来越高，做到了面不改色心不跳，和说真话无异。可是，我们的肢体动作远不像嘴巴那样"老奸巨猾"，不能够配合嘴巴一起欺骗他人。究其原因，在于一心不可二用，大脑在同一时间只能考虑一个问题，当大脑指示嘴巴说谎时，肢体动作却自然地做出顺应内心的真实意思表达。

比如说，一个人在发言时，突然对自己先前说过的表示"是的，应该是"，重复肯定自己先前的话，并不会引人注意。可是，他之后却下意识地把手堵在了嘴上，下面的"应该是"就很有问题。因为把手堵在嘴上是一种否定性的动作，也就是否定自己说出的话。

所做比所说更可信，很多肢体动作就成为戳破谎言的证据。比如说，一个人嘴上表示非常喜欢和你聊天，眼睛却不时朝手表看两眼，而且，如果你低下头观察他双脚时，就会发现，他的双脚不是轻微抖动，就是将脚尖指向门口，这些都告诉你他已经迫不及待想要结束谈话立马走人了。

"听其言，观其行"，当一个人言行不一致的时候，请从他的"行"上多下工夫，因为肢体语言是不会骗人的，它更具有可信度。

第四章

FBI 破解应激反应
——你的小动作出卖了你

　　人类在遭遇突然的刺激时，伴随着情绪的极端变化，身体本身也会产生一些细微的反应。正因为这些反应本身非常细微，我们平时往往很难发觉，但 FBI 对这些细节非常重视，他们可以通过人体突然的应激反应判断出其内心真实的想法和情绪状况。

冻结反应——面对不利刺激的第一反应

冻结反应的产生基于人类的自我保护意识，当一个人受到强烈的不利刺激无法对抗时，经常通过保持"冻结"来隐藏自己，从而保护自己。反过来说，我们也可以通过该类"冻结反应"来判断一个人的心理状态。

美国哥伦布中学和弗吉尼亚理工大学曾发生过两起严重的枪击案，有学生虽然距离凶手仅相隔几英尺，他们却神奇地躲过了一劫。他们逃过厄运的"技巧"有些雷同：要么吓得一动不动，要么吓得假死过去！

的确如此，人们在面临极大威胁时，经常能够通过一种本能的反应逃过一劫，这种反应就是冻结反应。所谓冻结反应，就是人们在面对突如其来的刺激时，大脑和身体动作在瞬间出现短暂的静止的行为反应。

冻结反应是动物的一种自我保护机制，是在长期的进化中形成的。动物要生存，既要捕食猎物，也要预防被猛兽袭击。因此，动物对运动的物体十分敏感，通过敏锐的听觉、视觉和嗅觉等感知未知的威胁。一遇到威胁，它们的神经系统会高度集中，消耗大量能量，使得身体各部的运动量减少为零。这种静止避免了自己的进一步暴露，同时有利于动物考虑应对之策，就像下面案例中的农妇所表现的那样。

某地一农妇上山寻找自家丢失的羊，与一只狗熊不期而遇。高度紧张之下，农妇条件反射似的倒在地上屏住呼吸，从而捡回了一条性命。具体经过是这样的，农妇发现自家的羊少了一只后，便上山去找。她说："没想到就在这时，有个东西从我背后扑了过来，当发现是黑熊后，我立即趴在地上装死，黑熊扑过来在我的后背抓了几下，在我的脖子上咬了一口。我呆住了，连喘气都不敢，黑熊可能以为我死了，就离开了。"

当我们从相反的角度看待冻结反应时，不难得出这样一个结论：如果在面对某场景或询问时，出现了瞬间的行为停滞，说明该问题让他感到威胁。比如说，一个逃犯躲在朋友家里，突然，门铃响了一声。在这一刻，他好像在瞬间冻住了似的，一动不动。

FBI 在审讯某凶杀案疑犯时,遇到了一个难题:虽然该疑犯有一定的作案动机,还有目击证人证明该疑犯正是行凶者,可是他却一口咬定自己是清白的。任 FBI 怎么审讯,都不能让他吐露自己的罪行,这给破案工作带来了挑战。

负责审讯的马科并没有放弃,既然在审讯室撬不开你的嘴巴,那就来一次案件再现。马科蒙上疑犯的头,声称把他转移到 FBI 的另一个工作地点。实际上,马科带疑犯来到了犯罪现场。

在取下疑犯头套的时候,疑犯像中了魔咒般瞬间呆住了,站在原地一动不动,连呼吸都停止了。这种反应坚定了马科的信念:他正是凶手!于是,他轻声向疑犯道:"一个生命就这样被你毁灭了!"好长时间后,疑犯才长出一口气,闭上眼睛拼命摇着头,口中大呼:"我不想杀他的,都是他逼我!"……

非常明显,对凶杀现场如临大敌,是因为该地点能让疑犯想起可怕的作案过程,这个地点唤醒了疑犯脑中既往的不利刺激。因此,出现种种冻结反应也是在情理之中的事,也印证了疑犯正是凶手这个事实。

一般来说,人类的冻结反应表现在四个方面,一是面部僵化,二是呼吸放缓,三手部反应,四是脚部反应。

面对外部刺激时,面部的反应要克制很多,掺杂了很多主观控制的表现,比如勉强或者惭愧的笑。但如果外部刺激压力过大,冻结反应也会写在脸上,让被测试人失去矜持,具体表现为面部肌肉僵化、表情呆板、缺少变化。在这个过程中,即使是最灵活的眼睛也会表现得呆滞无光。

呼吸的冻结反应是屏住呼吸或者降低呼吸的幅度和频率,也就是俗话说的"大气都不敢喘",这是经典的冻结反应之一。这种轻微呼吸的本质是隐藏,是为了不引起敌人的注意。同样的道理,在我们遭到负面压力,比如恐惧、忧虑等的时候,心理上也会希望通过隐藏的方式保护自己,减弱或者停止呼吸,试图减少对手对自己的关注。

在对局面没有控制感、缺乏安全感、担心出丑、不够自信等心态下,会出现手部的冻结反应。最典型的反应是把手交叉放在胸前,或者藏在兜里。一般人会认为这是紧张,而实质上这为了避免不利刺激。好比某一天在你没有做任何准备的情况下,被会议领导点名当着台下数百人演讲,如果你很少经历这种场合，相信你在登台后的一段时间内不知把手放在哪儿。

　　脚部中最常见的冻结反应是双腿并拢挺直，肌肉僵硬。在一个人受讯问或挨批，神经系统受到强烈负面刺激后，不会出现大大咧咧的叉开双腿站立的情况，或非常随意的站姿，而是紧张地并拢站直，一动不动。坐姿中最常见的冻结反应，是把双腿交叉成一种不能乱动的状态，比如把双脚并拢在一起，或者紧紧贴在椅子腿上等。

战斗反应——愤怒到极点就准备战斗

一个因为愤怒而做出战斗姿态的人会在一些动作上将自己的内心呈现出来，构成种种战斗反应。读懂了这些反应，FBI就可以提前做出预防措施，或武力制服对方，或言语化解对方怒气。

FBI打交道的对象有些是杀人不眨眼的连环杀手，或者身强体壮的暴力狂……因此，在与他们沟通时，如果不时时刻刻关注这些危险分子的一举一动，一旦他们发怒了，想用暴力解决问题，就算是在审讯室，FBI调查员也会吃亏的。而且一旦引起他们的战斗反应，他们经常走向一条拒绝和FBI合作的道路。这是FBI所不乐于见到的，也是极力避免的。

所谓战斗反应，就是指一个人在面对身体攻击、嘲笑、责骂、诘难等威胁行为时，怒从中来，产生的一种暴力行为。当然，这种战斗反应也可能产生于那些具有攻击型人格的人身上，并非被动地产生的。

识别他人的战斗反应，对很多人，尤其是FBI来说，具有重要的意义。只有这样，我们才能快对方一步，作出反应，将对方的敌意行为扼杀在摇篮里。

一位FBI探员在追踪一名凶犯，一番追逐后，二人在近郊的一处工厂门口对峙起来。这时，从工厂走出一名工人，凶犯快步向前，拿枪劫持他作为人质，然后向探员喊话：给我准备一辆车，要不然就当场打死人质。

这名探员一边口头应允着，一边密切观察疑犯的一举一动，期望找到漏洞，解救人质。可是，疑犯表现得相当专业，掩护工作做得滴水不漏。时间在一分一秒地过去，半个小时后，不可思议的事情发生了：人质突然咬了凶犯的手。疑犯大叫一声，双眼怒视人质。就听"砰"的一声，FBI探员叩响了手枪，凶犯倒在血泊之中。

原来这名FBI探员发现，凶犯正要开枪射死人质，如果自己不出手，人质性命堪忧。顶着巨大的心理压力，他开枪了，成功了。可是，在他回到调查局后，竟然遭受了自己人的调查，因为人质向FBI投诉：该探员不顾及自己的安危贸然开枪，严重侵害了自己的生命安全。

该探员是这么为自己辩解的:"当时凶犯正要开枪,他的面部动作、他的眼神、他的肌肉跳动无一不说明了这点。"经过调查,大家发现该凶犯的确是一个视人命如草芥的恶徒,而且有过枪杀人质的先例。因此,该探员最终被判定无罪。

在所有的战斗反应中,愤怒是其中的最强体现。引发愤怒和战斗的原因,无论多么具体,都可以归结为个人生存、安全、尊严等遭遇到了威胁和触犯。比如"同行是冤家"可以溯源到对生存的威胁,"冲冠一怒为红颜"则可以归结为对尊严的威胁。一旦出现战斗反应,除了伴随着愤怒这一强烈的情绪之外,还可以预见到"不会轻易放弃"的行为趋势,也就是一发不可收的。

幸运的是,愤怒情绪是很难掩饰的,这就给我们提早拉响了警报,为避免进一步刺激对方做出战斗行为准备了条件。愤怒是所有情绪中释放能量最大的一种,释放的能量超过了痛哭和狂笑。因此,愤怒情绪一旦发芽,全身每一个肢体部分都会协调一致,甚至毛孔都会竖立起来,进入明显的战斗状态。这种能量的释放,会反映在呼吸与血液循环等每一个细节。人一旦产生愤怒,必然会增加呼吸的深度,试图吸入更多的氧气用于制造能量,用于释放,用于战斗。血液循环系统在愤怒情绪的指引下,会安排心脏加速用力收缩,提高血液循环的量和速度,同时血压升高,当事人自己会感受到有力的脉搏跳动。

具体来说,这些明显的警报包括以下几类:

第一,脸部的反应。战斗的欲望被愤怒情绪点燃,行为人会出现身体驱前的反应,头伸向前、下巴降低、眼神犀利、虹膜(黑眼球)向上翻看对手、双眉紧皱、眉梢上扬、上下眼睑绷紧、鼻孔张大、咀嚼肌绷紧、嘴唇向下弯曲、可能露齿等等,向对方发出战斗的信息。

第二,脖子变粗。由于行为人颈部肌肉绷紧、呼吸急促(偶尔发出"呼呼"声),兼之颈部两侧粗大的血管里流动着比正常水平多出的血液,愤怒的时候,血管暴涨,脖子会变粗,也就是常言说的"脸红脖子粗"。

第三,全身肌肉绷紧。具体表现为双拳紧握,同时无论是站姿还是坐姿,双腿肌肉都会呈现紧张状态,甚至会直打颤。

第四,言简意赅,偶爆粗口。极度愤怒的人往往不会说话或者很少说话,通常嘴会很用力地闭起来。如果战斗开始,所说的话也会尽可能单一且无意义，或者爆些粗口。

  需要注意的是，这些战斗反应有些是伪装的。有时，行为人制造发怒的假象为自己争取利益，或者回避关键问题等。因此，不能单凭某个小动作就判定对方即将战斗，而是要综合行为人的多种反应作出判定。

逃离反应——不喜欢你，就和你拉开距离

谁会喜欢和一个令自己产生强烈负面感觉的刺激物在一起呢？因此，我们经常会选择和这个刺激物拉开距离，从而在空间和心理（表现为方向的偏离）上表现出各种小动作。

一个飞行物向你直扑而来，为了让自己免受皮肉之苦，你有三个选择：

一是站在原地一动不动（冻结反应），二是用手挡回去（战斗反应），三是避开飞行物。

可是当你发现这个飞行物是一个重量级的铅球时，你觉得你静止不动无异于自杀；放手一搏吧，你的手又无力抵挡；最后，你只能选择见势不妙、拔腿就跑，躲离这个巨大的威胁。

这种躲避刺激物的逃离反应是人们在感受到厌恶或恐惧的时候会产生的反应，具体表现就是和刺激源拉开空间和心理距离。一般情况下，如果我们面对的刺激具有很强的威胁性，而自己又没有能力和信心消除隐患时，就会出现逃离反应。

远古时代的逃离是就是逃跑，而现代社会的逃离则多以比较隐晦的方式出现。出现逃离反应，我们就可以判断出行为人内心对刺激源所持有的负面情绪，比如厌恶或恐惧等。

如果你回顾一下你小时候的某些经历，你一定会发现自己曾有过一些"回避"的行为，这些行为的目的是为了远离可能不利于你的人和事物的注意。从我们两岁左右可以和大人正常交流开始，家人总是会提醒我们，说"叔叔好"的时候，要一边对叔叔行注目礼……可是当你某一天觉得这个叔叔对你非常严厉，你一看到他就浑身发毛时，你在说出"叔叔好"三个字时，可能只转了下头，而躯体朝向一点儿没变，还无意间加快步伐，拉开和叔叔的距离。

人随着年龄的增长，会逐渐认识到很多逃离反应是不礼貌的。于是，很多逃离反应逐渐从明显的距离变化演变成了隐晦的角度变化。这样既能满足自己

逃离刺激源的需求，也能在礼仪上说得过去，不至于让对方下不来台。比较典型的反应有以下几种：

在两个人交谈的情形下，发现对方倾听你谈话的时候，把头转向一边，假装在观察一件什么有趣的事。稍后再转回来，听一小段，然后再转开。总之，转开的时间加起来比正面朝向对方的时间还要长。换言之，对方的眼睛开小差了，逃离你的话语。

在多人参与沟通时，一个人躯干的朝向。身体的转动比较容易出现在多人对话情境中，也有可能出现在路遇的交谈中。当一个人不喜欢对方所谈的内容（或者是不喜欢谈话人）时，可能会将身体转向另外一个人，或者调整走路方向，尽管脸上可能还保持着礼节性的微笑，但心里想的却是快点结束掉这个对话。

美国有位前FBI资深探员曾经在书中总结过："从头到脚，可信度逐渐增强。"头和身体都离中枢神经系统很近（大脑和脊髓），相对比较容易控制。而腿和脚距离中枢神经系统较远，控制起来难度相对较大。

在正常交流的情况下，无论头和躯干的姿态怎样，双脚脚尖一定是指向对方的身体正面，或者双腿延伸线形成的扇形区域会把对方涵盖在中间。如果被测试人遇到足够大的外部威胁，那么更明显的逃离反应会出现在其腿和脚的姿态及小动作变化上，这些小动作也更加本能，更加可信。而在受到刺激后，表现出来的站姿反应可能是转身（其实是脚尖转向逃离方向，引导着腿和躯干被迫跟着改变朝向），呈现出一腿向前一腿向后的起跑状。

而在一个人坐着的时候，其逃离反应则表现为双腿并拢。自然地朝一方倾斜，除了用于表现自己有点儿矜持之外，还可能是为了有意逃离某个人，将他驱赶出自己普通交流的可接受范围。也有可能双脚脚尖都接触地面，保持双腿肌肉适度紧张的状态，利于随时抬腿起身就走人。这两种反应，前者属于比较隐性的表现，后者属于相对比较明显的表现。

安慰反应——不舒适时就自我安慰一番

> 受到令自己不自在的刺激物后，大脑就会自动指令我们的身体出现平复紧张、恐惧、尴尬等情绪的小动作，同时，这个人的内心状态也就显现出来。

1992 年，还在 FBI 担任探员的乔·纳瓦罗参加了一次审讯，见证并利用安慰反应打开了审讯的新局面。后来，他在他的畅销书《FBI 教你破解身体语言》一书中重现了当年的这一场景：

当时，他们的审讯对象是一名年轻男子和他父亲。乔·纳瓦罗和同事进来后坐在了沙发上，那名年轻人顺手抓起一个沙发靠枕，在随后近三小时的审讯中，乔注意到年轻人一直将靠枕抱于胸前，就好像紧紧抓住了一根"救命稻草"。

虽然这次遇到的障碍只是一个靠枕，但是它的作用还是不容小觑的，因为这次审讯 FBI 没有取得任何进展。当话题趋于中性时，比如谈到与个人兴趣相关的话题时，他会将靠枕放在一边，但是当他们谈到大犯罪案件时，他会重新拿回靠枕并死死地将其按于胸前，语焉不详。在这次谈话中，他没有透漏 FBI 想要的任何消息。

不过下一次审讯的结果就完全不同了，因为那个可以给他安慰的靠枕不见了。

安慰反应是指人受到负面刺激（批评、压力、否定等）后可能出现的反应。安慰反应在说谎的时候尤其常见且明显，因为说谎是迫于某种压力而产生的行为。如果对话的情境存在某种压力，那么安慰反应可以映射出此人当时的心理状态——忐忑不安。

安慰反应的类型很多，几乎在全身每一个部位都得到体现。当一个人需要回应某些消极刺激物（比如一个棘手的问题、一段令人尴尬的遭遇或听到、看到或想到什么引发不安的事物等）时，他会触摸脸、头、颈、肩、手臂、手或腿，这些都属于安慰反应。这些行为并不能帮助他解决问题，但能帮助他暂时保持冷静。

安慰反应是多种多样的，有的明显，一眼就能看到，有的比较隐晦，难以察觉。猛嚼口香糖、大口吸烟、舔嘴唇、手托下巴、手抚脸部、把玩身边的一些物品（钢笔、铅笔、唇膏或手表等）、梳理头发、一手紧抓另一手的臂膀或双手搓腿等是比较常见的部分。而某人轻轻弹扫衣服或校正领带的位置等，看起来可能像在打扮自己，实际上是在安慰自己紧张的情绪，这也是缓解压力的安慰反应。

　　具体来说，安慰反应可分为以下四种：

　　第一，颈部安慰反应。

　　接触或抚摸颈部是最有效且是使用最频繁的安慰反应之一。FBI通过研究表明，男性的这类行为力度较大，就像"抓耳挠腮"一般，用手抓或扯衣衫盖住下巴以下的部位，刺激那里的神经组织，其好处在于降低心率并达到让自己平静的效果。有时候，男性会用手指按摩脖子两侧或后侧，顺势调整领带打结处或衬衫领口的位置。

　　而女性的颈部安慰反应则有很大不同。例如，有时女性的颈部安慰反应表现为抚摸、扭转或把玩她们的项链（当然是在她们戴项链的前提下）。女性还有一种颈部安慰方式，就是用手覆盖她们的胸骨，也就是俗称的"美人骨"。很多女性在感到压抑、忐忑、恐惧、不适或焦虑，受到胁迫时就会用手抚摸或扯衣领覆盖这一部位。

　　第二，脸部安慰反应。

　　脸部有很多神经末梢，这使它成为人们进行自我安慰的"重灾区"。触摸或按抚脸部是缓解压力的常用方法，主要动作包括：揉搓前额、触摸嘴唇、用手指拉耳垂、抚摸脸颊、触摸胡须、把玩头发等。此外，有些人会通过鼓足腮帮吸气然后再缓缓呼气来达到自我安慰的目的。

　　第三，声音安慰反应。

　　有一些人喜欢自言自语，目的也是为了缓解当时的压力。还一些人会长吁短叹，发出"嘘"、"呼"的声响。还有些触觉和听觉安慰方法是可以同时使用的，如用铅笔敲桌子或用手指打节拍等。

　　第四，口舌安慰反应。

　　除了吹口哨、吞咽唾沫、舔或者抿嘴唇等等口舌部位的明显异动，过多的哈欠也是安慰反应，只是它非常隐晦。有时，我们会看到一些处于不适状态下的人不停地打哈欠，发出轻微的"哈"声。当我们感到不适时，常会觉得口干舌燥，而打哈欠可以将压力传递到唾液腺上，迫使唾液腺释放出水分缓解忧虑造成的口干。在这种情况下，人们打哈欠并不是因为没睡好，而是因为有压力，需要缓解。

安慰反应的产生基于人们寻求舒适感的心理需求，近乎于天然的条件反射。在不舒适和安慰反应之间存在着某种必然联系：不适产生安慰反应，反之，我们可以由一些安慰反应判定行为人的心理不适状态。

主从反应——一眼就能看透谁主谁从

> 做出种种高高在上的姿势,表示这个人心怀傲慢,反之,表示这个人自认鄙薄,这是对主从反应的精简描述。

在美国波士顿博物馆收藏着一座名为《门考拉夫妇立像》的著名雕像,它由闪绿色粘板岩雕刻而成,高约142厘米,创作于约公元前2600年。

该雕像是埃及古王国第四王朝时期的一尊双人立像,也是埃及帝王立像中典型的代表作品。雕像的主角是埃及古王国第四王朝第五个法老门考拉和他的王妃。立像中,国王夫妇齐肩而立,左脚均向前迈出一步,但这种步伐是象征性的,丝毫没有前进的意思;二人的重心落在各自双腿中间,给人以稳固安定的感觉。法老本人双臂垂直,双手握拳,表示他是埃及权力的所有者;王妃则左手弯曲放在法老的左臂上,右臂围绕在法老的腰间……

最引人注意的是,法老夫妇的头都微微向上仰起,显得端正而威严,在严肃的表情中似乎还带有一丝微笑。这些人物表情和姿态是古埃及帝王夫妇像的典型模式,体现了"王权神授"的威严,也生动地描摹出帝王的内心世界。

其实,不止是这座雕像中主人公头部向上仰起,大凡那些尊贵、强悍或伟大人物的雕塑、画像大都会出现这样一个姿势。这是一种高高在上的傲慢,傲慢到让所有人仰视自己,顺从自己,而自己却俯视、驱使芸芸众生。

人们对自己的能力、地位、优劣等与他人比较判断后,会自然地在小动作中流露出自己所处的角色是主还是从,这些小动作就构成了主从反应。就像上述雕像中的法老夫妇,高高在上,主宰埃及百姓。

认为自己是"主"的人经常显示出高傲的神态,比如挺胸、扬起下巴等。而认为自己处于从属地位的,则心生自卑感,整个人显得萎靡不振。尤其是当二者同时出现时,这种对比会更加明显。

在一次扫黑行动中,FBI逮捕了纽约州涉嫌勒索、毒品交易、杀人等罪行的五名黑社会团伙的核心成员,其中包括团伙老大。在单独审问中,该团伙的每一成员口径保持惊人的一致,他们矢口否认了所有的指控,对自己团伙的老大也不肯透漏。看来，这个团伙早就料到有这么一天，已经提前"串供"。

就目前的形势来看，如果能辨明该团伙老大，就能达到事半功倍之效。如此一来，FBI 就可以有重点地审讯团伙老大，从根上扳倒这个团伙。

于是，FBI 做了以下部署：让该团队的五名成员共处一室，并通过一面透明的玻璃观察室内的情景。这五名疑犯被带入同一个小房间，坐在一个小型圆桌上。他们彼此默不作声，也极力避免眼神交流。看来，他们的反侦察能力的确很强。

不过，在 FBI 专家看来，他们再怎么避免交流也是无济于事的。因为，下属和他们的老大坐在一起时，老大作为主，会流露出不一样的气度。有一个棕色头发的中年人进入了 FBI 审讯专家的目光，只见他头部整体姿态成水平偏上仰，而且半睁半闭着眼睛，显示出一种极度的不屑。而其他成员则大都低着头，并且目光都避免投向他！

FBI 经过进一步的审讯，终于确认那名棕发中年人正是团伙首领，为侦破案件找到了切入口。

处于主宰和从属地位的人的心态是不一样的，这种心态体现在双方相处的点点滴滴。FBI 正是利用了这一点，揪出了该犯罪团伙中的老大。

当一个人认为是高高在上的"主"，不容触犯的时候，就会直接引发满意或骄傲的自我感觉，表现得趾高气扬，无法容忍指责、诘问、辱骂等。反之，一个自认从属于他人的人则会处处显得猥锁，其身体动作也和傲慢之人恰恰相反。

现在，当我们用旁观者的眼睛审视组织中上级和下属相处的场景时，就不会为上司体现出的优越感以及下属的卑躬屈膝而感到奇怪了，这都是主从反应在起作用。

胜败反应——谁胜谁败你都能一目了然

战斗之后,胜利者欢欣鼓舞,内心充满快乐的因子,而失利者则阴霾缠身,即使假装很平静,很高兴,也会露出马脚。一句话,因为有了胜负反应,谁胜谁败,一目了然。

虽说"胜败乃兵家常事",可是当争斗双方在得知胜负的一刹那间,胜方和败者的反应是截然不同的。这可以从电视台体育频道中的如下画面中得到印证:

拳台上,在裁判宣布胜出者时,赢的一方即使再疲劳,也大都会高高举起双手,甚至高高跳起,一副欢呼雀跃的样子。而他的对手则像斗败的公鸡,整个人都蔫了。

球场上,如果一位球员打入关键一球,经常出现各种庆祝动作,比如高举双手、跃起后撞胸。两个人一起庆祝的时候,还会互相举起对方一只手,或做出击掌相庆的动作。而当比赛结束时,胜利的一方球队队员甚至会更加疯狂,而失利的一方球员则垂头丧气。

……

以上场景揭示了胜负反应这一概念:战斗结束之后,胜利者会产生喜悦、炫耀和放松等积极情绪,神经系统处于兴奋状态,身体表现出向上的反应;而失败者神经系统进入压抑状态,就像一个泄了气的皮球,看上去萎靡不振,身体也不自然地向下并收缩。

具体来说就是,胜的一方就像打了一针强心剂,整个人充满激情,输的一方则好像丧失了所有的能量。胜利的一方在激情昂扬的时候,会不自觉地做出向上的反应,比如跳跃、高举双手的大肢体运动。当然,如果战斗的过程非常艰难,胜利的一方已经筋疲力尽了,也就不会有大幅度的庆祝动作。但他只要还没累得倒地不起,他的脸上也是挂满真心的微笑,以及做出挺胸、上挑眉毛、嘴角上扬等小动作。相反,遭遇失利的一方则全身无力,身体向下"垮"掉,比如坐、蹲、摔倒、躺或者趴等大肢体运动,以及躯干弯曲、低头、眉毛和眼皮下垂等肢体表现。

不过，我们也可能会遇到那种心理状态极佳的胜利者和失利者。他们喜怒不形于色，赢了也不会兴奋得不知所措，输了也不会丢掉自己的平稳风度。在他们身上，难道就不会体现出胜负反应吗？不是的！

在美国一档益智答题脱口秀节目中，主持人向在场的参赛选手出了一个猜测题目："各位选手请听好，左边的是史密斯先生，右边的是格林先生。他们是一次行业最高荣誉评选中的热门候选人，实力相当。就在刚才，评选结果已经出来了，他们两人也得到了这个消息！请问，谁能告诉我，他们中是谁最后赢得了竞争？补充一句，他们中只有一个获胜者！"

台上的选手一个个将目光投向这二人，可是这二人气度非凡，都是一样地昂首挺胸，自信满满。场上的选手们在这二人身上找不到哪一个更像胜出者的证据，因此都拿不定主意。这时，一名选手提出一个请求，希望史密斯先生和格林先生面对面说几句话，然后他会告诉主持人正确的答案。

主持人接受了他的请求。当史密斯和格林两人对视一眼，相互说出一句"恭喜"，这让其他选手更加迷糊了：难道是两人都获奖了？可主持人说只有一个胜出者啊！

这时，那位提请求的选手给出了答案："史密斯先生赢得了这项荣誉！"

主持人再三确定他坚持自己的答案后，大声宣布："恭喜你，答对了！可是，我很好奇，你是怎么猜出的？"

"我不是猜的，我是有根据的。在他们两人对视的一刹那，我发现格林先生的眼睛不自觉地眨了一下，而史密斯先生则神态自若。要知道，两个竞争对手中的失利者在面对胜利者时，总会有些不自然的！"这名选手这样回答，博得了场下观众的一片掌声。

面对面与战胜自己的人交流，失利者的内心不会是绝对平静的，一定会作出体现这种不平静的反应，这也是参赛选手能够分辨谁胜出的窍门。

其实，在生活中，每个人都可能做过与上述胜负反应相同或类似的动作。比如说，我们在完成一项高难度工作时（从广义上来说，这也算一种胜利），经常会站起身来，对着窗外长长地舒展身体，伸个懒腰，眼睛则盯着远方或向上看着天空。即使一个人的内心再平静，多么不动声色，面对胜负时也总会显露出一些迹象。

领地反应——捍卫自己的领地是人的天性

> 谁的领地谁主导,当这个领地受到威胁时,人们就会作出相应的反应来维护自己的领地。这就为我们观察对方的内心是否安定、舒适准备了条件。

自然界中,大多数动物都会建立自己的领地,并留下各种记号用以标示。一旦有同类或相近的动物入侵,领主们就会发出声音警告甚至攻击入侵者,摆出一副"我的地盘我做主"的姿态。

许多蜥蜴喜欢展示自己的强壮肌肉,经常做大量的"俯卧撑",摆动着头部,露出颈部颜色鲜艳的皮瓣。这种展示行为其实是对入侵者说:"这是我的地盘,请离开!"

当两条接吻鱼相遇时,双方会不约而同地伸出长有许多锯齿的长嘴唇,用力地相互碰在一起,开始"接吻",而且长时间不分开。不要误会,这种"热吻"其实并不是在"亲热",它们是在为领地打斗呢。接吻鱼具有强烈的"领地"意识,经常通过长嘴唇相斗来解决"领地"争端,直到有一方退却让步,"接吻"才宣告结束。

其实,从远古时期开始,动物界的族群们就为了争取和维护自己的生存空间而相互争斗。对于踏入自己领地的"非我族类"的敌人,它们会毫不犹豫地采取驱逐策略。随着不断的进化,这种对领地的占有欲不但没有消失,反而变得越来越强烈,适用范围越来越广。"领地"可以是切实的空间,也可以是某种权利、荣誉、情感等抽象的东西。

这在人类身上体现得尤其明显。人们在自己的"领地"会表现出一种主导者的风范,在自己的地盘里表现得轻松、自在、威严,给人以一切尽在我掌握之中的感觉。如果有人敢于挑战他的领地范围,逼近他的安全距离,则会激起领地所有者强烈的警觉和反击。这就是所谓的领地反应。

人们经常通过一些小动作表示自己对领地的掌控,表明自己是一方土地的主宰。有些军人或警察习惯将双手叉腰,给人以威武、不可侵犯的感觉。为此,资深的FBI探员乔·纳瓦罗给同行们作培训时,明确地告诉他们:"如果便衣警察不能改掉这些习惯,他们很难不暴露身份,而这就等于将生命置于危险之地。"

与双手叉腰相类似,人们在坐着时双手抱头的动作也是一种领地反应。具体就是,身体后倾于椅背,双手交叉于脑后。相信,每一个在自己办公室座位上的人都曾做出过这种姿势,表明自己是这儿的主导者。但是,如果老板走进了你的办公室,你一定会赶紧正襟端坐,因为老板是最大的主宰者。在老板面对宣示自己的领地,好比向老板发出了挑战的信号:在这儿我说了算!

另外,双手向外伸出的长度和广度也与对领地的捍卫存在着某种联系。双手向外张开,长长地伸出,意味着:我很自信,我主导一切。很多政治人物在演讲时,通常会挥舞双手,给人以很强的感染力。在事关领土纠纷时,他们往往张开双臂,道出某某地是我们的。而一个玩得高兴、手舞足蹈的孩子看到一名严厉的老师后,会很自然地将双手收回,甚至拘谨地将它们交叉到胸前。而当两个人热烈地拥抱在一起的时候,就该这样解读:我的领地是你的,你的领地是我的,我们坦诚相待!

利用领地反应,我们可以通过观察一个人的姿态和动作判断出其内心是否具有安全感和轻松感。比如说,如果你不确定恋爱中一男一女之间的关系进展如何,不妨观察他们对近距离接触的反应。如果一方(通常是男方)要将手搭在女方肩上,而女方则将身子一扭,躲在一边,就好像是说"不要靠近我",这意味两人的关系还不甚亲密。

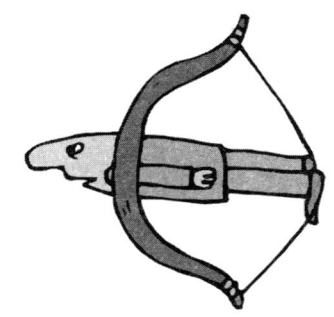

第五章

FBI 破解面部表情
——抓住那一闪而过的真相

面部表情是人内心的一面镜子。当然，伪装表情对于我们来说也并不是什么难事，但是无论如何伪装，FBI 总能从中找出那一丝真实的痕迹，进而判断出对方真实的心理状态。

微表情会透露一个人心头的秘密

表情能表达人们丰富的内心感情，可以是自己内心的真正感觉，但有时人们也会为了某些目的而刻意伪装自己的表情。所以，我们要注意辨别情不自禁的表情与有意控制的表情。虽然这个情不自禁的表情可能只持续一瞬间，但是，它随时会跳出来揭穿遮掩者的伪装。

表情是情绪的晴雨表，是人内心活动的写照。透过表情可以窥探心灵的深处，把握情绪变化的尺度，了解感情互动的根源。从某种意义上说，表情是传递一个人内心信息的显示器。凭着一个人的面部表情来推测和判断一个人的性格，一般都有很大的准确性。

有些人的表情是显而易见的，也比较容易读懂：眉飞色舞、笑逐颜开，标志着谈话气氛非常融洽；怒目而视、左顾右盼，则说明谈话没有找到共同点；蹙眉皱额表示关怀、不满、愤怒或受到挫折；双眉上扬、双目张大，可能是表现惊奇、惊讶；皱鼻，一般表示不高兴、遇到麻烦、不满等。当然，这种表面上的情形是很容易观察出来的。

但是有些人不愿让人轻易看出他的内心想法，他脸上的表情跟内心的情绪恰恰相反。比如，在谈论某些让他快乐的事情时，他的脸上会露着欣慰的笑。但如果他的感受是假的，很可能会有一种别的什么表情飞快地显现在脸上，或者体现在眼光的游移里。这种短暂的、一闪而过的表情称为微表情。微表情最短只持续1/25秒，虽然这个下意识的表情可能只持续一瞬间，但是，它随时会跳出来揭穿遮掩者的伪装。

有一次，一位FBI探员在调查一件盗窃案时，碰到了一个硬钉子：

嫌疑人詹姆斯坚决不承认自己偷了邻居的珠宝，警方现有的证据也没有办法证明詹姆斯就是盗贼。

面对性格沉稳、狡猾诡诈的詹姆斯，这位FBI探员精心设计了一套讯问方案，围绕着詹姆斯在盗窃案前后的行踪设计了很多问题，比如，盗窃案发生之前，詹姆斯究竟在哪里；詹姆斯是否听到了什么怪异的声音；盗窃案发生之后，詹姆斯是如何知道消息的。当然，这些问题中包含着一个重要的核心问题，那就是——你认为盗贼会怎么处理赃物呢？丢弃在下水道，不远处的湖里，还是带走？

詹姆斯的回答相当简单，如果能用一个字说清楚，他绝不会用两个字。一番讯问下来，大家觉得这次又是徒劳无功，可这位FBI探员却信心满满地告诉大家：没错，盗贼就是这个詹姆斯！

大家都非常奇怪，在这次讯问中，詹姆斯的回答和上一次几乎相同，这个家伙似乎早就把回答警方提问的答案准备好并且背熟了，为什么这一次FBI探员就能确定他是凶手呢？

这位FBI探员告诉大家，在刚才的讯问过程中，他非常注意观察詹姆斯的微表情变化。詹姆斯是一个具有一定反侦查能力的人，他知道，如果不敢和FBI探员对视，那么他很容易被认定是凶手，所以在整个讯问过程中，詹姆斯一直和FBI探员对视。但实际上，詹姆斯的心里并不平静。FBI探员让他猜测盗贼怎样处理赃物，中间提到了"下水道里"这个地点，虽然当时詹姆斯的表情镇定自若，但是他的眼皮轻轻眨了一下，这种眨眼并非出自生理的需要，而是他下意识地想遮挡住FBI探员看透他心灵的目光，但这种遮掩的效果恰恰证明了詹姆斯的心虚。

这位FBI探员和搭档们再接再厉，最终从詹姆斯家的下水道里发现了被盗走的珠宝，上面还带有詹姆斯的指纹，詹姆斯只能低头认罪。

那么我们怎样才能锻炼出自己观察微表情的能力呢？

FBI认为，停顿时间长的表情很可能是假的，比如10秒钟或10秒钟以上的时间，甚至停顿5秒钟的表情也可能是不真实的。除了那种极其强烈的情绪感受，比如欣喜若狂、勃然大怒、悲痛欲绝等，自然的表情都不会超过4—5秒钟。而且，即使是非常激动的情绪，其表情也不可能持续太久，而是一阵阵地、短暂地出现。只有象征性表情和嘲弄式表情是长时间存在的。而且，表情的起始时间和消逝时间的长短是没有固定标准可言的。如果惊讶的表情是真的，则可能起始时间、停顿时间与消逝时间都很短，加起来还不到1秒钟。可以说，微表情的显著特点是动作"微"和消失"快"，我们只有加强锻炼自己的观察能力，逐渐形成善于观察的习惯，才能看得见微表情。

从目前的积累来看，人们总结出了一些微表情的含义。比如，人们高兴时的微表情包括嘴角翘起、面颊上抬起皱、眼睑收缩、眼睛尾部会形成"鱼尾纹"；人们伤心时的微表情包括眯眼、眉毛收紧、嘴角下拉、下巴抬起或收紧；人们害怕时的微表情包括嘴巴和眼睛张开、眉毛上扬、鼻孔张大；人们愤怒时的微表情包括眉毛下垂、前额紧皱、眼睑和嘴唇紧张；人们厌恶时的微表情包括嗤鼻、上嘴唇上抬、眉毛下垂、眯眼；人们惊讶时的微表情包括下颚下垂、嘴唇和嘴巴放松、眼睛张大、眼睑和眉毛微抬；人们轻蔑时的微表情包括嘴角一侧抬起，作讥笑或得意笑状。

当然，这种微表情代表的含义并不是一成不变的，它会因人而异，因环境而异。所以，我们在生活中除了积累这种常规性的微表情含义外，对于需要长期交往的朋友，还要注意积累具有他个人特征的微表情含义。只有这样，我们才能灵活运用微表情进行识人。

眉毛变化体现一个人的喜怒哀乐

> 眉毛的功用是保护眼睛,但它还能传递人心理行为的信息。眉毛虽不是人体的一个器官,但它长在人的面部,其一举一动都代表着一定的含义。可以说,人的喜怒哀乐、七情六欲都可以从眉毛上表现出来。因此,我们可以根据一个人眉态的变化来揣摩一个人的内心。

了解一个人的心境,并不一定要与他通过言语交谈,观察他人眉毛的变化也是很好的途径。因为每当我们的心情改变,眉毛的形状也会随之改变。FBI可以在与人初次见面的时候将对方的性格猜得相差不多,为什么呢?关键就在于他们善于捕捉这些小细节。美国的一位FBI被人们称为"读脸专家",他发现,眉毛最能表露一个人的心理,当眉毛向下靠近眼睛时,表示他对周围的人更热情,更愿意与人接近;而眉毛上挑,则表示这个人需要尊重,需要更多时间适应现在的场合。所以,眉毛的功能不仅仅是保护眼睛,更重要的是它还能传递许多人内心的秘密。

眉毛的动作常见的动态大致可以分为以下几种表现。

1. 扬眉

当眉毛扬起时,会略微向外分开,造成眉间皮肤的伸展,使短而垂直的皱纹拉平,同时整个前额的皮肤挤紧向上,造成水平方向的长条皱纹。扬眉可以分为双眉上扬和单眉上扬。当一个人积聚在心里的某种不快得到解决时,就会眉飞色舞。如果对方出现眉毛上扬这种动作,则说明此时他的心情很好、内心舒畅,或者为了对你表示亲切,在对你的意见表示认可的时候也会出现同样的动作。当你和对方商谈一件事,正在谈的过程中遇到困难,希望对方能给予帮助,你看到对方眉毛扬起来,喜形于色,此时,你便可以具体谈要求,对方会乐于对你进行帮助的。因为他的"扬眉"指示了他能够并且会帮你走出困境的信念和力量。

但同时也要认识到,一个人眉毛上扬则代表他正想逃离庸俗世事,或是受到了严重的惊吓。在这时就要注意了,此时对方的心情一定不会太好,起伏一定比较大，若是你有什么事情要跟对方说，不妨等到对方平静了再说。单眉上扬，则说明一个人对别人所说的话或做的事有些疑惑或不理解，正处于思考之中。

2. 皱眉

皱眉可以代表很多种不同的心情。例如：惊奇、错愕、诧异、快乐、怀疑、否定、无知、傲慢、希望、疑惑、不了解、愤怒和恐惧等等。

皱眉的情形包括防护性和侵略性两种。防护性的皱眉只是保护眼睛免受外来的伤害。但是只皱眉还不行，还需将眼睛下面的面颊往上挤，眼睛仍睁开注意外界动静。这种上下挤压的形式，是面临外界攻击、突遇强光照射、强烈情绪反应时典型的退避反应。至于侵略性的皱眉，其基点仍是出于防御，是担心自己侵略性的情绪会激起对方的反击，与自卫有关。真正侵略性眼光应该是瞪眼直视、毫不皱眉的。最常见的皱眉，常被理解为厌烦、反感、不同意等情形。

眉头深皱的人，一般都是很忧郁的。他们基本上是想逃离目前所处的境遇，却经常因为某些原因不能如此做。如果一个人大笑的同时皱眉，说明这个人的心中其实有轻微的惊恐和焦虑，他的眉毛泄露出明显退缩的信息。虽然他的笑可能是真的，但无论他笑的对象是什么，都给他带来了困扰。

3. 耸眉

耸眉一般表现为眉毛先扬起，略停留片刻，而后再下降，同时还会伴着嘴角迅速往下一撇，但脸上其他的部位不会有什么大的反应。这代表的是一种不愉快的惊奇或是无可奈何。此外，当人们在谈论某件事时，为了强调自己的看法，也经常会做出相似的动作，主要就是为了让对方对他的观点表示赞同。

4. 眉毛抬高

这种眉毛动作可以分为全部抬高和半抬高。全部抬高是对某件事持完全不相信态度的一种表现形态。如果突然遇到某件无法想象或难以理解的事情的一瞬间，也会有这种眉毛表情；若遇到某件令人十分惊讶的事情，他的眉毛就会本能地做出和全部抬高高度不相同的动作，类似于半抬高。

我们在这里要重点说一说女性高抬的眉毛。女性抬起眉毛时，眼部轮廓也跟着扩张，会使眼睛看起来更大。当然这里的大眼睛与男性瞪大眼睛不一样。

另外，有些女性喜欢用抬高的眉毛和微闭的双眼展现出一种睡眼惺忪的模样，显得楚楚动人，这显然是在向异性传达爱意。

5. 眉毛降低

这种动作可以分为眉毛半降低和眉毛全部降低。当一个人要对他人做出的某种举动表示不理解时，就会出现眉毛半降低的姿态。如果眉毛完全放下，就说明他现在正在为某事而十分气愤，已经到了忍无可忍的地步，这个时候最好不要去招惹他，待他平静下来再说。

某街道办事处的小龚与小徐去一家公司与总经理岳小姐商谈赞助贫困大学生的事情，请她予以支持和帮助。不知为何，小龚竟然提到了与问题无关的洪先生。原来气氛颇为和谐，岳小姐也有此意向。殊不知，洪先生的名字一从小龚口中蹦出，岳总经理的柳叶眉就完全放下了。小徐一见横眉，心中有数，马上抬腕看表，带着歉意说："岳总，李主任叫我们马上回公司，有两名外方客人来了，我们讨论的事是否先到这儿，过一两天再约……"

在车上，小龚不解地问："这是怎么回事？"小徐说："与事无关的人和事，不能插进来。您提到的那位洪先生是岳总二年前的男友，最后吹了！这事能提吗？"小龚后悔不迭："如果不是你看到她眉毛降低，再谈下去，此事百分之百要徒劳一场。"

6. 眉毛闪动

闪动通常是指眉毛先上扬，而后又忽然降低，像流星划过天际，动作迅速敏捷。这种动作是一种大众化的动作，代表着人类通用的表示欢迎的信号，是一种向别人表示友好的行为。

当一个人与久别重逢的好朋友相见的那一瞬间，通常会作出这种反应，并且同时还会伴着扬头和微笑。但是在握手、亲吻或拥抱等亲密行为的时候，是很少会出现这种动作的。此外，眉毛闪动若是出现在对话里，则起了加强语气的作用。当要强调某种观点时，希望对方能记住自己说的每一个字时，他的眉毛就会扬起来再在短时间内迅速落下。

眼睛的动作语言反映出的心理变化

> 眼睛是人体中无法掩盖情感的焦点，透过一个人的眼睛动作不仅可以洞悉他的喜怒哀乐，还可以了解他的脾气秉性。细心留意每一个人的眼睛动作吧，它会告诉你所有你想知道的秘密。

眼部动作也是一个人的内心写照，不同的眼部动作能够反映出人的不同的心理变化，只要细心观察，就能了解对方的心意。

1. 眼睛上扬

当一个人做错某件事时，而他又善于伪装，这就是一种假装受到委屈的表情。眼睛盯着别人看时，上睫毛极力往上压，差不多与下垂的尾毛合拢，表示着某种惊怒的心绪。

2. 挤眼睛

挤眼睛就是用眼睛使眼色向他人表示默契的一种表现，暗示的意思是"你和我之间知道的秘密，天不知、地不知，只有你知我知"。也有人在使坏、扮鬼脸的时候挤眼睛，目的是想让自己的表演更加真实。有此动作的人，可能是喜欢你，或对你的印象非常好，尤其是在小孩身上很普遍。在社交场合里，两个相识的人挤眼睛，则代表着他们对某种观点持有相同的看法，比场中其他人更加亲近。反之，如果两个不相识的人挤眼睛，则不管怎样，里面都代表着一种挑逗的意思。

两人之间挤眼睛存在着不足为外人道的默契，理所当然会让第三个人感觉到有些被轻视。所以，无论是明的还是暗的，这些举动在一些非常重视礼貌的人看来是一种做作的行为。

3. 眨眼睛

这种动作可以根据眨眼的频率分为多种：当人们在谈话时，一方眨眼睛的次数十分快，就说明他在暗示你，某些事可以说，某些事不能说，那是我们共同的秘密。若是在谈话时，一方脸部朝下，并且快速地眨着眼睛，则代表他哭了，情绪波动比较大。此时，他最需要的就是你的安慰。如果一个人眨眼睛的幅度很大，速度却很慢，那就表明他对当前你所说的一切都持怀疑的态度，他需要睁大眼睛来看，来证明是不是自己看错了。

4. 眼睛上吊

如果在交谈中，对方的眼睛会时不时做出往上吊的动作，这时你就要特别注意了，这类人城府很深，非常有心计，而且还会为了自己的一己之利而夸大事实。

5. 眼睛下垂

这是一种对待他人不和善的动作，不把对方放在眼里，或是对待他人很淡漠。做出这种动作的人通常性格都比较冷静，情绪很少会有激动的时候，但是从本质上来看，这种人是十分任性的人，他们的自我意识很强，当决定了某件事情的时候，是绝对不会作出改变的。

6. 眼睛斜瞟

一般这类表情常见于女性身上，若是她第一次与异性见面就斜瞟着对方，就是在暗示"你长得很帅，我很喜欢你，只是我很害羞，不敢正眼看你，但是我又控制不住想看看你，无奈，我只能偷偷地看你了"。当你遇到这种情况，不要误认为别人不重视你，而你应该感到十分高兴才对。

7. 眼球不停地向左上方移动

如果对方在回答你的问题时，眼球不停地向左上方移动，那表明他正在努力回忆与这个问题有关的内容，希望可以搜集到更多与这个方面有关的信息来作出回答，这种人往往是一个比较实在的人。

8. 眼球不停地向右上方移动

这种人往往是些有心计的人，如果他们在向你报告一件事或是在回答你的问题时眼球不停地向右上方移动，那就表明他正在策划着如何来应付你，表明他正在说谎。这种人一般都口是心非，不值得人相信。若是与这类人交往或有生意往来，一定要引起警惕，多留点心眼。比如，当你与某个公司做成了一笔交易后，去他们公司收取货款，老板的助手对你说"老板出去了，改天再给你"的同时眼睛不停地向右上方移动，那就说明这个助手在说谎。

9. 眼球骨碌碌地转动

这种人通常是城府极深的人，坏心眼特别多。当一个人的眼睛骨碌碌转动时看着某个人或某件东西，说明他正在预谋着某件事。同时，这种人意志不坚定，喜爱不专一，看到有机会就会心动，经不起诱惑。在这种人面前不要将自己的一切都和盘托出，最好收敛一点。

10. 眼球不时向左右转动

这种人缺乏自信心，缺少安全感，有时甚至为了欺骗他人而不惜编造出种种的谎言，有说谎的习惯。与人交流时，一定要特别注意去分辨他们所说的话是真还是假。

11. 眼球不时乱转

这种人极富有心计，当他们眼睛不时乱转，通常他们又在脑中酝酿着坏主意。同这种人交往，一定要有所防备，切忌不可轻易被他们的外表所蒙骗。

12. 瞳孔变化

我们不但可以从眼睛的转动方向和速度了解一个人的心机，从瞳孔的变化同样可以达到相同的目的。你只要稍加注意一下，就会发现：当一个人的情绪很愉快或舒坦时，他的瞳孔就会比平时扩大 4—5 倍；反之，当情绪不好，内心很消极时，他的瞳孔就会较平时小许多；如果瞳孔没有发生什么激烈的变化，则说明他对生活中一切事物都持冷淡的态度。不但人的瞳孔有这样的能力，连动物的瞳孔也有着这样的功能，比如猫，它们的瞳孔变化的大小和情绪有着紧密的联系，这也就说明了瞳孔的变化的确和情绪有着紧密的关系。因此，我们要尽可能从这些小细节中来窥视对方的心理变化。

通过眼神变化可以看透对方的内心

人们常说,"眼睛是心灵的窗户",所以,一个人心里正在打什么主意,他的眼神都会立刻告诉你。因为,一个人的心术、心里的欲望和感情首先反映在眼神中。观察眼神的变化,能够使人与人之间的交流变得更加愉快和有效。

有一天,一位老人背着一个沉重的袋子从集市上回家。忽然下起了雨,他又冷又累,非常希望有人能够帮他一下。过了一段时间,他看到一群人骑着车子过来了。他让开路让第一个通过,然后第二个、第三个、第四个、第五个顺利地通过了,最后仅剩下一个骑车的人了。老人看看他,开口说:"年轻人,你能不能用车子带我一程?"

骑车的人不假思索地说:"当然可以,请上来吧!"

到家之后,老人从车子上下来站好。离去之前,这位骑车人说:"老人家,我注意到前面有几个骑车人,你都让他们过去了,而没有请他们帮忙。但是当我来到你面前时,你立刻请求我带你一程。我不解的是,你为什么不求他们却只求我呢?"

老人平静地回答道:"我看他们的眼睛就了解他们心中并没有爱,知道求他们帮忙是不可能的。可是一看到你的眼神,我就看到了同情、爱与乐于帮助之心,知道你会愿意帮我。"

这位骑车的人非常谦虚地说:"我非常感谢你说的话,非常感谢。"

可见,眼睛与一个人的思想感情有着密切的不可分割的关系,观察一个人的善恶,再没有比观察他的眼睛更好的了,因为一个人的眼神最能体现一个人的内心:心地纯正,眼神就清澈、明亮;心术不正,眼睛就昏暗,有邪光。所以,通过观察一个人丰富的眼睛语言,可以在某种程度上对他有一个大致的了解和认识。

当你怀疑对方说谎话时,可以对他说:"看着我的眼睛!"此时,若对方没有说谎,就会迎着挑衅者的目光看过去;反之,就会目光躲闪,或干脆看别处,不予回答。

当一个人对某人产生好感又没有用语言表达出来的时候，大多会用一种带有幸福、欣慰、欣赏等感情交织在一起的眼光不住地打量对方，通常他的眼神是温柔的、含蓄的。

当一个人拒绝某人时，他会用一种不情愿、冷漠，甚至是愤怒的眼神注视对方，这时他的目光比较坚定，给人很冷的感觉。

当一个人轻蔑某人时，会用挑剔的眼光从上到下或是从下到上不住地打量对方，有种讽刺的意味。而这个人大都有较强的自我优越感，有些自傲，喜欢支配、差遣人。

当一个人谈话的眼神由灰暗或是比较平常的状态突然变得明亮起来，表示他对所谈的话题十分感兴趣，这是使谈话能够顺利进行的最好条件和保证。

当一个人用非常友好而且坦诚的眼神去看另外一个人，间或眨眨眼睛，说明他对这个人的印象比较好，很喜欢这个人，即使这个人犯了一些小错误，也可以得到宽容和谅解。

当一个人长时间盯着对方时，大多数都是期待对方给自己一个想要的答复。这个答复可能是多种多样的，比如一项计划、一份承诺等。

当一个人用非常锐利的目光、冷峻的表情审视另一个人的时候，有一种警告的意思。

另外，不同的心理状态会使视线产生不同的变化，主要有以下几种：

与人谈话时视线略微上扬的人，这种人性格属于外向而强悍的类型。他们通常对自己的地位和能力充满自信，政治家、企业家通常会表现出这种视线。

与人交谈时视线略微朝下或一接触对方的眼睛就悄然地移开视线，这种人的性格属于温和而内向型。他们多半有点儿自卑，自认为在年龄上或社会地位上逊色于对方，因而在谈话时多半会带有一种紧张情绪和自卑感。在比较正式的场合，他们手、脚的动作或坐的方式，无形中也会显得别扭。

如果一个人以笔直的视线牢牢地盯住对方，这种凝视不动的眼神具有非常深刻的意义。当一个人受到严重的打击或带着强烈的敌对情绪时，往往会有这样的眼神。

当一个人的眼神焦点不定，则表明他此时精神混乱，这时才会出现茫然呆滞的眼神。另外，当一个人对对方的谈话毫无兴趣时，也会出现这种游离的眼神。

当一个人的眼神向左或向右岔开时，表示对对方的排斥心理或在潜意识中对对方不怀好感。比如，某男子向某女子搭讪，此女子对该男子没有好感，甚至由衷地感到厌恶时，会自然地将视线向左或向右岔开。

当人们心中有愧疚或有所隐瞒时，也会发生移开视线的现象。曾经有一位画家，画过一幅皱着眉头的眼睛抽象画，镶于大透明板上，然后悬挂在几家商店前，这位画家的原意是想借此减少偷窃行为。果然，在悬挂期间，偷窃率大大减少。虽然画中并不是真正的眼睛，但对那些做贼心虚的人来说，却构成了威胁。他们极力想避开该视线，以免有被盯梢的感觉，因此，便不敢进商店内，即使走进商店，也本本分分不敢行窃了。

一般来讲，初次见面时，先移开视线者，其性格较为主动。另外，谈话中有意处于优势地位的人，在最初的 30 秒就能决定。当视线刚接触时，先移开目光的人就是这种心态的人。而因对方移开视线就耿耿于怀的人，就可能胡思乱想，以为对方嫌弃自己或者与自己谈不来，因此无形中对对方心存芥蒂，而被动地受到对方的牵制。正因为如此，对于初次见面、不集中视线跟你谈话的挑战型对象，应特别小心应付。

总之，由眼神解读心理是人们日常交往中的一个重要课题，注意在实践中领悟地运用是有价值的。

探视鼻子的瞬间动作传递出的信息

人的鼻子虽然是脸上动作最不灵活的器官，可它却位于脸部最显赫的位置，可见它的地位不容取代，而由它所透露出的性格特征自然也是不能小看的。鼻子虽然是人体五官中最缺乏动作的器官，但是鼻子也同样有着自己的语言。当你在观察一个人性格和内心活动的时候，不妨从鼻子的语言入手去看透对方。

人的鼻子有没有身体语言？许多人对此看法不尽相同，有人说有，有人说没有。认为鼻子没有身体语言的原因是，鼻子本身不像耳朵或其他器官那样可以动。但是，曾经有位专门研究身体语言的FBI，就关于"鼻子会不会说话的问题"作了一次观察"鼻语"的旅行。他专门去一些人多集中的地方观察，比如车站、码头、机场等。他旅行了几天后，得出了这样的结论：人的鼻子是会动的，因此说鼻子也是有身体语言的器官。

他说，根据他的观察，在有异味和香味刺激时，鼻孔有明显的张缩动作，严重时，整个鼻体会微微地颤动，接下来往往就出现"打喷嚏"现象。他认为，这些"动作"都是在发射信息。此外，据他观察，凡是高鼻梁的人，多少都有某种优越感，表现出"挺着鼻梁"的傲慢态度。关于这一点，有些影视界的女明星表现得最为明显。他说，在旅途中，与这类"挺着鼻梁"的人打交道比跟低鼻梁的人打交道要难一些。

由此可见，虽然从静态的鼻子中探索一个人的性格和心理相对会有些难度，但是鼻子也会"说话"，我们不妨从一个人鼻子的细微"语言"来窥视这个人的心理世界。

如果一个人出现皱鼻子的情况，则表示这个人有厌恶的感觉。而歪鼻子则表示这个人对人或者事物有些不信任。而抖鼻子，则是一种紧张的表现，或者是感到恐怖或发怒。哼鼻子则是表示排斥某些人或者事情。如果鼻子出现明显的伸缩现象，就表示有异味或者辣味刺激，甚至可以带动鼻子打喷嚏。这些动作都是内在信息的反射，我们要多注意观察。

一本小说中有一段关于鼻子动作的描写。书中的男主角看到一位漂亮的小姐，为了表现出他与众不同的吸烟法，他向空中吐着烟圈，然后烟圈飘向那位小姐。小姐没说什么，只是皱了一下鼻子。男主角便问道："你讨厌烟味吗？"那位小姐没有回答他，只是继续皱着鼻子。其实，用皱鼻子的身体语言已经表达出了那位小姐的讨厌情绪，遗憾的是，男主角竟然没有看出来，反而去问一个不该问的问题。这样做自然要碰钉子。

在生活中，我们还经常看到有的人鼻头冒汗珠子，其实这在一定程度上表明对方的心理非常紧张和急躁。如果你面对的是一个重要的交易对手，对方鼻尖冒汗，表示他想马上达成协议，是无论如何也要完成交易的表现。因为心理的急躁和紧张，所以鼻头有发汗的现象。

小亮明天就要参加中考了。晚上，妈妈给他做了一顿丰盛的晚餐，其中还包括小亮最爱吃的"宫保鸡丁"。吃饭期间，妈妈一再叮嘱小亮明天一定要好好答题，争取考出好成绩，以便进入梦想中的重点高中。突然，小亮的脸色变得很难看，鼻子上淌下了豆大的汗珠。看到这种情形，妈妈紧张地问："儿子，你是不是病了？"小亮接过话茬，不客气地说："妈妈，求你别再提中考的事好吗？你一说我就烦，饭都不想吃了！"

小亮的表现说明，紧张和焦虑确实会引起身体上的反应，包括鼻子上的汗液增多。当然，紧张过度时并非仅有鼻头会冒汗，有时腋下等处也会有冒汗的现象。如果在交往中，你们之间不存在利害关系，而对方出现这种状态，表明他可能心有愧意，受良心谴责，或是为隐瞒秘密而紧张。

如果有人在谈话的过程中，鼻子会微胀，多半表示他有一种得意或不满的情绪，也可能正在压制某种情感。一般而言，人的鼻子胀大是表现愤怒或者恐惧，因为当人处在兴奋或紧张的状态中，生理上就会发生变化，呼吸和心律跳动会加速，所以会产生鼻孔扩大的现象。可以说，"呼吸很急促"一语所代表的是一种得意状态或兴奋现象。至于对方鼻子出现扩大的现象，究竟是由于春风得意而意气昂扬，还是由于抑制不满及愤怒的情绪所致，就需要从他在谈话中的其他反应来判断了。

鼻子的颜色并不经常发生变化，但是如果鼻子整个泛白，就显示对方的心情一定是畏缩不前的。如果是交易的对手，或无利害关系的对方，便不要紧，多半是他踌躇、犹豫的心情所致。例如，交易时不知是否应提出条件，或提出借款而犹豫不决时常出现这种状态。有时，这类情况也会出现在向女子提出爱情的告白却遭拒绝时。在出现自尊心受损、心中困惑、有点罪恶感、尴尬不安的心理时，才会使鼻子泛白。

说话时摸鼻子这种动作是一种不雅观的动作。交谈时，时不时会做这种动作的人往往都是思想不成熟的人，性格有些幼稚，大多喜欢捉弄他人。然而，当不好的事情发生时，他们绝对不会去承担任何责任。"哗众取宠"是他们最大的爱好，看到你咬牙切齿，他们却根本不在意，反而还会在一旁幸灾乐祸。从这个角度来看，说他们有点"变态"也不足为过。但是他们的防范心很弱，容易受他人的使唤，许多事情只会跟着别人的意识去做。如果去某些商场，售货员最喜欢这种人，或许他一开始没有购买任何产品的想法，但只要有人跟他说某些产品好，他就会毫不犹豫地去买。

上述的鼻子动作或表情极为少见，而平常人更不会去注意这些变化。但如想知人知面知心，就必须详加注意人的鼻子表现出的各种各样微妙的语言，并加以配合，以快速看透对方的心理。

嘴部的变化表现人的"心事"

> 嘴部是面部表情中富有表现力的一个部位。哪怕是极其细微的心理变化,也会被灵活的口匝肌表达得淋漓尽致。因此,在善于演绎无声语言的五官中,嘴是仅次于眼睛的第二高手。

"嘴巴都可以挂个油壶了",人们常常用这句话来描述一个人生气和不乐意的样子。可见,嘴巴不仅能说听得见的话,还能说看得见的话——嘴部也有自己的表情。

嘴部是面部表情中富有表现力的一个部位。在人的面部器官中,嘴唇的目标比较大,所处的位置比较显著,牙齿周围的口匝肌在学习有声语言的过程中被训练得十分灵活,常常会不自觉地做出较多动作,表达出丰富的感情。哪怕是极其细微的心理变化,也会被灵活的口匝肌表达得淋漓尽致。因此,在善于演绎无声语言的五官中,嘴是仅次于眼睛的第二高手。比如,嘴唇半开,表示疑问、奇怪、有点惊讶;如果全开就表示惊骇;嘴唇噘着,表示生气、不满意;打哈欠是无聊和困倦的表现;咬指甲是紧张、焦虑的反应,等等。

有一位优秀的推销员说:"我最怕那些嘴巴和下巴线条比较硬的客户。他们通常比较好斗,自控力也比较强。在关键时刻,他们都会咬紧牙关挺过去。咬紧牙关的次数多了,时间一长,他们就有了棱角分明的唇形和下巴。"在这里,这个推销员描述了棱角分明的嘴巴和下巴的形成过程,同时也反映出嘴巴能够充分展示一个人的心理。

那么,具体来说,我们应该如何从一个人的嘴部动作去把握他的心理状态呢?

1. 下嘴唇往前撇

一个人的下嘴唇往前撇的时候,表明他对接收到的外界信息持怀疑态度,他希望看到能令他信服的回答。

2. 嘴唇往前噘

人的嘴唇往前噘的时候,表明此人的心理可能正处在某种防御状态中。

3. 嘴角向后撇

在与人交谈的过程中，如果你发现对方嘴角稍稍有些向后撇时，则表明他正在集中注意力听你的谈话。

4. 嘴巴抿成"一"字形

大多数人在需要作重大决定或事态紧急的情况下会有这种动作。有这种习惯性动作的人，一般比较坚强，具有坚持到底的顽强精神，面对困难时会迎难而上而不是临阵退缩。

5. 用牙齿咬嘴唇

有些人在与别人交谈的时候，会上牙齿咬下嘴唇、下牙齿咬上嘴唇或双唇紧闭。人们可以看出他们是一副聚精会神的样子，而他们也正是在聆听对方的谈话，同时在心中仔细揣摩对方话中的含义。这种动作的意思有两层：其一是"我在听你讲话，你说得有道理，我考虑一下"；第二层意思是，他准备发表自己的观点，不过他需要在发表意见前先整理一下自己的思路，以达到切中要害的目的。

有这种习惯性动作的人，分析能力一般都较强，遇事虽然不能很迅速地作出判断，但是决定一旦作出，往往便不会回头。

6. 藏起嘴唇、挤压嘴唇和嘴唇呈倒 U 形

即将出庭作证的人总是习惯把嘴唇藏起来，这说明他们压力很大。在压力状态下，藏起嘴唇是非常普遍的一种反应。

我们常常做出挤压嘴唇的动作，仿佛是大脑在告诉我们闭上嘴巴，不要让任何东西进入我们的身体。嘴唇的挤压是消极情感的一种反映，它清楚地表明一个人遇到了麻烦或某些地方出了问题。这种行为很少有积极的含义，但这不表示做这一动作的人存在某种欺骗行为，只能说明他们当时压力很大。

如果一个人的嘴唇呈倒 U 形，说明这个人正处于苦恼或悲伤中。你可以自己做个试验，在一面镜子前做隐藏或挤压嘴唇的动作。你会发现，你能藏起自己的嘴唇，却只能将其抿成一条线，而很难做出倒 U 形口型。为什么？因为只有当我们真正处于苦恼或悲伤的时候，它才会出现。

7. 吐舌头

我们从不轻易暴露自己的舌头，所以，舌头动作能提供给我们的信息比较

少，但这并不意味着舌头动作不值得重视。看看我们身边的一些宠物，如小猫小狗，它们会用舔舌头来表达情感。人的情感更复杂，舌头动作也就更多样了。

在压力之下，一个人用舌头舔嘴唇，看似在舔嘴唇，其实目的是让干燥的口舌滋润滋润，以实现自我安慰。用舌头反复摩擦嘴唇也有同样的效果。如果一个人伸出舌头，说明备感尴尬，希望借伸舌头这个动作缓解一下气氛。不过有时，这个动作也可能指这人正专注于某件事情。比如球星乔丹在球场上就常有这种动作。

一般来说，儿童吐舌头是顽皮行为的表现。这个动作若是发生在成人身上，则有可能是他逃脱一劫，对自己的庆幸，或者是被人发现正在做某件事情时略感不好意思的表现。我们常常能够在好奇心较重的人身上看到这一动作。比如当一个人正在偷看别人的信件，这时，那封信的主人回来了，偷看信的人会赶忙把信放进信封。我们极有可能在他转身的瞬间，看到他轻拍自己的胸脯，吐一下自己的舌头。这个下意识的动作似乎是在进行一种隐性的表达，说明终于完事，可以作一个了结了，吐吐舌头，松口气吧。

8. 笑时嘴部的动作

从一个人笑时嘴部的动作，可以分辨出对方的笑容是真笑还是假笑。

笑是人类交流时用到的最常见的方式之一，笑是全人类都懂的一种表情。不过，笑有真笑与假笑之分，笑容的真假能让你瞬间读懂正在与你寒暄的这个人对你的真切关系：是亲密还是疏远。甚至你还可以从对方的笑容中估计出他对你的想法和态度。那么，如何去分辨一个人笑容的真假呢？

只需要去观察一个人笑时嘴角肌肉的运动方向即可。真笑时，嘴角会向眼睛方向上扬。若是假笑或"应付"的笑，嘴角会被拉向耳朵方向，这时嘴唇会呈长椭圆形，笑者的眼中也不会露出一丝情感。

从微笑中捕捉对方心灵的变化

> 笑是世界上最美丽的表情。一个人如果笑口常开,那么他将拥有良好的人际关系,并且还能够促进事业的蓬勃发展。笑容是博人欢心的最好方式,一个人笑的表情能够展现出他的性格,或者他的内在。

如果说世界上存在一种通用语言,它可以让各个国家、各种肤色、说着不同语言、有着不同宗教风俗以及习惯的人们相互交流,并产生良好的效果,那么这一语言的名字就叫做"微笑"。微笑是人类丰富表情当中最美的一种,不需要刻意学习或模仿,这是上帝公平赋予每一个人的一份宝贵的礼物。在日常生活中,恰当地运用这一表情能够很好地协调人际关系,也会使社会变得更加和谐。

1. 微笑代表着谦恭、顺从

《早间新闻》的女主播总是在每个早晨准点出现。她穿着得体的套装,化着精致淡雅的妆容,然后用甜美的嗓音向大家问好:"各位观众早上好!"然而最让人身心惬意的是她那迷人的微笑,温馨暖人,让每个观众从早上起就有了一份好心情。

女主播似乎极具魔力,让观众们的心情也由此好了起来。这其中的秘诀就是她的微笑。试想一下,如果你每天早上打开电视,看到的是一张冷冰冰的脸,你还会觉得愉快吗?所以说,微笑才能展现亲和力,从而强烈感染大家。FBI通过对销售人员、谈判专家等人群的跟踪研究发现,适时的微笑会对谈判双方产生积极的效应,从而使谈判双方都能获得更大效益。

FBI一项针对黑猩猩所展开的研究显示,微笑的功能并不止于此,它还有更深层次的作用。黑猩猩利用露出牙龈的表情来表示恭顺(这个表情不同于它凸显尖牙的示威表情),它在向对方说:"我爱好和平,我不会对你造成威胁。"而对人类而言,微笑的作用与灵长类动物笑容的功能无异。我们利用微笑告诉其他人,自己不会给他们带来任何伤害,希望他们能够接受自己。

所以,微笑其实是在向对方传递一种谦恭、顺从的信号。人类的表情比动物更丰富，当面对陌生人时，我们凭借这一表情来显示友好，使得双方能在友好氛围的基础上展开下一步的交往行动。

2. 回眸一笑含义深

风流才子唐伯虎和华太师府的丫环秋香之间的啼笑姻缘被不断搬上银幕，流传至今，就是因为秋香的回头三笑，让唐伯虎魂牵梦萦，宁可放下才子的身份，卖身为奴进华府以接近秋香。秋香的笑能有这么大的魅力吗？

FBI 认为，通常情况下，微笑表示人们愉快的心情，但是也并非完全如此，而且微笑还存在性别差异。女子总是比男子更爱笑，男子的微笑往往包含肯定和赞许，而女子的微笑则包含许多更深的含义。

有的女人在微笑时，会用手轻轻地半掩住嘴，或用精巧的扇子或手帕等掩嘴。这种微笑，旨在强调自己的女性魅力。带有这种微笑的女人，不是羞怯的情窦初开的少女，便是风情万种、以此诱惑男人的女人。上面提到的秋香的笑，是回眸一笑，借着肩挡住微笑的嘴，这和用手掩嘴的微笑含义相同，只是更为"艺术化"一点儿罢了。这是一种很优雅的微笑，是很能被人所赞赏的。

有一种笑很容易和上述的优雅的微笑混淆。她的手或扇不是掩在嘴上，而是轻轻触摸在嘴角边的香腮上，皓齿半露，笑得很甜，也显得彬彬有礼。如果你认为带有这样微笑的女人是可以亲热得无话不谈，那你就大错而特错了。这样微笑着的女人，往往很有心机，城府也深，不会轻易相信别人，更不会轻易把什么事都告诉你。她的甜甜的微笑，只是出于礼貌和防范心理所戴的假面具而已。

3. 如何分辨真诚和虚假的微笑

姐妹俩共同翻阅一本时尚杂志，姐姐指着一个微笑的平面广告模特的插图说："你看，她的笑容很不真实。"妹妹凑过来，看到模特嘴角上扬，脸上却连一丝皱纹也找不出来，于是说："这是她的职业笑容。"

很多广告中的模特都有这副笑容，她们笑意盎然，却很难有什么感染力，因为这些笑容是她们刻意控制自己的表情做出的。上例中的妹妹指出模特的笑容是假的，因为她看到了模特光滑无痕的脸部肌肤。实际上，当一个人发出真心的灿烂笑容时，眼角和嘴角都会浮现出细细的纹路。

要想知道为什么脸部纹路成为真笑与假笑的区别，就要先知道人的笑容形成的科学道理。人的笑容是由两套肌肉组织控制的：以颧肌为主的肌肉组织可以控制嘴巴的动作，使嘴巴微咧，露出牙齿，面颊提升，然后再将笑容扯到眼角上；而眼轮匝肌可以通过收缩眼部周围的肌肉，使眼睛变小，眼角出现皱褶。

我们的意识可以控制以颧肌为主的肌肉组织。也就是说，我们自己可以命令这部分肌肉运动，即便我们的内心没有感觉到愉快，也能制造出嘴部的笑容。而眼部周围眼轮匝肌的收缩完全独立于我们的意识之外，我们不能自主地去控制，只有内心真正的愉悦才能激发它的运动。所以，在一张不真诚的笑脸上，细纹只会出现在嘴的四周。

不过，在某些夸张的假笑中，眼睛周围同样会出现细纹，因为颧肌肌肉群的收缩可以导致眼轮匝肌的收缩。当颧骨处的肌肉收缩至一团时，眼部四周就会因为颧肌的挤压而产生细纹，看起来就像真笑。这个时候你可以观察对方的眉毛部分，因为开心而面露笑容时，眉毛与眼睑之间的部分眼皮会向下移动，眉尾也会随之微微下沉；假笑时则不会出现这种情况。

下巴动作是个性的"显示器"

心理学家称"下巴是个性的标语"。虽然下巴是脸上动作最少最简单的部位，但是只要仔细观察，还是能够从中发现对方心理活动的一些端倪。不过，从下巴的动作来观察一个人的心理，需要比较细微的观察能力，而且要结合其他体貌方面的"语言"来综合分析一个人的性格和心理活动，才能更准确更全面。

日常生活中，我们将下腭称之为下巴。从生物学和解剖学的角度来看，下巴仅仅是能够担任发声和咀嚼功能的器官。从外部形状来看，男性的下巴普遍带有少许棱角，很有骨感。而女性的下巴则比较圆润。因此，男性想要乔装为女性，最难遮掩的就是他们的下巴。同时，下巴的形状基本上决定了一个人发声的音质。

心理学家认为，根据下巴的形状能够推断出一个人的性格。例如，有的人下巴比较尖细，往往暗示出他们比较神经质；有的人下巴多肉，则显示出他们习惯养尊处优。虽然这些推断具有一定的道理，但是除了下巴的形状之外，我们还不能忽视下巴的动作。

提到下巴的动作，我们最容易注意到的是，下巴的向前突出和往里收缩。一个人在重压之下，会做出伸长下巴的动作，扛大包的码头工人、挑重担的农民都会不由自主地做出这样的动作来。这在生理上来说，是为了扯直脖颈，使呼吸更为畅通。从身态语言的角度来看，突出下巴的动作，属于攻击性的行为表示，可看做有"扑上去狠揍他一顿"的意图。FBI认为，突出的部位表示带着有意识侵犯对方势力范围的性格。下巴的突出也同此理，乃是用来表现自我主张的工具。

石娟是某公司经理，出差时与下榻的宾馆服务人员发生了一点儿争执。她坐在沙发上，对方站在她的对面。石娟说："你不用说了，把你们经理找来。"她说话时，高高抬起下巴，却不是为了把视线落在站着的服务生身上，因为她望向了另一边。

当对方位置比我们的视线高时，我们可能会抬起头来与他讲话，但这里的女经理显然不是为了这个目的才高抬下巴的。她的整个姿势给人一种盛气凌人的感觉，高抬的下巴和望向另一边的视线都在向对方表示"对继续谈话没有兴趣"。

和女性相比，男性在面部线条上更为粗犷，比如他们拥有宽阔的下巴。我们观察以动作片闻名的男影星的海报时就会发现，他们总是以高抬的下巴来显示自己的雄性特征。而女性在这一点上似乎要略弱一些，因为大部分女性并没有宽阔并且硬朗的下巴线条，所以高抬下巴成了一些女性用来增添威严感的姿势。通常这样的女性都位高权重，比如英国的前首相撒切尔夫人。撒切尔夫人的很多照片上摆出的头部姿势都很相似，坚毅的表情和扬起的下巴显示出她的强硬和威严。

就像上例中的女经理石娟一样，她在这个时候高抬下巴与她在下属面前高抬下巴有不同的含义。在下属面前，她用这个姿势来增添权威感，就像上面说到的撒切尔夫人一样。而此时面对出错的服务生，她高抬的下巴则显示了一种傲慢和自认为高人一等的态度。我们也可以从电影中的贵族姿态来说明。英国贵族们总是喜欢抬高下巴来表示他们的尊贵身份，就连为其拉车的马也用缰绳拉紧，使其能抬高头。

高抬下巴表示高人一等也有着它的渊源。我们必须承认高度很能影响一个人的气度，虽然这不是绝对的，你可以用拿破仑、邓小平的例子来反驳。但是从更大的范围来说，我们发现领导者的身高对他的形象塑造有着非常重要的作用。军事院校指挥专业的选拔上，身高就是很重要的参考指标。但是身高通常都是先天决定的，无法更改，现实中人们乐于从一些细节上来提升身高，比如高抬下巴。动作者潜意识里想要比对方高出一些来，于是用伸长脖子并且高抬下巴的姿势来强调。

伸出下巴是为了表现自我，那么，缩紧下巴又包含什么意思呢？

当外国贵宾下了专机，在《迎宾曲》中检阅三军仪仗队时，那些仪仗队的士兵们个个保持着直立不动的标准姿势。他们保持头部正直、缩下巴、两眼平视前方、挺胸、缩下腹、两手自然下垂的姿势，表现出了"泰山崩于前而色不变"的军人气概。这种由军队严格训练出来的姿势，很明显地表达着它的意思。FBI 指出，直立不动地挺直着腰背，意味着服从。同样，缩紧下巴的动作和直立不动的姿势一样，也是一种顺从心态的表现。它表示，不仅不敢侵略对方的势力范围，而且还在有意地缩小自己的势力范围，甘愿接受对方的侵入。它表示了绝对的服从。

除了下巴向前突出和往里收缩表示不同的心理以外，下巴指示动作也有特殊的含义。当你希望向对方借某样东西的时候，如果对方的双手此时空闲着，但他却不愿意用手来为你指出，只是朝那个方向抬抬下巴尖，意思是："在那边，自己去拿吧。"这个时候你就要注意，对方实际上是不情愿的。下巴指示动作有一种轻慢的含义，这个姿势的幅度很小，所透露出的信息是"我不愿意为对方多付出什么"。而有些时候，用下巴指代某人还有一种蔑视的含义。如果你向一个人询问某人的时候，对方用下巴指示方向："就是那个。"那么你就可以猜想，你要找的人在这一群人中名声不太好。

第六章
FBI 破解肢体动作
——你的肢体语言不会说谎

　　人们在互相交流时，55%的信息都要靠肢体语言来表达，而肢体语言就是由面部表情和肢体动作两个部分构成的，其中肢体动作传递的信息甚至要更加丰富一些。FBI 对肢体动作的研究绝对到了臻于化境的层次，他们跟罪犯交流时绝对不会放过其身上的任何一个动作。

头部动作是心迹的自然流露

> 人的头部动作是很丰富的,其透露的信息也是各不相同的。识人高手往往会通过阅读对方的头部动作,了解一个人内心发射的信号,从而洞察对方的心理。

我们在观察别人时,首先映入眼帘的,一般是对方的头部动作。这不仅是因为头长在整个身体的最上面,最显眼,更重要的是头部动作所传递的信息最多。在不同的场合,由于人们的情绪和态度不同,头部姿势也有明显的不同,并且随着情绪和态度的变化而变化。

有人曾做过一次实验,让60名大学生戴上立体声耳机,在耳机里播放了一段广播,内容是鼓吹增加学费。实验的具体要求是,让一半的学生在听时每一秒钟摇一次头,另一半的学生听的时候则每一秒点一次头。

主持实验者让点头的那组学生听的是没有说服力的增加学费的理由,而让摇头的那组学生听的是有说服力的理由。最后那些摇头的学生对自己反对的意见产生了怀疑,竟然不那么反对涨学费了。

最后此人得出这样一个结论,点头的时候并不一定表示同意别人,而是对自己看法进一步的补充,摇头则相反。因此,当看到一个人在不断地点头时,不要错误地认为他对你的意见表示赞同,然而,当一个人摇头时,也并不一定是在拒绝你。

所以,想看透头部动作中的含义并不是一件很容易的事情。下面将讲述几种头部动作中的含义。

1. 头部下垂

如果在交谈时,一方头部下垂,并且呈低头的状态,则表示"我在你面前压低我自己"。若低头之人是领导者,说明表达的是一种消极的方式,表达"我绝不是只认定我自己",进一步说明:我是友善的。若是把头下垂,以此来掩饰脸部,则表明是害羞或自卑。

2. 头部上扬

当双方初次见面，对方突然头部上扬，则代表着一种惊讶，说明"你怎么会在这里出现"。如果在初次交谈时，对方偶尔出现这一动作，则表明他已经听懂了你说的话，并对你的话表示认可。

3. 头猛力转向一侧

在交谈时，对方把头猛力转向一侧，而后又回到原位，也就是单侧的摆动，代表他对你所说的话表示否认，或是在拒绝你的要求。另外，头部半转半倾斜向一侧，则表示的是一种友好的姿势，是在说明"我们关系很好"。

4. 摇晃头部

当对方在与你说一件事的时候，下意识地摇晃头部，表明他正在说谎。他虽然极力控制摇晃头部的动作，但是不可能完全控制。

如果摇晃的幅度比较大，表示他很紧张，必定是做错了某件事或决定出卖你，但一时找不出好的理由来回复你。反之，摇晃的幅度比较小，则表明他对你所说的话表示惊讶，他不自觉地以摇晃头部来清醒自己的头脑，以便更能接受这个事实。

5. 头部僵直

这种动作表明他根本就不畏惧你，不把你放在眼里。如果在谈论某个话题时，则代表他在坚持自己的意见，而且没有任何可以商量的余地。另外，这种动作如果面临泰山崩顶也面不改色，可能仅仅是心里感觉到无聊，有点儿发呆。

6. 头部缩回

这是当头部在受到某种威胁时，身体本能反射出来的一种动作。

7. 头部往前伸

当发现前面发生了什么事情时，一个人把头部往前伸，表示他已经察觉到了所发生之事，而且对此颇感兴趣。这种动作要按照眼前具体发生的事物来确定，可以分出好多种。如果是关系亲密的两个人，说明双方的关系非常好，伸长脖子纯粹只是为了便于接吻；若是双方有冲突，则表示不畏惧对方，而且瞪视对方。

8. 头部后仰

这是见钱眼开或十分有自信的人常常会出现的动作，他们用一副鼻子朝天的姿势，则代表着挑衅。这种动作，通常都是从一开始的沾沾自喜、桀骜不驯到自认优越而故意违抗。总的来说，这种姿势是挑衅的而不是温顺的。

9. 头部往侧面方向移开

这是一项保持性的动作，或是把脸部移开以回避对身体有威胁的东西，换言之，是对方想借此来掩饰脸部动作而掩饰自己的真实意图。

10. 头部歪斜

女性多数常会有此动作，往往表示为需要依靠的意思。若是她在玩弄风情，则代表一种故意装做天真无邪或假装卖俏的意思，单纯只是为了能够引起你的注意。

11. 抬高头部

这个动作很常见，当对方原本低着头，忽然间抬起了头，表示他想到了什么或者意识到有人在喊他。

12. 拍打头部

当一个人在懊恼或自我谴责的时候，经常会出现这种动作，根据情况通常分为两种：

首先，当对方拍打的是脑后部，表示这个人不注重感情，对人很刻薄，会让人很难接受，不太适合当朋友。他之所以会同你交往，完全是为了某种目的而有意与你接近。他们对工作很执著，可以算得上工作狂，甚至可以为了工作而抛弃家庭。另外一种，有此动作的人同前面一种则刚好相反，他们通常都是很直率的人，为人坦率、诚实，极有同情心，不看重虚伪的处世心机和处世方法，更不会去学习这些。他们待人热情，始终以"助人为快乐之本"为处世原则。然而，他们有时又有些热情过度而使对方很难堪，但有一点可以肯定，他们不是有意而为之。

手势能直接反映一个人的所思所想

俗话说，十指连心。手指的动作变化与人心的变化是相互照应的，它不仅是一个人内心世界的直观反映，同时也能够表达出一个人对自己和他人的看法。手势被认为是人们的第二唇舌。

人类的手是最独特的。人类的手既可以拿工具，也可以写字、画画，既可制作工艺品、做出美味佳肴，也可以打手势、讲故事或是表达反映我们内心深处的想法。现代科学研究证实，手可以感受到来自内心的 0.00002 毫米的振动，人的心理变化会迅速地反映在自己的手上。所以，手是人内心震颤的传感器，手势往往能直接反映一个人的所思所想。

下面就让我们看看各种不同手势中所暗藏的心理玄机。

1. 手掌摊开是在传达诚意

手掌摊开、手心示人通常表示服从和妥协，可以说这是一种表达善意的手势。这个动作首先让我们联想到乞丐乞讨时表达哀求的惯用动作。而从历史上看，这个动作用来告知对方：我的手中并没有武器，我是友好的。

在通常情况下，手掌摊开象征着坦率、真挚和诚恳。例如，在发誓的时候，人们常常将手掌张开放在自己的胸前，以表示自己的真诚；在法庭上，辩护人为了表现自己的诚恳，常常张开双手，以赢得法官的信任等。

FBI 进行过专门的观察，在诉说冤情的时候，人们也常常伸出张开的双手，并在胸前上下抖动，以此来表现自己所说的话的真实性。当然，这一般都不是刻意训练出来的，而是一种真情的流露。FBI 告诉我们，判断一个人是不是诚实，比较有效的方法是观察他讲话时的手掌活动。在讲话的时候，如果说的是真话，他就会不由自主地伸出张开的双手。

2. 手掌向下可以体现权威性

纳粹的敬礼动作世人皆知：他们把右手臂直直地向前方伸出，手心完全朝向下方。当波兰被侵略时，波兰民众也被要求以这个姿势欢迎侵略者。此时，让受尽屈辱的波兰人民做出这个动作显然十分困难，并且与他们的内心不符。

为什么希特勒喜欢这种手心向下的敬礼姿势呢？FBI认为，一个可能的原因就是这种敬礼方式代表一种权威性，象征着独裁者的无上权力。以夫妻牵手为例，通常男性会稍稍走在女方的前面，而他的手也就自然而然地压在了跟在他后向的妻子的手上方，其手掌向下。他的妻子由于位置稍稍靠后，其手心也就会很自然地向前迎合丈夫朝后展开的手掌。这个小小的细节足以体现男性在这个家庭中拥有主导权力，也暗含了他的强者姿态。

3. 十指交叉表示很沮丧

有一部分人在谈话时，常常会将双手在胸前无意识地交叉在一起。最常见的姿势是把交叉着十指的双手放在胸前，面带微笑地看着对方。也有的交叉着十指平放在桌面上或膝盖上，这种动作常见于发言人。出现这个动作，表明发言正处于心平气和或是娓娓叙谈的时候。

乍一看，采用十指交叉的动作似乎表明很自信，但有时并非如此。FBI对十指交叉手势研究后得出结论：这是一种表示沮丧心情的手势，表明使用这个手势的人在极力掩饰其消极态度。

一般来说，这种姿势常常被一些女性拿来使用。那么当一个女子摆出这种姿势的时候，如果能够了解其中所代表的意思，就可以适时而动，接近她。下面就是女性十指交叉的方法不同所代表的不同含义：喜欢十指交叉的女性可能是在谈恋爱的时候曾经受过伤害，其内心对其他人有一种防备心理，以避免自己再一次受到伤害，可以说是一种很明显的本能防卫；如果一个女子用双肘支撑着交叉双手，或者把下巴放在交叉的双手上面，那就表明她是一个非常自信的女性，或者说她对自己的某些诱惑力相当自信。

一般来说，做出十指交叉手势时手的位置高低似乎与消极情绪的强弱有关。有的将十指交叉放在膝上，也有的站立时将十指交叉放在腹前。按交往的经验而言，高位十指交叉比中位十指交叉更显得莫测高深。正像所有表示消极情绪的姿势一样，要想让使用这个姿势的人打开紧紧交叉的十指，就需要通过某种努力来完成。否则，对方的不安和消极就无法改变。

4. 双手的"塔尖"表示自信

虹梅好久没有见大学时候的同学艳丽了，毕业一晃就是6年，大家都有了自己的事业和家庭，都按照自己的生活轨迹生活着。这次，艳丽从上海来北京出差，虹梅欣喜若狂，因为终于可以见一下长久未见的同窗好友了。两人选好时间在一个咖啡屋见面，一见面她们就开始叙旧情、说现在、展未来。艳丽可以说是一个成功的女强人，在上海一个公司做销售总监，成功人士就是成功人士，处处透露出自信，你看她总是双手指尖接合。

上面这个动作确实显示了一个人的自信与自我，这样的身体语言是将手指一对一地在指尖处接合起来，但两个手掌并没有接触，外表看去就像教堂的尖塔一样。自此，你可以判定她们对各种问题都充满信心。有时也含有自以为是、道貌岸然、自我吹嘘或本位主义等意思，通常给人的第一印象就是她对于自己所说的一切都有绝对的把握。

在身体语言中，对一个姿势的理解是需要结合其他姿势群以及周围环境的，但这个姿势是个例外。经 FBI 专家研究表明，这是一个孤立的姿势，常被用于上下级之间表示自信与全知全能。这种手势有向上和向下两个位置。在发号施令、发表意见和观点时，手指向上成耸立的尖塔；聆听别人的意见时，则手指向下成倒置的尖塔。

一般来说，自信的人与人交谈时很爱摆出这种姿势，它明确显示出一个人对自己所说的话很有把握。像会计师、律师、经理或类似这些职业的高阶层人士与人谈话时，常常做出双手指尖架在一起的姿势，表明对他自己所说的绝对自信的态度。FBI 的研究资料显示，商业主管人员越觉得自己重要，手就放得越高。

更夸张的是，有些人把双手置于与双眼平行的位置，看对方时就透过指掌间的细缝猛瞄。你可以看到前者以这种手势表示他的权势，那意思好像是在说："嘿！小子！别打歪主意，你有什么鬼点子都瞒不了我，趁早死心吧！"

握手动作中表现出来的潜在信息

握手，是最常见的一种形体语言，它已经发展成为交际的一个部分。握手的力量、姿势与时间的长短往往能够表达出握手者对对方的不同礼遇与态度，显露自己的个性，给人留下不同印象。我们可以通过握手了解对方的个性，从而赢得交际的主动。

远古时期的人们相见时常是先把手臂举起、手掌摊开，使对方的手掌与自己的手掌相握。这主要是为了表示自己没有携带武器，不会给对方造成威胁和伤害。这种古时的遗风经过长期的演变发展，逐渐被润饰，就形成了现在握手这种礼仪形式了。

然而，握手也是很有学问的。握手的力量、姿势与时间的长短往往能够表达出握手者对对方的不同礼遇与态度，显露自己的个性，给人留下不同印象。美国著名盲人作家海伦·凯勒写道："我接触的手，虽然无言，却极有表现力，有的人握手能拒人千里，我握着他们冷冰冰的手指尖，就像和凛冽的北风握手一样；也有些人的手充满阳光，他们握住你的手，使你感到温暖。"从这个意义上说，握手不仅仅是一种礼貌行为，而且还是传达人际信息的重要方法，因此观察握手也是"察人"的重要途径。

1. 手心向下握手的人很霸道

在握手的时候，如果对方手心向下，说明这种人有支配人的欲望，这仿佛在说："你好好听我的，我是你的领导。"FBI的研究表明，有些高级的政府官员、地位显赫而权势过大的人，他们一般是不与人握手的，不得已的时候，就会将掌心向下与人握手，以显示出他们的支配地位。

2. 握手摆动幅度大的人虚伪

握手时比较有力，而且持续的时间较长，表明对方对自己的感情很深，或者是对自己有某种需求。好友重逢、年轻的朋友再相会，往往会出现这样的场面：他们互相抓住对方的手，用力上下摇动，似乎只有这样才能表达自己的内心情感。此时此刻，他们的心贴得更近了。这种热烈的场面也常常出现在政客身上。政客握手往往也很夸张，表现出一种"亲密"和"真诚"。由于这样的动作超乎寻常，所以很容易让人感到虚伪和不真实。本来是平平常常的关系，而突然出现这种夸张的举动，那么，这人一定是另有他求了。

3. 只伸出手指握手的人自卑

有些人与人握手的时候，只伸出四个指头，好像很不愿意的样子。这种方式给人传达出的信息是不希望与对方握手，其原因或是害羞，或是自尊心不足，或是不尊重对方等。女士与男士握手出现这样的情况，可能是因为害羞或客套；男士与男士握手出现这样的情况，可能是自信心不足或蔑视对方。这些都会给对方造成不良的影响，对方可能会把这种方式当成一种侮辱的举动。

4. 握手像老虎钳般的人侵略性太强

FBI经过潜心研究发现，一个人与人握手时所采用的方式最能反映出他的个性。如果一个人紧抓住对方的手掌，大力挤捏，就像老虎钳似的夹住对方的手，令对方痛楚难忍，这是粗犷型人惯用的握手方式。这类人一般精力充沛，自信心强，为人则偏于专断横行，固执独裁，但具有极强的组织能力和领导才干。

对付主宰型握手，很难施力迫使他的手掌退回成顺从的位置，况且这样做太明显了。瓦解主宰型握手有个简单的方法，不但使你重新取得控制权，还可以进入对方的个人领域而激怒他。这项技巧是，走上前握手时左脚先向前，接着右脚向前移动到对方的左前方，进入他的个人领域，然后左脚跨拢到右脚，完成这项男性魄力的展现，最后再握手。这个战术稳住你的握手动作，也有机会把对方的手势变成顺从位置，又因为侵入到对方的切身领域而赢得控制权。

观察你自己趋前握手的行为，在伸出手臂握手时，是左脚还是右脚先踏出。大部分的人是右脚，所以一旦遇到使用主宰型握手的人就很不利，因为他没有可移动的空间。请你练习左脚先踏出，你会发现很轻易就能把主宰型握手的权力化解掉而取得控制权。

5. 握手像死鱼般的人性格懦弱

握手本身是一种表示亲热和友好的礼节，然而，有的人手握起来软绵绵，毫无生气，也就是我们平时所说的"死鱼"式握手。这种握手方式普遍不受欢迎，尤其是当握住的那只手冰凉凉而且黏糊糊的时候，感觉就更糟糕了。

一般来说，这种握手给人的感觉是让别人来握自己的手是出于不自愿的，用不着回敬，使你感到无情无意，受到冷落，并会使你觉得握手人性情软弱。因为无论握手的另一方是谁，他都可以轻易地将此人的手掌翻转过来。于是，在另一方看来，使用这种方式握手的人缺乏责任感，不愿承担此次两人见面所产生的责任和义务。但有些手术医生、音乐家、画家、雕塑家，出于其职业的习惯，非常注意保护自己的手，一般不主动把手伸给他人，即使是握手，也非常小心翼翼，这自然另当别论。除此之外，我们还必须了解到，全世界每20个人当中便有一个人会受到手汗症的困扰。这是一种由于遗传基因的缘故而导致汗腺分泌异常旺盛的病症。针对这些人最明智的做法就是随身携带面巾纸或是手绢，从而能在每次握手前将手心里的汗擦干净，从而避免因为握手的原因而给对方留下不好的印象。

事实证明，死鱼般的柔弱无力感，使这种握手方式普遍不受欢迎，因此，还不如不握。可惜的是，许多用"死鱼"式手和人握手的人从来意识不到这种形式握手的消极性。如果你经常伸出这样一只手与人相握，并想改变这种方式的话，那么，下次握手时可以有意识地让对方评论一下你的握手姿势是否正确。这样，既可以学会正确的姿势，也可以消除对方因同你握手而产生的消极影响。

走路姿势是个性的速写

每个人的生活习惯不同，走路的姿势也是各种各样的。从一个人的走姿去观察一个人，中国古代甚至世界各国都已经有研究了。如果你想了解对方，可以从走路姿势中去识破对方的内心，相信会有不一样的收获。

走路是每个人从牙牙学语的孩童时期就开始学习的事情，虽然是与生俱来的本能行为，但是这种看似不经意的动作有时反而最能反映一个人的特性。正如 FBI 的行为学家所说的："在一般情况下，要判断对方的思想弹性如何，只要让他在路上走走，就可以基本了解了。"我们在了解他人的过程当中，往往可以根据对方的走姿初步判断其品格、个性等内在特征。

我们将在下面的内容中对具有不同走姿习惯的人们进行详细的性格分析和论述：

1. 昂首阔步型

有的人走路时，抬头挺胸、昂首阔步、坚定有力，一副成竹在胸的样子。这种人一般自信心强，学识丰富，主观意识浓，控制欲强。他们做事情反应迅速，有条不紊，有很强的组织能力，在工作和事业上也容易取得成功。其缺点是有时候过于自信，看不起别人，使自己被孤立，人际关系不是很好。

与这种类型的人相处时，我们应该以同样的自信去应对，使自己的语言明确、条理清晰，对他们提出的问题能够自如应答，这样较容易赢得对方的信赖。

2. 慢条斯理型

这种人走路比较缓慢，做事小心谨慎，不喜欢东张西望，头往往是微低着的。这是一种内向、害羞的表现，往往给人一种防卫心强的感觉。其实他们的内心是热情的，而且非常渴望与人交流，是典型的"外冷内热"型人。

面对这样的人，只要你能真诚相待，多给他们一些理解、关心与耐心，是很容易感动他们的。

3. 步履匆匆型

有的人走路时疾步如风，不顾左右，这样的人就是典型的行动主义者。他们往往精力充沛，办事果断，讲究效率。不过有时可能会因为过于急躁办事草率，以致出现纰漏或发生意外。

我们在与这种类型的人打交道时，最好能顺着他们的步调，不能慢慢腾腾，拖泥带水，不然他们会心生厌烦，没有耐心，弃你而去。同时如能做到细心细致，会让这类人更放心。

4. 横冲直撞型

有的人在走路时不会太在意周围的人或环境，只顾自己横冲直撞，这样的人会让人感觉做人做事方法上生硬，因此很容易得罪人。不过这样的人因为为人坦率真诚，性子耿直，没有小心眼，比较大方，让人比较容易接近。

与这样的人打交道时，我们一定不要自作聪明、阳奉阴违，即使你有半点的虚伪都可能会让他们反感和置疑，最终让你无法再取得他们的信任。诚心诚意地对待这类人，才会走进他们的内心。

5. 喜踱方步型

踱方步是古代朝廷官员走路时惯用的姿态。习惯这样走路的人，往往是比较庄重和严肃对待事情的人。他们做事认真负责，处事冷静理智。他们不会因为一时冲动而作出有损双方利益的决定。务实和精明是这种人的典型特征。

在与这种人打交道时，也要以认真专业的态度对待，尽量少和他们开玩笑，以免因自己的不庄重而让对方反感。在与其探讨问题时要力求务实，用实际效益来说服对方，而不要长篇大论，空洞无物。

6. 走路前倾型

有的人走路总是习惯上体前倾，而不是昂首挺胸，甚至看上去像是驼背。这类人的性格大多比较温柔内向，为人比较谦虚，一般不会张扬，很注意严格要求自己，很有修养。他们从不花言巧语，非常珍惜自己与朋友的友谊和感情，只是平常不苟言笑。

7. 走路低头型

有的人总喜欢低着头走路，他们的脚步有时很慢，不时还会停下来踢一下石头，或者捡起什么东西来看一下，然后又丢下。这样的人往往是碰上了难以解决的问题，或者是心事重重，到了进退维谷的境地。

林肯是美国历史上非常著名的总统。人们评价他早期走路的姿势"总是低着头，犹如丧家之犬"，显得非常柔弱。这说明他命运坎坷，且遇到精神上的打击时容易崩溃，易患神经衰弱等精神疾病。事实上，林肯也确实如此：1831 年，林肯做生意失败；1832 年，竞选州议员失败；1833 年，再一次尝试做生意失败；1835 年，妻子去世。这一系列的事情，对他的打击很大，到了 1836 年，林肯便被诊断为神经衰弱。不过，林肯通过自己的不懈努力，最终当选为美国第 16 任总统，也算是老天对他的公平之处。

8. 不断回头型

不管后面是否有人跟踪，是否发生了什么动静，这种人走路时总喜欢频频回头。他们一般很难相信别人，如果他们在经营某项事业，必定独揽大权，不轻言授权。他们疑神疑鬼之心颇重，往往无事生非，本来极单纯的事，也有可能被他们搞得复杂无比。与人相处时，他们欠缺协调意识，因此，常常闹出人事纠纷，影响工作效率。

每个人的走路姿势都不一样，独特的走姿是形象的肢体语言，当我们掌握了走姿这门肢体语言，那么我们就不容易被声音语言的假象所迷惑了。

不同坐姿折射出的不同心理

> 人们的坐姿各具特色,不一而足,每一种坐的方式似乎都是无意的。可是,在日常生活中,要想正确地观察一个人,就要从他这貌似随意中表现出坐的方式、坐的姿态等方面入手,窥探出一个人真实的思想,了解到一个人的心理动向。

坐姿,是身体语言中不可或缺的一部分。它通过有意识或无意识的变化,向外界发送思想、情感信息,从而传达出人的心态、个性以及一些观念。通过坐姿,你可以了解他人,当然他人也同样可以通过你的坐姿了解你。

1. 喜欢端正的坐姿

习惯将两腿和两脚跟紧紧并拢,把手放在膝盖上,保持坐姿端正的人,性格通常同姿势一样,谦逊温顺,为人正派,性格内向。他们很少正面表达自己的感情,就算与喜欢的人相对,也不会说出太甜蜜的言语。他们秉性纯挚,善于为他人着想,所以很有人缘。

2. 喜欢古板的坐姿

入座时,将两腿和两脚跟靠拢在一起,双手交叉放在大腿两侧。双手交叉是相对封闭自己的手势,这类坐姿的人为人刻板,很难接受他人的意见。他们缺乏耐心,容易厌烦,凡事都想做得尽善尽美,但往往没有能力完成。他们爱夸夸其谈,缺少实干的精神。

对于爱情和婚姻,他们的观点都较为传统。在爱情上,他们会根据自己构想的"模型"来选择伴侣,并会在恋爱后很快进入婚姻的殿堂;他们遵循的婚姻理念是中国传统的"早结婚,早生子,早享福"。

3. 习惯于腼腆的坐姿

在坐着的时候,两膝盖并在一起,小腿随着脚跟分开呈"八"字形,两手相对,夹在膝盖中间。这类坐姿的人容易害羞,不擅长社会交际,感情细腻却不善表达。

工作中,他们是作风保守的员工,习惯用旧有的经验办事,没有创新和突破的能力，容易因循守旧；生活中，他们对朋友十分友善，有求必应，感情真诚，每当朋友需要时立刻就会出现。他们对待爱情的态度则较为压抑，常受到传统思想的束缚，被家庭和社会的压力所累。

4. 坚毅型的坐姿

入座时将大腿分开，两脚脚跟并拢，两手习惯于放在肚脐部位。这类坐姿的人有勇气、有魄力、有行动力，一旦想到某件事情就会立即采取行动。这一点在爱情上也同样明显，他们若对异性产生好感，就会积极主动地表明自己的爱慕。不过，由于他们独占欲极强，往往会不自觉地干涉恋人的生活。

这类坐姿的人属于不断追求新生事物、挑战自己的人。他们适合担当领导，具有权威性，并能用自己身上的气势威慑他人。

5. 怡然自得的坐姿

怡然自得的坐姿是指半躺而坐，双手抱于脑后，一副悠闲的样子。这类坐姿的人个性随和，喜欢与他人攀谈，与任何人都能打成一片。同时，他们善于控制自己的情绪，容易获得大家的信赖。他们适应能力强，对生活充满希望，干任何职业都十分投入，且能取得一定的成功。

不过，他们理财观念薄弱，花钱大手大脚，仅以直觉、心情来决定消费。因此，他们时常要承受因处理钱财不当而带来的苦果。

这类坐姿的人的爱情通常比较美满，能找到带给自己快乐的伴侣。他们口才极佳，但并不是在任何场合都会与人争论。是否要说出自己的观点，完全取决于他们当时面对的对象。

6. 无拘无束的坐姿

无拘无束的坐姿是指坐着的时候，两腿分开距离较宽，两手随意放置。这类坐姿的人喜欢追求刺激，喜欢标新立异，因此偶尔会成为引导都市消费潮流的"先驱"。他们喜欢与他人接触，人缘不错，并且从不在意他人对自己的评论，这一点是有些人很难做到的。所以，他们很适合做社会活动家或从事类似的职业。

7. 倒坐椅子的人进攻意味明显

双腿分开倒坐椅子这种坐姿是一种进攻性姿势。采取这种姿势就坐的人，多数生性争强好斗，喜欢控制别人。据 FBI 的研究资料表明，采取这种姿势就坐的人，多数人攻击性和支配性都特别强。当他们对谈话的内容感到厌烦时，或不同意对方的观点时，或对他人看不顺眼时，就会马上攻击他人，或控制他人，甚至包括在场的全体人员。而椅背正好是抵挡他人反攻的盾牌。因此，在交谈或其他场合中，发现有人采取这种腿势就坐时，你就得提防着点。

由于有这一姿势的人进攻意味很明显，很多人会感到明显的胁迫。如何应对倒坐椅子的人呢？你不妨站起来发表自己的见解，俯视这个倒坐在椅子上的人。这种居高临下的俯视动作会产生比倒坐椅子更大的威胁性，能够瓦解对方的锐气。

还有一个简单的办法能够让倒坐椅子的人改变坐姿，那就是站在或者坐在他的身后。倒坐椅子的人潜意识里觉得后背是弱点处，因为他既不能看到发生了什么，也没有遮挡之物，并且出于礼貌，也要求他面对着对方说话，所以他不得不改变坐姿。当一群人聚在一起谈话时，这一招非常奏效，因为倒坐椅子的人没法隐藏自己的后背，这一点强迫他必须采取其他坐姿。

双臂交叉是构筑防卫的屏障

人行事不可以随心所欲,而手臂作为人体的重要部分,也不能随意挥动。通过一个小小的动作,细心人也能从中发现一些信号。例如,平时人们是不会使用双臂交叉这个手势的,但有时因为过分紧张或羞愧,他们会使用双臂交叉这个手势来控制自己的感情,护住自己潜意识中认为最重要的心脏部位。

当一个人紧张或有负面态度时,会下意识地在胸前紧紧交叠双臂,似乎要形成一道屏障,来抵御迎面而来的威胁。

在美国,有关的FBI研究人员曾做过一项很有趣的实验。他们要求一组学生在聆听演讲时,要轻松自然地坐着,不许交叉手或脚,要求另一组学生在听演讲时在胸前紧紧交叉双臂。在演讲结束后随即测验两组学生对演讲内容的理解、记忆程度以及对演讲者的看法。结果显示:交叉双手的那一组学生的理解力和记忆力比不交叉双手的一组低38%,并且对演讲者和演讲内容有诸多挑剔。

这项实验显示,听众交叉双臂或双脚时,不仅对演讲者的态度较为负面,也容易忘记演讲的内容。因而得出结论:任何训练中心都应该采用扶手的椅子,使学员保持不交叉手臂的坐姿。

很多人辩称他们之所以习惯双手交叉,是因为这样比较舒服自在。其实只要态度和姿势一致的话,就会感到舒服。也就是说,假如你有负面、防卫或紧张的态度,交叉双臂自然会令你感到舒服自在。

一位行为学者在一次美国旅行演讲的开场白中,故意毁谤一些听众知之甚详且极为尊敬的人,而被他毁谤的人恰好也参加了这次的研讨会。在他出言不逊后,他立刻要求听众维持此刻的姿势不动,而当他指出约有90%的人正交叉手臂时,听众显得很惊讶,不知道为什么会这样。

原来,大部分人听到不同意的话时,会不自觉地交叉手臂,有许多演说家因为没有注意到这一点,而无法顺利传达他们的信息。有经验的演讲人则会采取某些"打破僵局"的行动,转变听众排斥性的姿势,成为接纳性的姿势,进而改变听众的态度，使双方达成沟通。

在面对面接触中，要是看到双手交叉的姿势，很可能是你说了一些对方不同意的话，对方即使表面同意，但你再说下去可能已不具说服力。肢体语言不会说谎，而口头语言却会说谎。遇到这种情形，你应该努力找出对方交叉双手的原因，并改变对方的姿势为具有接纳性的姿势。切记，只要双手交叉姿势存在，负面态度就存在。态度引起姿势，而姿势则强化态度。

简易可行的对策是给对方一支笔、一本书或其他东西，使他不得不松开手臂来拿。放开手臂使他的姿势和态度变得有弹性。另一个有效的方法是要求对方倾身向前注意一项展示物品，或者倾身向前朝天打开手掌，问对方："我看得出来你有疑问，你想知道什么呢？"或"你认为如何呢？"然后坐回椅背，表示现在轮到另一人说话了。暴露的手掌无声地告诉对方你想要一个开放、坦诚的答复。

不同的情况会影响手臂交叉的姿势，骄傲的人可以不交叉双臂而在第一次见面的人面前展现优越感。例如，在一个商业社交场合中，总经理与一些素未谋面的新进员工见面，在使用主宰型握手打招呼后，总经理保持社交距离站着，双手在背后做出手掌交握的权威姿势，或是一手插在口袋中，他很少会交叉双臂。相反，和总经理握手后，新进员工采取全部或部分双手交叉姿势，因为他们在总经理面前感到有点惶恐。因为恰如其分地做出应有的姿势，他们双方都觉得很自在。

但是如果总经理遇到一位年轻且企图心旺盛的经理人，而这位年轻经理也是位优越型的人，甚至认为自己和总经理一样重要，这时会发生什么样的景象呢？可能的结局是，二人都使用支配型握手后，年轻经理会双臂交叉，而拇指笔直朝上。这个姿势令他看起来很"酷"，很冷静自持。拇指朝天显示自信的态度，而交叉的手臂则有自我防卫的保护作用。

有时候手臂交叉胸前显得很刺眼，因为这样一来，等于告诉别人我们在害怕。因此，有的人就采用部分手臂交叉——一只手臂横过胸前去抓或触摸另一只手臂，同样形成护栏。这是个非常世故的姿势，是焦点人物所乐于运用的动作，包括政治家、推销员、电视主持人和其他不愿群众觉察到自己不安或紧张的人。和所有手臂交叉姿势一样，一只手臂横过胸前，抓住另一只手臂，但是手臂并不交叉，而是去摸手提包、手镯、手表、衬衫袖口和其他手上或靠近手部的物品。一旦护栏形成，安全感就油然而生了。袖口流行链扣的时代，男士在穿越房间或舞池时，全身都暴露在外，常会调整链扣。链扣不流行后，就改成调整表带、抓住或摩擦双手、玩弄袖口扣子，或其他可以把手放在胸前的姿势。然而对训练有素的观察者而言，这些小动作只是欲盖弥彰而已。

当女人不安时，她们会抓住手提袋或小皮包，作为美化的护栏，因此看来不像男人那么明显。最常见的情况是：双手端一杯啤酒或葡萄酒。你曾只用单手握住酒杯吗？双手扶杯使紧张的人形成一道难以察觉的手臂护栏。我们发现几乎每个人都会使用手臂护栏姿势。很多社交人士在紧张时也使用，完全不知道自己已泄露了心事。

另外，还有一种紧抓上臂的姿势。这个姿势的特征是双手手掌紧抓上臂避免松开手臂、露出身体，手臂通常抓得很紧，以至于手指和指关节因为血液循环受阻而发白。坐在医生或牙医候诊室的病人，或第一次搭飞机等着起飞的人常用这个姿势，表现出消极、紧张的态度。在律师办公室中，原告可能使用握紧拳头的双臂交叉姿势，而被告则可能使用紧抓双臂的姿势。

叠腿的姿势显示了防卫的态度

像手臂一样，交叉的双腿也显示了负面或防卫的态度。起初，双臂交叉在胸前是为了保护心脏及上半身，而交叉双腿则是为了保护下身。双臂交叉比双腿交叉表露更强烈的负面态度，而且也比较明显。

第二次世界大战期间，德国的谍报人员活跃在美国本土，窃取了大量的绝密情报，让美国高层倍感头疼。一次美国方面获得一重要情报，称一批德国谍报人员潜入某城，正在实施一次大规模的侦探计划，其人数之多，让美国方面震惊。

如果坐等这批德国谍报人员行动起来，露了马脚再采取行动，为时已晚。于是，美国情报部请求各路专家探讨破敌之策，其中 FBI 的一位行为心理学家提供了一份识别真假德国谍报人员方案。该方案其中之一，就是观察体态，寻找突破。

一天，美国方面了解到，德国谍报人员进入了某个重要鸡尾酒会的现场，于是派出 FBI 特工人员进行清理。按照 FBI 行为心理学家的建议，FBI 特工人员只要看到鸡尾酒会的现场人员中，有人坐在椅子上两腿交叉成"4"字，就礼貌地向前主动与其闲聊。如果他们稍有回避或回应欠自然，马上就可以判定他们是德国的谍报人员，随后委婉地约请他们到"幽静"的地方继续"聊聊"。

美国方面就是以观察两腿交叉成"4"字这一体态为突破口，仅一晚上就准确无误地抓获了 24 名德国谍报人员，让德国情报部门大跌眼镜。

为什么两腿交叉成"4"字，就可以初步断定他是德国人呢？

其一，两腿交叉成"4"字是典型的德国人叠腿姿势。在当时的具体场合中，一看使用这种姿势的人，马上可以断定他是德国人便八九不离十。

其二，两腿交叉的体态，本身包含了两种矛盾的心态：一种是紧张、恐惧；另一种是想凭借其放松、舒服。在这种场合，有一定心理负担的人才会不自觉地流露出这种特定的体态。

其三，如果两腿交叉成"4"字，是自己一种长期养成的体态习惯，内心不存任何目的。当有人问到某人是哪国人时，是德国人会很自然地说出，不是德国人也会很爽快地说出。试想，一个人体态上流露出的是典型德国人的"4"字叠腿姿势，嘴上又不承认自己是德国人，称自己是某一国人时又吞吞吐吐，他是不是德国谍报人员便可想而知。

以上这个例子，恰巧说明腿部的姿势包含着一定的语言信息。如果说把双臂交叉胸前是为了保护心脏、乳房等上身较敏感的部位，那么交叠双腿则是为了保护下身的敏感部位。这上下两种防卫姿势，本身透出的就是负面的防卫态度，即紧张、不安全感。

FBI为了验证人们的心态与体态的关系，曾多次深入基层取证。一次在一家公司的高层管理会上，有5位营销人员列席参加，讨论的主题是公司给营销人员的待遇。

参会的5位营销人员中，其中一位是高层领导们都熟知的营销员，这人以善于"挑刺儿"出名，这次他被推选为代表发言。他一上台开口讲话，几乎所有在场的高层领导都交叠起两腿，并伴随着上臂交叉胸前，表情严肃地看着他。虽然高层领导没说一句话，却有严阵以待的气氛，人们都是从领导层的防御性姿势中感觉到的。

正像在场高层领导预料的那样，这位营销员大肆攻击许多职能部门经理的恶劣管理，同时指出这是本公司官僚问题形成的主要因素等等。在他讲话的过程中，FBI发现，听众里的营销员代表都双腿平放地面，手臂自然摆放，并且伴随着身体前倾，头部稍稍倾斜，他们的整个体态流露的是兴趣、评估的神态，这与高层领导们防御、对立的姿势形成了鲜明对照。

但FBI也注意到有几位高层领导没交叠双腿，会后，FBI对其进行了采访，问他们是不是对那位营销人员的发言持赞同态度。他们表示不同意那位营销员的说法，他们之所以没叠腿，有的说太肥胖，叠不起来；有的说，有膝关节炎的毛病。

通过FBI的验证，足以说明交叠的双腿传递的是负面的信息语言。

有人说，他们采取交叉双腿的姿势，是因为天气冷，这是一种防寒的动作而不是交往中的防御性姿势。怎样判断是防寒还是防御呢？其实也很容易区别,感觉冷的人交叉的双腿是挺直而用力地相互夹着,看上去比防御性的站姿要用力得多。

也有很多人说,坐着时扣着足踝或交叠起双腿是一种感觉舒服的习惯,并不代表有负面的态度。这种说法也有一定的道理,譬如,女士夏天穿迷你裙,坐着时交叠双腿当然是有明显理由的,久而久之,形成习惯。因此,考虑到流行服饰带给人们的习惯动作是很有必要的,尤其是影响女性腿部姿势的服饰。不过,有一点要说明,虽然你交叠双腿或紧扣足踝是种习惯性的动作,感觉舒服,但在社交场合或职场中,请记住这种体态毕竟有防御性的负面态度,在你感到舒服的同时,自觉或不自觉地会影响到你的态度,而且也在给别人传递着你防御或负面的态度。

在与女性交往中,当你看到她一只脚尖钩在另一只腿上时,这种钩着脚的姿势,既是一种防御性姿势,表明她此时此刻心境漠然,且有退却的心理,这种姿势常出现在害羞胆怯的女性身上。这时,你应采取低姿态,以温柔友善的方式来消除她的防御心理。

就像其他的体态语言一样,对叠腿姿势的判断也必须放在某一特定的场合、氛围里解释,有时还要借用前后的整体动作来辅助判断。因此,不能一看到有人使用双腿交叠的姿势就马上断定他紧张或有负面防御心态等。譬如,人们在听报告、上课时,或较长时间坐在椅子、沙发上,常会使用这种姿势,在冷天里更是常见,这是凭借其获得放松和舒服感或取暖。

脚部动作是最诚实的身体语言

> 与其他的肢体语言一样,脚的动作有特殊意义。汉语中很多词语都是用来描述脚的动作的,例如轻、重、缓、急、稳、沉、乱等。这些形容词与其说是描写脚步,不如说是在描述人的心态:稳定或失衡,恬静或急躁,安详或失措等。因此,人们往往能够通过"脚语"来判断一个人的性格或心情。

你知道人体的哪个部位最诚实吗?这个部位能揭示一个人内心的真实想法,是我们在寻找一个人所思所想的非语言信号时的首选部位。答案也许会让你大吃一惊,那就是——我们的脚。

FBI经过一系列研究,发现了一个十分有趣的现象:"人体中越是远离大脑的部位,其可信度越高。"脸离大脑中枢最近,因而并不太可靠。腿和脚远离大脑,绝大多数人都顾不上这个部位,可是,它却比脸、手诚实得多。为什么腿和脚能够如此精确地反映我们的所思所想呢?

我们在与他人相处时,总是最先注意他们的脸;而且我们知道,别人也这样注意我们。所以,为了掩饰自己的真实想法,我们常常借一颦一笑来撒谎。并且,在人成长的过程中,我们的长辈会告诫我们,不要什么事都挂在脸上,要有些城府,于是我们学会了强颜欢笑,学会了故作镇定。作为一种社交需要,这当然无可指责。如此一来,我们用脸掩饰自己的能力也变得越来越强。

如此看来,"察言观色"就不是一件容易的事情了。所以,我们需要将更多的目光放在人身体最诚实的部位——脚。

1. 注意脚尖朝向

几个人一起结伴到餐馆吃饭,他们围坐在一张桌子旁边。从桌子上方看,他们互相之间都有着融洽和谐的关系。而从桌子下方看,则有了不同的场景。另外几个人的脚尖都朝向了其中的一个人,由此也可以看出,这个人才是这群人中间的主角。

我们在阅读身体语言时,很容易忽略脚尖的指向。似乎脚在地上的摆放位置只是一种天然的习惯,没有太多的深意,所以脚尖朝向也就不值得探讨。实际上，当我们的上身在自身潜意识的作用下发生偏移的时候，我们的下肢也会跟随着移动，而脚尖也就朝向了我们最感兴趣的人和事物。

假设在某一场合中，你看到两名男士与一名女士在一起谈话，看起来似乎都是男士们在说话，而那名女士只是在听着。如果你再观察谈话者们脚的指向，便会发现有趣的现象。有的男士朝着在场的人侃侃而谈的同时，他的一只脚的脚尖会指向那位女士，这种非语言信息，传递的是他对她感兴趣。

开始时，这位女士的双脚也许是一种中立的位置。如果这位女士懂得这种无声语言所传递的信息，意识到并也注意到了在一起的那位男士的脚尖指向，若没有其他方面的因素掺杂其间，她也对那位男子感兴趣的话，最后她的脚尖也会不自觉地指向那位男子。

在你知道了脚的指向所暗示的非语言信息后，当你面对某人，很想跟他说几句话时，如果看到他一方面在跟你聊，脚尖却不朝着你，而是指向某出口，可以判定这人还有其他事，心已不在你这里，明智的话，趁早把他放走。

2. 伸长脚是向对方示好

伸长的脚是脚尖朝向的强化延伸动作，脚尖只是微微表露了心意，而伸长的脚则是向对方明确地示好。

当我们与对方谈话时，无论是对谈话内容还是交谈对象，只要他们感兴趣，我们就会把脚伸向对方，缩短和交谈对象之间的距离。反之，如果他们兴味索然，我们就会缩回自己的脚，尽量拉远与交谈对象的距离。如果我们是坐着谈话，这样的行为就更加明显。如果我们不想谈话，也懒得附和对方的意见，就会把脚收回，甚至交扣着脚踝放到椅子下面，呈现出一副封闭姿势。

3. 抖动的双脚泄露的秘密

在脚的动作中，以抖动行为最能表现本人的心理状态了。为什么要抖脚呢？FBI认为，抖动双脚是一种防止血液循环停滞的行为，在心理学上也有类似的意义。这一点可以从某些事情进展不顺利而心里着急时就会抖动双脚的情形得到证实。通过对身体和心理关系的分析研究，FBI得知，对身体的一部分给予小小的刺激，就会透过中枢神经传达到脑部而解除精神上的紧张。所以，精神十分紧张的人，往往是不得已借抖动的双脚来缓解紧张情绪。一般对于讲究完美的人来说，现实的一切永远无法满足他内心的期望，因此就不断地感到不满,不断地用抖脚来发泄心中的郁闷。

和某人约会的时候,你迟到了一会儿,远远看着他斜依着梧桐树,右脚轻轻地抖动或轻轻地敲打着地面,并不时地四处张望。你走过去。歉意地说:"误了一班地铁,等急了吧。"他淡淡地笑了,"一点关系也没有。"如果此时你以为你的迟到真的一点关系也没有,那可就大大的错了。从他张望的眼、抖动的脚便可以看出他已经非常不耐烦了。爱抖脚的人一般崇尚完美,奉劝你还是小心为妙,尽量遵守时间,准时到达。

有些人开会也好,与人交谈也好,或者独自坐在那儿工作、看电影,都喜欢用腿或者脚尖使整个腿部颤动,有时候还用脚尖磕打脚尖,或者以脚掌拍打地面。这种行为当然不能登大雅之堂,但习惯者总是习以为常。

其实,这样的人大多很懂得自我欣赏,有些自恋情结。但他们比较封闭和保守,在与人交往中会有所保留,并且不太容易与他人建立良好的关系。这一类人最明显的表现是自私,他很少考虑别人,凡事从利自己主义出发,尤其对妻子(丈夫)的占有欲望特别强,经常会无缘无故地制造一些"醋海风波",在这个问题上说他们有"神经质"一点儿也不过分。他们对别人很吝啬,对自己却很知足,据说"守财奴"葛朗台就有这个"良好"的习惯。

有些时候,当人们心情很不平静时也常常会不由自主地抖脚,这时他们可能是在思考什么方法和策略。这种动作一般出现在有问题发生时,是下意识的动作,一般人都有可能出现这样的情形。

第七章

FBI 破解口头语言
——什么样的人说什么样的话

世界上没有完全相同的两片树叶,更没有完全相同的两种声音,但"心由口出",每个人的语言方式、说话的内容都体现了其与众不同的个性,正所谓什么样的人说什么样的话,FBI 在这方面也深得其法。

选择什么样的话题反映什么样的心理

一个人喜欢用什么样的话题来切入谈话，绝对是与他的个人修养和个性特征相联系的。在谈话中，人总是会在不知不觉中透露出自己，只要你细心一点，一定会获得一些有助于你了解对方性格的信息。

谈话——在我们的生活中是一项不可缺少的重要内容，任何一件事物都可以成为我们谈论的话题。FBI的心理学家指出，在谈话中，虽然谈话者不是非常直观地说出自己、透露出自己，但随着谈话的进行，谈话者会在不知不觉、有意无意当中暴露出内心的秘密。在这个过程中，注意谈论内容是什么，谈论者的神态和动作怎样，细心一点，一定会获得一些有益的东西。

如果一个人不经常谈论自己，包括曾有的经历，自我的性格，对外界一些事物的看法、态度和意见等等，则表明这个人的性格比较内向，感情色彩不鲜明也不强烈，主观意识比较淡薄，不太爱表现和公开自己，比较保守，多少存在自卑心理。

另外，这种人可能有很深的城府。例如，对方将第三者作为和你交谈的话题，对第三者的各个方面都滔滔不绝地加以评论（当然，这个第三者必然是你和对方都很熟悉的人），那么，对方多半是有某种企图。此时你应该好好地想一想："他不停地说起第三者的意图是什么？"并且最好把话题岔开，千万不要随意附和他或者加以评论。一旦你这样做了，就等于走入了对方的圈套之中。当然，不排除有的人是天生的长舌，即使这样，把话题岔开仍然是你最好的选择，否则很有可能为自己带来人际方面的纠纷。

与此相反，有的人在与他人交谈的过程中，喜欢谈论与自己有关的事情，比如自己的个性、爱好、对人对物的看法等。这样的人主观自我意识很强，多少有点儿虚荣心和表现欲，渴望自己能够成为他人关注的焦点。

在这方面，最有趣的莫过于近年来在电视上常有商讨自己苦恼问题的节目，即用毛玻璃挡住当事人的上半身，且镜头从后面拍摄，以提高观众的兴趣。同时，对有关"性"的问题的谈话也较多，令人觉得这只不过是刺激观众的好奇心而已，失去了商讨事情的真正意义。但这个节目的制作人表示，参加商讨的人不但不在意，反而自动说出自己性方面的问题。有一制作人感慨地说："想参加的人，大都为中年妇女，在事先预演的时候，话都说得很露骨，不单是性生活，几乎从幼年到目前所遭遇的问题都详详细细地说了好几个钟头。决定了参加者的名额以后，就用电话通知那些未被选上的人，她们的态度都很风趣，认为自己的谈话，都有受人聆听的价值。"

从这些喜欢谈及自己身世的中年妇女代表来看，皆认为自己就是大家关心的对象，并且相信自己的问题才是最重要，这是一种自我陶醉，也可说是以自我为中心的任性性格。一般而言，这种自我陶醉性格的女人比男人强，因此，在这商讨身世的参加者中，以女性为主也是理所当然的。

如果一个人不论谈论什么话题，都会不自觉地将金钱扯入话题中。如"这套房子真豪华啊！""是吗？那你想它大概值多少钱？""今天的结婚典礼，你觉得如何？""以这种菜色来说，一桌一万元似乎太贵了一点吧！"

这种类型的人，往往缺乏梦想，而这个缺乏梦想的缺点很有可能成为其人格上的致命伤。因为太过于倾向现实主义，只知道赚大钱是自己人生唯一的梦想，因此，对于别人会有何种梦想，根本漠不关心。

令人感到意外的是，这种超级现实主义的人其内心也隐隐潜伏着不安全感。在他们的观念中，"金钱便是全世界"，反过来说，"若没有金钱，便无法生存下去"，"没有钱的人，也就失去了生存的价值"。因此，只要他们身边一没有钱，他们就会感到十分惶恐与不安，而且自己会有一种被抛弃的感觉。他们更不敢去想象，当自己身无分文、一文不名时，还有什么东西会留在自己的身边。由此可知，眼中只看得到金钱的人，内心其实是十分缺乏安全感的。受到不安全感的驱策，即使累积再多的财富，他还是不能满足，所以这种人同时也是快乐不起来的人。

另外，现在很多青年人都关心汽车，他们的话题，一直在行程距离、速度、马力等等汽车的性能上打转。年轻的男孩女孩聚在一起聊天是屡见不鲜的，但是女孩们不满足于男孩们只以汽车为话题的谈话，而忽视了她们的存在。FBI 的心理学家对这种问题的答复如下：

"也许你们不信，他们是借着车子为话题，想谈性器的大小及力量的问题,只是在女孩面前不好意思直接说出来,而故意热衷于车子问题。因此你们不要做出讨厌的表情,而应装出热心听讲的态度,这样的话,男孩的自尊心才会得到满足。"

这种把汽车和性联想在一起的说法并非荒诞无稽,依据潜意识心理学,汽车就是男性的象征,车内空间即表示女性。在年轻人中,为了避免公开谈到有关性的话题,无意识中就表现出热衷于汽车的话题,因此,这种人对性的关心也很高。

至于女孩大谈"爱情"或"恋爱"的情形也一样,因为不好意思公开谈性的问题,所以用"爱情"、"恋爱"这种罗曼蒂克的话题来包含那些意思。尤其是把恋爱理想化、过了少女时期的中年妇女,当她们兴奋地谈着"爱情"、"恋爱"时,也许她本身并未发觉,在她的心里存在着不满足的性欲。

听声音可以辨别出一个人的个性

人之声音,各有不同。要想全面系统、深入细致地观察一个人,就不能仅仅满足在第一印象的基础上,更要通过日常相处来体察他的声音下隐藏的真性情。

人的声音,就像一个人的心性气质一样,各不相同。往往从脸部表情、动作、言辞等方面都无法掌握某个人的心态时,可以从声调去揣摩其喜怒哀乐的情绪变化。因此,在一些诱拐、绑架等犯罪事件中,FBI可借助歹徒讲电话时的声音来预测歹徒的年龄、性别、职业等等。而在日常生活中,借助倾听对方说话的声音也可以大致判断出对方的年龄是多少。因此,声音也是一种可以阅读对方的重要媒介之一。

1. 声音尖锐的人

声音的高低与人心理的紧张度有很大的关系。声音尖锐,一般情况下是感情无法抑制的表现,表明说话人差不多要达到愤怒的地步了。所以当你听到对手发出这种声音的时候,应该走为上,千万不要去碰这样的钉子。事实证明,与这种状态的人发生争论是没有任何好处的。俗话说,"天子尚避醉汉",这种人就是醉汉,何必自寻烦恼!

如果一个人经常发出这样的声音,说明这个人的情绪很不稳定,这种人往往喜怒形于色,对人的好恶表现得很明显,常常会因为一点小小的事情勃然大怒,甚至痛哭流涕。但是这种人对于自己认定了的事情却非常执著,往往会一往无前,不达目的不会罢休。

2. 声音沙哑的人

说话的时候声音具有沙哑特征的人,会凭借自己的力量去发展自己的势力,在一个单位和部门起到带头作用。因为这种人不怕失败,失败往往会更加激发他们的斗志,不达目的绝不罢休。这种男人的不足之处是往往自以为是,对有些他们认为不重要的事情常常掉以轻心。与这种人交往,注意不要勉强他们接受自己的观点。

如果女性具有这种声音特征，那么她们往往比较有个性，表面上显得比较温柔，而实际上个性比较刚烈。表面上，她们对任何人都显得彬彬有礼，然而她们难以表现出自己的真心，给人一种难以捉摸的印象。她们与同性间意见往往不一致，甚至有时会受到对方的排挤，但是很容易获得男性的欢迎。这种人对服饰的感觉极好，在音乐、绘画等艺术方面往往有比较高的天赋。

3. 声音缓慢的人

讲话比较沉稳缓慢的人，他们的声音一般温和而沉稳，这样的人往往有一种长者的风度，说话时会把声音的频率放得比较低，给人一种正在对人谆谆教诲的感觉。如果对方充分地理解了他们说话的意图，他们说话的语调也会变得更加舒缓而低沉。这种人的品性大都很踏实，与这样的人相处，开始的时候可能比较难一些，但是到了后来，他们却是最忠实和可靠的。这种人虽然不喜欢讲话，但是讲起话来会给人一种诚实的感觉，可能正是因为木讷，反而具有很强的说服力。这种人做事总是按部就班，目标一旦确定，就会朝着自己的目标不断地去努力。

如果女性具有柔和的音质和舒缓的语调，那么她们的个性往往比较内向。这种女性为了照顾左右周围的情况往往会控制自己的情绪。一旦有了机会，她们会尽量表达自己的意见，充分地抒发自己的情感。她们具有比较强的同情心，对受困的人总会伸出援助的双手。

4. 声音娇嫩的人

说话声音娇嫩的人，心气往往比较浮躁，而且在讲话的时候娇声娇气的人可能具有双重人格。这种人常常女性居多。她们这样做往往是为了期待更多的关怀和爱护，不过有时会因企图博取更多人的喜欢反而招人讨厌。如果是单亲家庭的孩子，则表明内心期待年长者温柔的对待。

具有这种声音特征的男性多半是独生子，他们是小皇帝，在百般的呵护之下长大，所以变得娇声娇气。这类男性独处的时候会感到非常寂寞，遇到需要自己作判断的事情时常常会不知所措。面对自己喜欢的女性，他们往往会变得非常含蓄，从来不会首先发动攻势，因此常常坐失良机。与女性单独交谈时，他们也显得十分紧张，常常是手脚无措。

5. 声若洪钟的人

喜欢用大嗓门讲话的人，个性一般都比较外向，他们的目的似乎是为了对方听清楚自己的话，所以他们说起话来声调明快自然，很快就会与人搞好关系。这种人的重要特征是重视人际关系，善于与人交往。当他们的想法被他人接受，双方达到情投意合的时候，这种人的声音会越来越洪亮，在声调中间充满着无限的自信。那些下结论很快的人，往往就是这些外向型的人。在通常情况下，他们会支配他人，甚至强迫他人接受他的意见。由于这种人敢于直抒己见，能够把自己的意见直接地表达出来，所以这种人是很正直的。不过这种人有一个不足之处就是有时候会强人所难。

6. 声音浑厚的人

无论男性还是女性，具有这种深厚的发音特征的人，一般都具有乐善好施的品性和领导的才能。具有这种声音特征的男性往往前程很好，可能成为政治家或实业家。这种人富有正义感，具有领导才能，他们交际比较广泛，能与各种各样的人来往，有很多朋友。这种人喜欢四处活动，不愿老老实实地守在家里。可能正是因为这个原因，他们往往是事业上的成功者。不过因为这种人的感情通常比较脆弱，常常会因为一时争吵或一时的举动而后悔不已。

具有这种声音特征的女性，与女性相处得比较好，有很好的人缘，容易获得大家的信任，有什么事情，大家都喜欢跟她谈论。这种人是比较好相处的。不过她们比较心软，往往花钱买一些高价的商品，推销员遇到这种人是不会轻易放过的。

语言风格中暗藏着一个人的心境

每个人都会在某一时刻把内心的秘密透露给别人，而这个时刻就是他开口说话的时刻。在绝大多数情况下，我们个人内心深处的情感，对外界一些事物的看法、意见及认识，都是通过说话的方式传达出去的。所以，留意别人说话的方式，就是了解一个人内心世界的开始。

很多时候，我们都习惯依靠敏感的直觉办事，这种方法看上去简单容易，却难免因此而受人蒙蔽。只有真正懂得推理和判断才是读人过程中所要追求的顶级技艺。而语言最能透露一个人的品格、地位、品质及其内心情绪。其中语言风格中暗藏着许多信息，用心倾听分辨会捕捉到许多真实的信息，对我们了解一个人大有帮助。

1. 讲话啰嗦的人胆小

有的人讲起话来不得要领，或者前言不搭后语，或者偏离主题。这种人在生活中经常为琐事斤斤计较，吹毛求疵。他们对长辈不满，对上司不满，对爱人不满，对孩子不满……在他们的心目中，所有的人都有毛病。

其实，在这种人的内心深处，特别需要别人对他们的权威或地位予以承认和尊重，但是却没有自信心，因此常常掩饰自己的真实想法。这样的人往往胆子比较小，或者是既不能接受别人的意见，但又不愿反驳别人的意见，所以含糊其辞，不把自己的意见明确表达出来。

虽然如此，这种人也是能够友好相处的。与这样的人交往，应该主动找出他们不愿表明态度的原因所在，对症下药，妥善地把问题解决好。这就需要我们主动对他们表示出友好的态度，这样就可以获得他们的信任。其实他们之所以表达不清，往往是因为有难言之隐。

2. 自言自语的人怯弱

人们自己跟自己对话，自己跟自己"交流思想感情"的情况是比较常见的。只是对于一般人来说，这种对话是以静思默想的形式出现的，很少有人将这些默想的内容大声说出来，除非在例外的情况，例如醉酒的时候。但是在酒醒之后，人们也常常会为自己的"酒后吐真言"后悔不已。

我们发现，这种情况在孩子的身上表现得很突出。FBI的资料表明，胆怯的成人也经常会不由自主地自言自语。这种人的顾虑通常很多，怕上司、怕同事，怕这件事情没做好，怕那件事情做不了。他们常常自责，因此常常自言自语。有时这种人自言自语也是因为某些欲望难以满足，但是他们天性胆怯，有话不敢明说，所以只好一个人自言自语了。

怯弱的人如果在单位中受了上司或同事的气，或者受到批评，或者遭到斥责，他们在上司和同事的面前又不敢公开起来反抗，只好忍气吞声。但是他们的不满情绪久久难以平静，所以只好用自言自语的方式来加以发泄，通过自言自语来赚取一些廉价的安慰。

有些人为了登台讲话而加紧练习，因此也会自言自语。学生在实习前的准备阶段，这样的情况往往是难以避免的，其原因也是对自己缺乏应有的自信。

人们出现自言自语的原因是各种各样的，但是其根本原因还是对自己缺乏应有的自信。

3. 强词夺理的人自私

在现实生活中，我们经常会碰到这样一类人：别人说东，他偏说西；别人说西，他就要说东，反正与别人说的不一样。这种人喜欢强词夺理，即使他明知道自己错了，也从来不会承认错误，而是执意重复自己的观点，并为此找来各种各样的借口。和别人辩论时，他们总是要取得最后胜利才会善罢甘休。

这种人的个性多半都比较自私。他们觉得真理常常掌握在少数人手里，而他们自己就是这样的少数人。他们始终认为自己的观点和做法都是正确的，只是别人的水平太低，无法理解而已。因此，要使自己的观点得到认同，不反对别人是不可能的。这种人经常会遇到这种情况：即使自己的立场和观点别人难以理解和接受，也要尽力辩驳。这种个性阴沉的人的另一个缺点是常常以偏概全，喜欢抓住别人的缺点进行攻击。这种人言辞常常都比较尖锐，反应很快，一旦抓住对方的弱点，就会马上开始反击，不会给对方留下回旋的余地。

与这种人谈话的时候最好不要发表肯定性的意见，否则会遭到他们的强烈反驳。即使是正确无误的说法，他们也不会表示赞同，因为他们认为只有自己说的才有道理。因此，与喜欢强词夺理的人讲理往往是行不通的，与这种人说话只有巧妙地跟他们周旋。与这样的人相处，最好的方法是含含糊糊地跟他们保持一致，然后把话题岔开。

4. 快言快语的人善于迎合

有的人说话语速比较快，就像连珠炮似的。FBI 的研究表明，语速快的人不仅思维敏捷，而且个性一般都比较外向。

外向型的人言语流畅，声音抑扬顿挫，富有变化，并且能说会道。这种人只要一想到一个新的问题，就会很快说出来，有时还会把自己的身体靠近对方，兴高采烈地说出来，不管对方是不是感兴趣。有时，他们会突然打断对方的话，说得眉飞色舞，很想一下子把自己的主张强加给别人。虽然这样，这种人的言语表达依然是那样的周到而清晰，让听的人能很好地理解他的意思。即使面对初次见面的人，他们也会面带微笑，说话甜蜜蜜的，让人感到一种亲切的印象。这种人具有外交家的风度。

这种人很善于迎合对方。当对方表达自己想法的时候，他们会不断地表示肯定，不仅嘴巴里面不断地发出"是是"的声音，而且还会不断地点头称是。有时他们还会闪动着眼睛，涌出满脸的微笑。

人们通常认为，心直口快的人往往比较轻率，做事欠考虑。其实这是一种大大的误解，他们很会"看菜吃饭"。与他们说话，他们会主动调整自己的话题和说话的方式。由于他们具有这种随机应变的能力，所以与他们交流不会使人感到扫兴。因此可以说，心直口快的人很会处理人际关系，最适合于搞公关。

语速和语调中暗藏的心理玄机

> 语速快慢和声调高低是每个人长期以来形成的语言特色，也是每个人独有的性格特征，它是客观固有并且会长期存在的。当然，这种固定的说话方式有时也会突然有所改变，而这种改变则能准确地显示出说话者当时的心理状态和心理诉求。

大部分人都有这种经验，在电话里和人谈话时，彼此看不见对方，但从他说话的语调高低、语速快慢等，也能够了解到对方是刚刚起床，意识尚未清醒；或是刚刚沐浴完毕，正舒畅地休息；或是埋头在做某事等等。

"人有两种表情，一种是出现在脸上的表情，另一种是说话方法上的表情。"这是一位FBI探员所说的话，可以说是非常得当的一句话。实际上，通过对方说话速度、声音高低的变化等，就可以很清楚地了解其心理状态。因为我们在潜意识中用这些特征来传递言外之意，而在听话时只要注意就能把这些言外之意也听出来。当然，在言谈里也含有和心中意思完全相反的可能性，但只要我们注意听，也不难由言谈中了解其真正的意图。

首先，说话的特征之一，是有速度。速度快的人能言善辩，较为灵巧；速度慢的人则会被认为是较笨拙的。但由于人确有善言与不善言的分别，而这些都是天生的。读心术的重点就在于：当一个人表现出与平常相异的言谈方式时，如何透视他的心理？例如平常能言善辩的人，突然说话缓慢；或是通常说话不流利的人，突然能言善辩……此时必有需要格外注重的问题存在。

如果一个平常心直口快、伶牙俐齿的人，在某一时间或者面对某一个人时，突然变得反应迟钝，说话吞吞吐吐、结结巴巴。在这种情况下，通常说明这个人因为自己做错了事而感到心虚，从而导致发言时底气不足，或者是对一些事情有所隐瞒。产生这种情况的原因主要有两个：其一，说谎者可能事先未准备好"台词"，因而可能会在临场时产生犹豫或错误。其二，即使说谎者已经把"台词"准备得很充分，也可能会由于担心露馅而临时怯场，忘了所编的"台词"；或者由于突发性的意外事件的干扰而产生了情绪波动和思维混乱，一时忘了前后"台词"间的联系。如果既准备不充分，又加上怯场，就更容易频繁停顿或犯下错误了。而由于听到自己不断出错，说谎者就会更加紧张，生怕别人会揭穿他，这样就会进一步造成不断的停顿和不断的错误了。

当然，这种情况也可能发生在恋爱中的男女身上。平常口若悬河、幽默风趣的男子和牙尖嘴利、热情爽朗的女子，他们一旦面对自己心仪的对象，就可能突然变得不知所措、害羞起来，一时之间不知道该说些什么，于是语速就由平时的又快又急变成了含含糊糊、断断续续。这无疑是一种"我喜欢他（她）"的心理信号。

还有一种可能，平常语速过快或语速中等的人突然放慢了语速，他一般是在强调某种观点或某件事，这样做是为了引起听者的注意。

与上面的假设相反，如果一个平时说话慢条斯理、不疾不徐的人，语速突然加快，而且音量也明显提高，说明他可能是遭遇了无端的猜疑或诽谤。这些让他情绪激动，为了维护自己的利益或尊严，他不由自主地提高了音量和说话速度。相反，在受到别人指责时，如果他的反应是无言以对，那么这种指责就很有可能是真的。

一个人的语速比平时快，也多出现在说谎的时候。虽然，说谎的人通常会表现得心虚，使语速减慢变得支支吾吾，但是如果谎言事先已经捏造好，说谎者的语速就会明显比平常快，因为他急于把整套谎言尽快说完，同时不愿意自己的谎言被打断或者被拆穿。

曾经有一位 FBI 说："当男人有了外遇，回家之后，通常对妻子说的话又快又多。"因为，通常人内心深处有了担心、不安或恐惧等情结时，说话的速度就会加快，不但说出比实际需要更多的话，而且用非常快的速度来说，以使藏在自己内心的不安和恐惧得以宣泄。由于他们没有多余的心情来冷静地回顾自己，所以尽说一些内容空洞的话来掩饰，因此，感觉灵敏的人，马上就能识破他们心理上的弱点。

说话的另一特征是声音的抑扬顿挫。从前面外遇的例子来说，当外遇被妻子发觉，男人在解释时，大约声音都会提高。FBI 认为，当反对对方的意见时，人们认为最妥当的方法就是提高音调说话。确实如此，彼此处在激动的状态之中，人总想提高音调说话来压倒对方，而且音量也加大，争论也就更激烈了。

高音调的声音是人在幼儿时期的特征，可以看成是"任性"的一种表现。长大之后，音调就会变低，因为人的精神发展成熟，便具备了控制"任性"的能力。但大人的音调突然提高时，就是此人的潜意识作用退回到幼儿时期的状态，失去控制"任性"的理性。通常在这种时候，他是无法接受别人劝告的。

曾经有过一次许多女性出席的座谈会，有一个人发表了一些批评女性的言论，马上激起她们高声嘶喊的反驳，使得座谈会霎时间充满了火药味，失去了平心静气讨论的温和气氛，以致会议无法进行下去。所以，高音调的声音可以说是精神不成熟的一种表现。

在说话的特征里，除了声音的抑扬之外，说话本身的音律也很重要。充满自信的人，说话时有着决断性的音律，而没有自信以及女性化性格的人，说话语调常是迟缓无力的。还有喜欢说"不可以告诉别人……"然后马上压低音量的人，是在悄悄地说别人的谣言与缺点，但在他内心里，却期望此话传扬出去。

通过礼貌语的使用推断他的心理

人际交往中,最容易显露个人性格特征的语言就是礼貌用语。礼貌语的存在,是人际交往的需要,不会讲恭敬话的人通常被认为是不讲礼貌的人。适度的礼貌是维持良好人际关系的方法之一。但是,礼貌语要运用恰当,如果过分牵强而显得不自然,就有失真诚。所以,要想了解一个人心里的想法,我们可以从他的礼貌语中仔细分析。

礼貌是一个人待人接物应有的态度,礼貌用语如果运用得恰到好处,就能获得别人的尊重,拉近彼此的距离。但是,生活当中也有些非常有礼貌的人让我们对他们亲近不起来。因为过分的礼貌和客气有时候是为了保持一定的心理距离,甚至是一种拒绝的信号。

大多数有推销经验的人往往有过这样的经历,你的客户当中有一种人不像大部分客户那样直接摆出一种排斥拒绝的方式。他们对你非常客气,非常和善地听你所说的话,与你交谈时也表现得十分礼貌。这种情况下,如果你以为这笔订单已经十拿九稳,那你就大错特错了。这种人往往最后不会给你肯定的答复,他们会礼貌地对你说:"让我考虑一下好吗?过两天给你答复。"这时,大部分情况下你会基于他之前的礼貌态度而不会再采取更主动猛烈的销售攻势,而是答应他的要求。可是到最后,这种客户一般都会"杳无音信",当你再次询问他的时候,他会很礼貌地拒绝你。

所以,如果你受到别人的"过分"礼遇,先不要高兴得太早,因为那很可能是一种拒绝的信号。而且通常受到"过分"礼遇的人,自己也会感觉到不自在,因为始终客气对待,说明他并没有从内心接受你,并没有把你当成自己人来对待。

例如,有个人想要跟自己的女朋友分手,又不想对她造成太大的伤害。他很可能在这段时间突然对自己的女朋友表现得彬彬有礼,态度变得礼貌而冷淡,在彼此的对话中客气地加入"你好"、"谢谢"、"再见"等礼貌用语。而这种过分的礼貌就是一种拒人于千里之外的危险信号。

事情发生在女孩身上也是一样。她们也常常用这种方式拒绝自己不喜欢的男士的追求。所以，如果你心仪的那个女孩跟你说话时始终很客气、很有礼貌，绝对不是表示对你的尊敬，反而是表示"我对他一点意思都没有"或是"我根本就不想和这类男人接近"。她实际是在刻意与你保持距离，对你的爱意采取一种遏制的态度，使你不好意思再往前迈进一步。

除了男女关系，人际交往中这种现象也屡见不鲜。在很熟悉的朋友和老同学中，如果突然有人使用恭敬语对你说话，那你就得小心点，是否在你们之间出现了一些误会与隔阂。日本语言学家桦岛忠夫说："客套话显示出人际关系的疏密、身份、势力，一旦使用不当或错误，便扰乱了应有的彼此关系。"在某种无关紧要或很熟悉的人际关系中，我们根本没有必要使用恭敬语。有的人在谈话中过分使用谦虚的言辞，可能在表示他对对方强烈的嫉妒心、敌意、轻蔑和警戒心等。

曾经有句话这样说："语言乃是测量双方情感交流的心理距离的标准。"客套话使用过多，未必完全表示尊敬，往往也可能含有轻蔑与嫉妒因素。同时，客套话使用过多，在无意中也会将自己与他人隔离，具有防止自己被侵犯的预防功能。

一些生活在大都市的人，由于工作的繁忙和人际关系的淡薄，与一些不熟悉的人说话时总是显得过度客气，给人一种距离感。从另一个角度看，这或许是一种强烈的排他性表现。如果交情深厚的朋友突然间一反常态，一方说起话来特别客气，则很可能是其内心存有自卑感，或者内心对对方隐藏着敌意。例如，去找朋友帮忙的人，如果遇到朋友不想帮忙的情况，那位朋友就会突然之间对你非常客气，为你递烟、倒茶、让座，说起话来不像平常那么无拘无束，而是非常有礼貌、有分寸。这种情况就会让来求助的人产生一种拘束感，因为对方已经对你开始见外了，他是在拒绝你的请求。

虽然有些人彼此交往很久，双方比较了解，但是，对方依然在运用客气与亲切的措辞，说话的语气也十分谨慎。在这种情况下，对方如果不是在心中怀有冲突或苦闷，就是怀有敌意。反之，有人故意使用谦逊与客气的言语，是因为他们企图利用这种方式和态度闯进对方心里，突破对方心中的警戒线，实际上，他们的真正动机在于企图控制对方。

总之，对你态度和善、礼遇有加的人并不表示你们的交谈有了共鸣，也并不表示对方已经接纳了你。相反，那很可能是一种拒绝暗示。人们遇到让自己感到不安或不情愿的话题和事件时，为了掩饰这种不安或不情愿，就会采取一种完全相反的态度，心理学中称为防卫手段。

所以，如果你因为对方的言谈礼貌和善而认为他接受了你，那你就很可能被假象所蒙蔽，而错过了他内心拒绝的信号，造成以后更加难以解决的困扰。因此，看清礼貌言谈背后的真实意图非常重要，它能让你知难而退，以免受到更大的伤害。

当然，基于以上种种，我们也必须认识到，在自己的人际交往中，如果想要拉近彼此的距离，就不要在言谈举止上表现得过分礼貌。因为人的本性当中更加钟爱轻松自然的相处模式，过分的礼貌只会让别人感到拘谨，从而本能地产生距离感，而不愿意和你靠近。只有用一种健康自然的心态在言谈中正确地运用"礼貌"这个工具，才能让你的人际关系如鱼得水。

不经意的口误会出卖他的真实意图

口误的内容往往是一个人内心真实想法的反映和写照,是揭示一个人内心活动最直接的方式。因此,在与人沟通的过程中,我们有机会从对方不经意的口误中捕捉到其真实想法的影子。

口误,最早是由我们所熟知的精神分析学派的鼻祖西格蒙德·弗洛伊德提出的。在我们看来,口误不过是"说走嘴了"或是"说错话了"的无心之举。但弗洛伊德却认为口误并非偶然,恰恰相反,口误的内容往往是一个人内心深处的真实想法的反映和写照,是揭示一个人内心活动的最直接方式。

弗洛伊德在其著作《日常生活中的心理学》一书中提到过这样一个故事:一天晚上,他和心理学家布里尔博士在散步时,碰到了已有三年没见的 R 博士。三个不期而遇的人便到咖啡馆去叙旧,寒暄了几句过后,R 博士问起了弗洛伊德孩子的情况。于是,弗洛伊德也很自然地询问突然关心起家庭生活的 R 博士是否也已经成家了。出乎他的意料,R 博士在冰冷的否定回答后还特意加了一句:"我这样的人怎么会结婚呢。"之后便将话题转到了学术探讨方面。

R 博士说他认识的一个护士朋友遇到了一些问题,想听听弗洛伊德对于此事的看法。他向弗洛伊德诉说道:"这个护士卷入了一起离婚案,有个女人在控告自己的丈夫时指控这个护士是第三者,后来他得到了离婚许可证。"由于 R 博士把"她"这个单词说成了"他",弗洛伊德不得不补了一句:"你是想说她得到了离婚许可证吧?"

"哦,对,当然是她得到离婚许可证。"R 博士马上纠正道。

出于职业的敏感,弗洛伊德便问起 R 博士为什么会说走嘴,但得到的却是不胜惊异的回答——"说走嘴的事是人人都有的,有什么值得大惊小怪?"接着,R 博士便谈到这件事情导致了那个护士的情绪失常以至于最后变得有点精神失常等情况,他询问弗洛伊德有什么办法可以帮助他的这位护士朋友恢复正常。

弗洛伊德打趣道:"要不是你说你没结过婚,我还以为你是那个女人的丈夫呢。"R 博士断然否定了弗洛伊德的推测，过了不多久，便以要去赴约为理由离开了咖啡馆。

弗洛伊德坚持认为，如果 R 博士已婚了，那么他很可能就是那个案例中的丈夫，因为他的口误正好说明了他希望自己得到离婚许可而不是他妻子，从而他可以再次结婚，而且不必付给妻子赔养费。于是，弗洛伊德在几天后拜访了 R 博士的一个邻居兼老朋友，从那里得到了真实的情况：几个星期前 R 博士和妻子开始办理离婚手续，麻烦的是一个护士被指控为第三者。

你看，将 R 博士的秘密公之于众的正是他的一个口误。那么，为什么口误会暴露一个人的真实想法呢？

弗洛伊德认为，人的很多想法由于受到种种伦理和道德约束，不得不深藏于内心，这甚至是其本身都无法觉察到的，弗洛伊德称其为潜意识。但"深藏不露"的潜意识却并不是个老实的家伙，它有着强烈的表现欲望，一旦人的意识稍不注意，潜意识就会以口误、梦等方式出来表演。也就是说，口误作为一种语言表达上的差错正是人们潜意识中的愿望战胜了无法公开表达这种愿望之后的表现。关于这一点，弗洛伊德在其著作中讲述了这样一段亲身经历：

他与两位女性结伴出游，由于天气炎热，一位女士抱怨道："旅行真不是一件快乐的事情，我们已经在这样炎热的天气下足足行进了一整天。我感觉我的外套和内衣都被汗水浸透了……"接着，她又说了一句让人喷饭的话："不过还好，到了内裤马上就可以换衣服了。"

其实，这位女士本来想说的是"到了酒店马上就可以换衣服了"，结果却不小心说成了与酒店发音相近的"内裤"（德语）。这是因为她本来想表达的是自己的外套、内衣和内裤都已经湿透了。由于受到弗洛伊德是男性的条件制约，极为隐私的"内裤"一词不得不被省略。但是她刚刚一不留神，还是道出了自己的本意。

想一想，在生活当中，你是否也曾碰到过类似的事件？

某君见到姗姗来迟的你，面带微笑地说了一句"看样子我得走了"。虽然他纠正说，他本想说"看样子我到早了"，但你也必须要面对这样一个事实，他等得有点不耐烦了，甚至想一走了之。同样，当你的主管在主持例会时，猛地来了一句"既然大家都到了，我们就开始散会吧"，此时，多半是他自己也不想开这种无聊的会议。遇到这种情况，你千万不要试图用长篇累牍的发言来博得主管的好感，那恐怕要适得其反。

很多人在学生时代也遇到过这样的情形："同学们，请把书翻到第 33 块。"如果那个时候你了解到"口误"背后隐藏的秘密，大概就会了解这个"财迷"老师很可能是在经济上遇到了问题，当然也有可能是他在上课时还惦记着下午发工资的事情。

诸如此类的情况你并不陌生。即使是行事谨慎的人也不可避免犯说漏嘴的错误，这些口误是你洞悉其内心真实想法的一个重要途径。当然，你也没有必要成为弗洛伊德的拥趸，抓住别人的口误不放，非要分析出个所以然，那样到头来只能落个众叛亲离的结局。

从对方语言的"破绽"中识破谎言

"若想人不知,除非己莫为",只要说谎就有迹可循,即使一个人说谎的手段再高明,我们也可以从他的言谈举止中找出线索来。

2009年2月,香港"艳照门"事件的陈某在加拿大为"艳照门"一案出庭作证,步出法院时,他接受了香港媒体的采访。"我没想过复出。"他说。

而后,他的采访视频被上传到网络,有网民指出他是在说谎。这个结论来自于网民对他接受采访时语速、表情和肢体动作等方面的观察——他在声称自己"没想过复出"的时候,摸了摸自己的鼻子,语速变慢,而且不自觉地对一些字眼进行了重复。

这些都是我们平日里习以为常的小细节,想不到会成为推断一个人是否在说谎的依据!事实证明网友的判断是正确的,随着风波的平复,陈冠希已经开始尝试复出!

在社会交往中,我们不可能不说谎。FBI 的一位心理学家研究称,每人平均每日最少说谎 25 次。当然,谎言有不同层次之分,有的谎言是出于善意。对于善意的谎言,我们不必当面揭穿,就保留着这份善良好了;对于恶意的谎言,我们必须要提高警惕,因为它时刻可能让你跌进对方精心设置的陷阱。

精神分析学派的创始人弗洛伊德曾说过:"任何一个感官健全的人最终都会相信没有人能守得住秘密。如果他的双唇紧闭,那么他的指尖就会开口说话,甚至他身上的每个毛孔都会背叛他。"所以说,"若让人不知,除非己莫为",只要行骗就有迹可查,那我们又如何知道自己是否被骗呢?有没有一种可以快速确定对方是不是在说谎的办法呢?

下面就介绍一些 FBI 的心理学专家们研究出来的识骗高招。

FBI 曾做过一项专门研究——"谎言的真相"。他们发现,由于潜意识的作用,说谎者在说谎时会不自觉地留下一些语言上的"破绽"。

约有上百人参与了这项研究,他们被询问关于喜不喜欢某人或是对于失败的看法等问题。FBI 的研究人员通过一种名为"语言调查"的计算机程序来测试他们的反应，以检测他们回答的真实度。结果研究者发现，有三分之二的谎言在语言表述上都具有以下三方面的特征。

第一个特征是，为了竭力使自己同谎言保持一定的距离，说谎者在叙述他们的故事时都会下意识地避免使用第一人称"我"这个代词。

比如，要交接班了，你的同事打来电话说，她无法及时赶到，你得再坚持一阵子。理由是，"车出了问题，发动机发动不了。"

这是谎言吗？很可能是。

不过如果他这样说："我努力让自己的车发动起来，但它老是熄火。我已经给修车公司打过电话了，我会尽快赶来的。"那谎言的可能性就非常小了。

FBI的心理学家说，"人们在说谎时会自然地感到不舒服，他们会本能地把自己从他们所说的谎言中剔除出去。"所以，如果你向某人提问时，他们总是反复地省略"我"，他们就有被怀疑的理由了。同样，说谎者也很少使用他们在谎言中牵扯到的人的姓名。一个著名的例子是，几年前，美国总统克林顿在莱温斯基性丑闻案中面向全国讲话时，拒绝使用"莱温斯基"，而是说"我跟那个女人没有发生性关系"。

第二个特征是，说谎者在编故事时通常会避免讲一些细节。

比如，你的男朋友答应你，他会准时到家同你一起看《周末剧场》，可到了凌晨4点他才露面，理由是，"我在老王家喝酒，结果喝多了，睡着了。"

是谎言吗？有可能。

更可信的说法是："老王今天生日，他的叔叔送了他一瓶56度的二锅头。我原本只想喝一小杯的，结果老王灌了我一杯又一杯，当我起身准备回家时，连路都走不稳了，我一屁股坐在他的床上，然后就睡着了。"

FBI指出，"如果你在说谎，你不仅要虚构一个根本不存在的故事，而且你还要把它编得让人信服，所以你会非常心虚。在这几种压力之下，你还编得出细节吗？所以大多数时候，说谎的人都是非常简练地告诉你故事大概。"

第三个特征是，说谎者在说谎时常常会强调一些消极的情绪，比如生气、焦急等。比如，你的朋友没有来赴宴，理由是，"那个晚上真是太倒霉了。先是我的汽车轮胎没气了，然后又不得不送我的邻居去医院，所有一切都太不顺了！真是气死我了！"

是谎言吗？极有可能。

"因为说谎者通常都会对自己的谎言心存内疚，同时又担心被人识破，所以他们说谎时常常会用一些消极的情绪语言来掩饰。"FBI 分析说。

更可信的说法是："我在路上时，车出了毛病，当我好不容易回到家中，又发现我妈妈的一个朋友需要我送她到医院去。"

不过，以有声的语言信息来判别谎言存在一定的局限性。因为说谎者会对语言进行有意识的隐藏，特别是一些说谎高手，很难被人识破。所以，为了识别说谎者，还需要掌握一些从其他方面进行判别的技巧。身体语言一般较为诚实，因为身体语言体现的是人的潜意识，是比较难控制的。例如，当男性说假话时，一般不敢正视别人；而女性则相反，她们说谎时会盯着别人的眼睛，以观察其反应。一个人在否定某件事时，如果突然放慢语速，并且加重其中某些字段的发音，他很可能在说谎。说话时单肩耸动，表示对所说的话极不自信，是说谎的表现……这些内容本书的其他章节都有涉及，此处不赘述。

电话语言揭示人们不同的性格

> 电话给人们的生活带来了很大的便利，也增加了人们感情的相互联系。而且，从人们使用电话的语言动作，我们也可以发现其内心的想法与性格。

电话已经成为人们日常生活中必不可少的工具，而且它们的作用将随着现代化程度的提高而日益显著。由于经常性地使用电话，与面对面的沟通大相径庭，人们逐渐养成了属于自己的特定语言习惯，而这些语言习惯同样是人性格的反映。所以，我们可以从一些打电话的语言习惯中归纳出人的心理特征。

有的人接电话时永远只那么一句："喂！我是小王。"然后停住等待对方说话。这种人警戒心强，算计也很高明。他们回话的声音总是让人觉得十分柔和而小心翼翼，像是有猜疑心的样子，容易被对方的态度所左右。在电话中，对方若以阿谀奉承的口吻与他交谈，他回答的声调就会神采飞扬；如果对方说了一句不中听的话，他的声调就会立刻降下来。

这种人将工作和生活区分得清清楚楚，对工作以外的交往，或正事以外的事情，绝不混为一谈，而且能贯彻始终。即使在热恋中，女朋友打电话到他的公司来，也会引起他很大的反感。这种人和你交往，也只是基于你对他的工作有价值罢了，而且还是以付出最少代价、回收最大成果的想法与人交往，并且是言行不一致的人，因此对于这样的人还是小心为好。

还有人在打电话时决不肯轻易透露自己的姓名，只说找某某人，如果要找的人不在，他便会毫不客气地将电话挂断。即使所要找的人来接电话时，他也很少报出自己的姓名，只是说："喂，是我啊！"一些公司职员，例如说秘书，可能经常接到这样的电话，"喂，邱总在吗？""对不起，刚才他出去了，你是哪位？有没有需要转告的……"有时没有等到话说完，对方就把电话挂断了。

另外，也有这样一种人，明明自己电话打错了，还满腹牢骚："喂，是某某公司吗？""不是啊，你找哪位？是不是电话打错了？""不是就算了，问那么多干吗？多管闲事……"随后就挂断了。接到这类电话，常常使人不快，但事实上这是常有的事。这类人不懂得打电话的基本礼节，为人尖酸刻薄，自我中心主义强，常常鄙视弱小者，在实际生活中也比较霸道，很难与别人和睦相处，多半是一些没有修养的人。

有的人谈话非常干脆，既不打个招呼，也不来个"喂喂"什么的，直奔主题，正事说完就立刻挂断电话。像这种只谈正事的人，大都属于急躁、任性而没有耐心的人。他们和别人相约见面时不会比对方先到，如果先到等不了几分钟就会立即怒火中烧，如果是自己迟到则若无其事，一点也不表示歉意。

这种人一般工作能力非常强，给人以十分豪爽的感觉，但爱憎分明，人际关系不会很和谐。他们脑子里常常想些与众不同的事情，一旦认准了就会坚持到底，直到热度逐渐减弱。做工作很怕麻烦，除了有利于他的话题之外，别人无法同他进行深度会谈。

有些人一旦陷入热恋，无论身在何时何地都会有想要打电话给对方的冲动，变成所谓的"电话魔"。一天打一遍还不够，总要打个三四遍才够，甚至更多。

"你现在人在哪里？在做什么？""我刚刚突然想到，某某现在怎么样了？""我正在开会，待会儿再拨给你。""我下班了，要约在哪儿见面？"……诸如此类的话，再加上现在的手机日益普及，这些电话魔们可以说是雨后春笋般地涌现出来。

如果认为这种举动是爱情因子在作祟的话，那就大错特错了。这种人是属于相当自我、任性，控制欲强的人。他们希望交往的对方随时都在自己的掌握、支配范围之内，一旦对方不在自己的视线范围之内，便会不断打电话去确认对方的行踪，以确实掌握对方的一切事务，绝对不能允许对方有出轨的情况。他们完全不顾虑对方的立场，也不曾想过对方也要拥有自己的时间和空间，只想把对方所用的一切据为己有。

他们也不善于处理自己的感情，深受嫉妒、羡慕、寂寞、后悔等复杂情感的纠缠。一位成年人，在某种程度上应该可以自己处理这些感情问题，但他们在这方面表现拙劣，根本没办法妥善面对自己不安的情绪与消极的情感，一遇到事情，便会马上强烈地把当下的情感发泄出来，无法憋在心中，因此便希望借助电话找人排解。

短话长谈的人大多是家庭主妇，她们因为无聊，所以整天抱着电话短话长说，通常是想借由电话发泄自己无法外出的苦闷。她们不用担心对方是否愿意听自己的唠叨，因为她们选择的对象大多和自己属于同一种类型，有着同病相怜的共同感受；也不用担心电话费用，因为她们认为这是自己从事家务的报酬，理所当然归自己支配，而不到外面消费则又增强了这种心理，所以通电话时间通常足以小时计算。

不同的口头禅反映人的不同心态

很多人在自己的谈话之中都带有口头禅,这种口头上的语言是人们在日常生活当中逐渐形成的习惯,具有鲜明的个人特色。若想通过口头语言更好地对一个人进行观察、了解,判断一个人的性格如何,除了认真听对方所说的话,还要对其口头禅的背后意义进行认真的揣摩,以便收到最佳的效果。

口头禅是人们无意之中流露出来的,很多时候不是出自本意。它是反映人的潜意识的心态。例如:老板总是说"连这个都不懂",表明他在潜意识中对职员的工作不满;"是不是可以这么说呢",这是小心谨慎者的一种自我保护的心理反应;对于那种"……呢……的"或"就是说",则表明他们在潜意识中对自己也不十分肯定。

其实,除此之外,从口头禅的语言习惯最能体现说话人的真实心理和个性特点。所以,只要留心,就可以从一个人的口头禅中窥见一个人的内心世界。

下面分析一些常见的口头禅以及人物性格。

1. "我知道"

孔子的弟子颜回能"闻一而知十",是少见的智慧型人物。其实经常说"我知道"的人不但聪明,而且反应奇快。他们只要听到对方的第一句话,就知道下面要说的是什么。日本首相田中角荣便是这种人。他有一个绰号叫"我知道",因为只要一开口,他就会说"我知道"。但普通人是很难"闻一知十"的,如果你谈话的对象表现出"闻一知十"的态度,就是他不愿再听下去,他在厌烦的情况下非常隐晦地做出拒绝的态度。

2. "对啊"

"对啊"这个词语是用来肯定对方说的话,这是毋庸置疑的。但从另外一方面来看,也可能是敷衍对方的一种手段,其实他们对对方的意见不屑一顾。如果是这种情况,那他们是不可不提防的危险人物。

"嗯!对啊,就如同你所说的。"

"对啊!确实是这样,我也有同感……"

类似这些用来赞同或认同对方的话，对方听起来会觉得格外舒服，非常高兴地以为原来你的看法和他一样。但实际上，他们并非发自内心、谦虚地认为对方说的话都是正确的。他们之所以常常将"对啊"这句话挂在嘴边，是因为这样比较容易和别人相处，使自己的人际关系更加融洽顺利而已。

常说这句话的人不是那种自我意识强烈的类型，不会勉强别人按照自己的步调走，他们比较善解人意，不会硬要别人凡事都必须顺着自己的意思来做。在允许的范围内，他们可以尽可能去配合别人的步调，不会斤斤计较。因此，他们一般可以营造和谐的气氛，自己也可以成为受欢迎的人。

3. "绝对"

"绝对"这个词语在字典中表示的是一种极端程度的意义。在日常生话中，人们使用这个词语的时候，表达的意义远远没有字典中那样极端。

FBI 的研究表明，喜欢说"绝对"的人大多有一种自爱的倾向。这种人比较主观，而且常常以自我为中心，他们的很多想法是不合乎实际的，因此在一般情况下，这种人难成大事。

而且这经常被他们用来作为自我防卫的借口和被证明错了时的挡箭牌。在这样的情况下，他们常常会不断用"绝对"来进行保证，如"绝对不会再犯"、"绝对不会再这样干了"等。有时他们的"绝对"被人驳倒之后，为了隐瞒自己内心的不安，总要找一些理由来加以解释，总想让自己的东西被人接受。其实，别人不相信他们的绝对，他们自己也不相信这样的"绝对"，只不过为了维护自己所谓的尊严而勉强应付着。

4. "所以说"

"所以说"用在强调并且延续之前所提过的事情，或者作为结论时的用语。

这种人认为自己在一开始的时候就已经了解所有的事情，颇有先见之明。当别人说出事情的结果时，他们总会说："我之前不是早就说过了吗？我早就知道结果会是如此。"他们态度表现得很强硬、傲慢，并且喜欢将所有的功劳往自己身上揽。

常常把"所以说"挂在嘴边的人，总认为自己所说的话具有绝对的权威性，似乎有鄙视他人的感觉，说话完全不顾及对方，因此对方常会因这种随意践踏他人的态度而受到伤害。所以，他们很惹人讨厌但自己完全没感觉。很多人可能会觉得这种人很难相处，但其实如果想和他们好好相处，只要在这一点上多忍耐担待一些就行了。因为他们只是希望得到他人的认同，渴望自己在他人心目中的形象是"见识广博，什么都懂"。

6．"不过"

习惯说"不过"的人，喜欢表现自我，期望得到众人的注目，却又不愿引起他人的反感。例如以下的例子：

"虽然您这么说，不过，应该是这样，不是吗？"

"不过，那样子可能行不通哦！"

这一类型的人习惯把责任推给别人，而且城府深、心机重，做任何事情都会预先设想。如果失败了，他们则强调自己是处于无可奈何的情况下，心中预先演练各种可能会发生的状况，并且预备好"不过这也是没有办法的"这样的台词作为借口，而刻意逃避必须负责的重担。

这类型人在与人相处方面也很谨慎，在第一次见面时，他们通常不会主动向对方表现友好，一般会采取保持距离以利观察的策略，经过谨慎的分析判断之后，才会慢慢地接近对方。表面上，他们给人和蔼可亲的感觉，容易和人打成一片、相处融洽。但是一旦认识到对方并不是和自己站在同一战线时，他们便会毫不犹豫地过河拆桥，表现出其冷酷的一面。他们对人随时都处于警戒、防备的状态之下，不容易解开防线。因此，让他们对别人"推心置腹"，几乎是不太可能的。

第八章

FBI教你犯罪心理学
——破解犯罪背后的心理密码

为什么人们会犯罪？什么样的人有潜在的犯罪危机？我们如何将体内潜在的犯罪冲动消除？FBI教你专业的犯罪心理学，帮助你收获积极、和谐、安乐的人生。

七宗罪：引发犯罪的七种传统因素

"七宗罪"就像潘多拉的魔盒，一旦打开，就走向了犯罪的深渊。对此，我们只能选择远离带有"七宗罪"特征的人，避免受到伤害，同时也加强自身修养，避免自己误入魔道。

13世纪，道明会神父圣多玛斯·阿奎纳列举出七种恶行的表现，称做七宗罪，分别是傲慢、妒忌、暴怒、懒惰、贪婪、贪食及色欲。由此，还衍生出七美德，一并成为规范人们生活的清规戒律。

犯罪是恶行的最集中体现，七宗罪则是引发犯罪的传统因素。但丁在《神曲》里根据恶行的严重顺序排列七宗罪，其次序为色欲、贪食、贪婪、懒惰、暴怒、嫉妒和傲慢。结合其各种表现，将它们以此为序介绍如下：

色欲——色欲泛指一切堕落的行为，道德缺失的行为，对感官刺激的追求，具体表现为不合法礼的性欲，例如通奸、强暴、鸡奸等，都是色欲最极端的罪行。"色字头上一把刀"，强烈的色欲迷失了一个人的本性和思维，极容易致使人们做出耸人听闻的恶行，由此衍生出抢劫、非法囚禁、谋杀、乱伦等严重犯罪。

贪食——从现代人的观点来看，"贪食"指浪费食物，或是过度放纵食欲、酗酒或屯积过量的食物。贪食也可以包括一些破坏性的行为，尤其指运动上（例如赢得奖杯、奖金等），滥用非法药品或酗酒。同时，贪食的定义中包括了"沉迷"，所以，贪食除了指食物外，对任何事物的过分沉迷也涵盖了，比如打网络游戏、赌博等。

贪婪——与贪食一样，是一种希望占有比所需更多的恶行，尤其是指金钱上的过分追求。圣多玛斯·阿奎纳认为贪婪是"背向神的罪恶，正如所有肮脏的罪恶一样，是人为了会腐败的东西，放弃永恒的东西"。与贪婪有关的罪恶包括：背叛、不忠、叛国，尤其是为了一己私利的；搜括及聚积过量财富、偷窃、打劫，尤其是以暴力或欺诈的形式，或借助权力而得到财富。总之，一句话："过度热衷于寻求金钱上或权力上的优越。"（但丁语）

懒惰——懒散及浪费时间。懒惰被宣告为有罪是因为：将自己的事情推脱给他人；应该做的事情还没有做好，对自己百害而无一利。懒惰充其量是个人修养上的缺失，引发犯罪的可能性较小。

暴怒——源自憎恨而起的不适当（邪恶）的感觉，复仇或否定他人，在律法所赋予的权利以外行使惩罚他人的意念也被归为暴怒。过分的敏感，一言不合，就暴跳如雷。它还包括对他人无理和轻视的愤怒，因暴怒而引起的罪可大可小，例如口出恶语、故意伤人、杀人、放火、大屠杀等等。

妒忌——妒忌与贪婪一样，是一种因为内心不能满足的欲望而产生的罪恶。首先，贪婪通常跟实物财产有关，而妒忌则跟其他方面有关，例如爱情或他人的成功。其次，妒忌者的欲望，通常与此人的现实情况有关。用但丁的话说就是："对自己资产的喜爱变质成了嫉恨其他更美好事物的拥有者的欲望。"

傲慢——傲慢被认为是七宗罪中最原始、最严重的一项。期望他人注视自己或过度爱好自己，因拥有而感到比其他人优越、把自己定位成比上帝或他人更优秀的个体。

在上述的七宗罪中，最容易引发犯罪的恶行是色欲、贪婪、暴怒和妒忌。对美色的垂青，对金钱和权力的向往，不能自控的个人情绪和妒忌心理，常常是犯罪的主要诱因。有时，甚至呈现"多宗罪"一起引发犯罪的情况。比如，一个贪污腐败的公职人员，往往也是好色之徒，贪婪之徒，而且很多时候脾气还很冲，攀比和妒忌心理重。事实上，后面这些特质才是导致他堕落的原因，而不仅仅是罪行的外在表现。

好莱坞犯罪大片《七宗罪》就是以"七宗罪"为切入点，揭开了人们内心的阴暗面，也从一个侧面向我们展示了犯罪的诱因。每一宗罪都引发一次犯罪，警醒我们远离七种恶行，远离带有"七宗罪"特征的人。

力比多效应：性本能是犯罪的根本原因

> 弗洛伊德认为，人类的一切行为都归结为本能的作用，而性本能的冲动则是一切犯罪行为的源泉。因此，那些在性欲上有过缺失的人犯罪的概率更高。

精神分析学的创始人西格蒙德·弗洛伊德认为，性本能的冲动是犯罪的根本原因。

他指出，人的意识由本我、超我和自我三个部分组成。本我代表与生俱来的欲望冲动，按"快乐原则"活动；超我代表社会道德标准，按"至善原则"活动；自我则对本我和超我进行协调，按"现实原则"活动。犯罪行为的发生是由于自我对超我的约束力减弱，也就是社会道德标准无法协调我们的社会活动，原始的欲望肆意宣泄，做出"兽行"。

而在所有的人类欲望中，性冲动是一种机体生存、寻求快乐和逃避痛苦的本能欲望。为此，弗洛伊德还提出"力比多"的概念，即一种与性本能有联系的潜在能量，它是人类一切心理活动和行为的动力源泉。

弗洛伊德所指的"性"泛指一切身体器官的快感，在一个人生长的各个时期对"性"的诉求是不同的。比如，婴幼儿以吸吮、咬和吞咽等口腔活动为主满足本能和性的需要；儿童的性需求集中于性器官本身，他们有时通过玩弄性器官获得满足，或者通过想象获得满足。这个时期男孩会经历"俄狄浦斯情结"（又称"恋母情结"），对于女孩，则经历"厄勒克特拉情结"（又称"恋父情结"）。同时，当一个人在某个阶段，尤其是幼儿时期，自身的性欲求无法得到满足时，人类最原始的、非道德的性冲动复活了起来。最典型的是美国著名的连环杀手大卫·伯克维兹。

大卫·伯克维兹曾一年内在纽约杀死6人，且在杀人前，他已在纽约市纵火1488次，保持了"一日一火"的纪录。

导致他如此猖獗的深层原因是他幼时的性需求没有得到满足。他从小被寄养，经常和寄养家庭闹矛盾，一直渴望找到生母，后来虽然找到生母，但生母拒绝接纳他。从此以后，他开始杀人。

他的行凶目标要么是独自在车中的女子，要么是在车中与男子耳鬓厮磨的女子，有时他会安静等待男子离开后再杀害女子，有时干脆连男子一起杀害。在射杀女子的时候，他会产生强烈的性冲动。当谋杀完成后，他会在现场自慰。

有时，当很想杀人但又没有合适的对象和时机时，他会开车去以前的杀人现场，回想当时的情景，边想边自慰。尽管他知道这样做很危险，但还是忍不住要这样做。

大卫·伯克维兹之所以做出如此兽行，和他从小缺乏性满足是息息相关的。假如他生长在一个负责任的家庭中，幼儿、青少年等时期得到性欲的满足。那么，他就不会为填补这种缺失而走上一条嗜杀的道路。

当然，性本能所激发的活动并非都是犯罪，更不都是性犯罪。一个人的性欲长期得不到满足，他就会通过多种途径释放积存的"力比多"，比如浏览色情内容、打架斗殴、杀人越货等，当然也不乏将自己的行为升华，将精力灌注到学习和事业上的情况。然而，更多的情况是，性本能会扭曲一个人的世界观、价值观和人生观，从而驱使他走向一条犯罪的不归路。

基于弗洛伊德的理论，当你发现身边有人存在以下特征时，你就要多加注意了，他很有可能成为一名罪犯：一、有过不幸的童年，如出生于单亲家庭、被人收养、遭遇过家庭剧变等；二、与异性的交往存在障碍，表现为极度害羞、言语木讷、神情紧张等；三、无法进行正常的性行为，如患有生理缺陷、存有性方面的心理阴影等；四、具有特殊的性癖好，如易装癖、露阴癖、摩擦癖、恋物癖等。

有些心理学家认为，弗洛伊德的这种观点存有性泛论的嫌疑，具有一定的狭隘性。不过，FBI研究人员对犯罪案件进行研究表明，绝大多数的犯罪都与性有着直接或间接的联系，尤其是那些触目惊心的连环杀人案件。也许，这个结论是对那些反对者的最好回应。

人格分裂：各种冲突与矛盾的集合体

> 人格分裂患者本身就是冲突的集合体，对外界经常表露出强烈的攻击性。因此，他们是社会的潜在不安定分子。

要了解"人格分裂"这个概念，首先要了解什么是"人格"。心理学家认为，人格是一个人从行为模式中表现出心理特性的整体，构建着人的内在心理特征。它经常体现在个人的某一个行为之中，这个行为便可体现出这个人整体的心理特征。

而人格分裂的主要特征是，患者将引起他内在心里痛苦的意识活动或记忆，从整个精神层面解离开来以保护自己，但也因此丧失其自我的整体性。具体表现就是，他一人具备几种身份，并将其混淆。

很多人对人格分裂的最初印象来自著名的科幻小说《化身博士》。这部经久不衰的小说描述了维多利亚时代的天才医生杰克，因为服下自己研制的新药，变身残暴的花花公子海德，从而引出一系列的惊悚故事。

事实上，人类对人格分裂的认识比小说和电影的诞辰日都要古老得多。在旧石器时代萨满教的洞穴绘画中，代表个人身份的动物形体变化似乎也隐喻了某些原始社会人格分裂的现象。一些雕像也有这种倾向，例如大名鼎鼎的埃及狮身人面像，以及金字塔内墙壁上的狼首人身图等。

20世纪，一个知名的人格分裂案例是希贝尔·伊莎贝尔·多赛特。她的故事经由畅销书《希贝尔：一个具有16个分裂人格的女人》广为流传。之后，希贝尔的故事又因电视剧《希贝尔》着实火了一把。

在这部经典的电视剧中，制片方特意邀请之前出演《三面爱娃》的乔安娜·伍德沃德在这部影片中扮演心理医师，并在一定程度上还原了希贝尔的生活经历。希贝尔的母亲不幸患有精神病，常虐待年幼的希贝尔，而父亲生性懦弱，无力保护年幼的希贝尔。

影片中有这样一幕，母亲把小希贝尔绑在厨房的桌上，两脚高高吊起，把这张桌子幻想成手术中的床，从抽屉里拿出刀子、钳子和刮子等"手术工具"。影片没有再继续下去，但人们可想象希贝尔所经受的磨难。

因为无法应付非人的虐待，希贝尔把人格分裂为十几个，让这些分裂的人格来承受她本人无法应对的苦难。清醒的希贝尔本人却被剥夺了感觉，显得迟钝麻木。并且，希贝尔对她身上的其他人格都毫无察觉。由于希贝尔认为一切都是自己犯的错，不愿意责怪母亲，所以病总治不好。

最后，当医生查明了真相，让希贝尔对恶魔母亲发火，希贝尔终于说出：我希望她死掉，我要把她杀死！这话出口，她的病就好了，几十个人格合并为一个完整的人格。

分裂型人格的人本身就是一个冲突的集合体，极易产生过激行为，引发犯罪。像希贝尔这种自责型的，是极少数。即便如此，隐藏于她内心深处的一个想法依然是：杀死自己的母亲，只是还没到将这个想法实施的那一刻罢了。

你不要觉得这很玄乎，认为影片是为了吸引观众而杜撰的，更不要认为他们只存在于小说和影视作品中，离开我们很遥远。其实，在生活中，在我们身边，也存在着不少分裂人格者。不妨举几个例子：

有些男人很喜欢自己的妻子，却经常行使家庭暴力，打骂妻子，事后又十分悔恨，这就是很典型的分裂人格，只不过它还没上升到犯罪的高度。为什么这么说？

分裂人格者分不清自己哪一种情绪或人格占主导，例如分不清恐惧和愤怒的区别，所以当他们面对恐惧的事物时，会没来由地一阵肝火旺，从而吓着身边的亲友。男人结婚，抚养孩子，需要具备一定的经济实力。当他没有能力去担起这些生活的重任时，他内心会产生恐惧、担心，产生无助感。正常人在唉声叹气之余或者一蹶不振，或者奋发图强，但是，分裂人格者会将这种恐惧转化为愤怒——他们分不清什么是恐惧，什么是愤怒。

愤怒了就要发泄，找谁发泄？不敢去找上司，那就回家找老婆，找父母，找女友吧，这种发泄说白了就是以他们独有的攻击方式来排解自己心中的恐惧。发泄完之后，又换了一个身份，他们会感到愧疚，觉得伤害了别人。但是他的父母、妻子或朋友已经被他伤害了。

此外，分裂人格者的攻击性还含有"不打不相识"的意思，表现为展开攻击，与他人接触，交流——这似乎是他们与外界沟通的唯一桥梁。所以往往有如下情况：激烈地嘲讽了某人之后，反而对他产生了好感，想与之交往。这种现象就好比初涉爱河的少男想追求少女，但他所做出的行为却往往伤害到女孩，从而不被女孩理解。而一旦分裂人格者的表白遭到拒绝，他原来的好感会转瞬之间变成反感和痛恨，从而升级为伤害和犯罪。

时而狂躁，时而平静；事前一副嘴脸，事后另一副嘴脸；用辱骂和攻击代表爱；自己做了什么很快不记得了——面对这样的人，你要小心了，他很有可能是一个人格分裂者，一个潜在的罪犯。

人格障碍：无法融入社会的边缘人

> 一种人格确立一种行为模式，而那些患有人格障碍的人，其行为模式也和社会格格不入，极易引起冲突。当冲突以激烈的形式展现时，于是犯罪便产生了。

人格障碍是指人格特征显著偏离正常，使患者形成了特定的行为模式，不能很好适应外界环境，个人很难融入正常社会，甚至与社会发生冲突，给自己或社会造成恶果。

通过对现有人格障碍的研究、分析，一般来说，可将其划分为如下几种类型：

第一，偏执型人格障碍。偏执人格有两种亚型或不同的表现，一种是自大，傲慢，好争辩，好斗，对权力、地位有执著追求而又多疑、敏感的人；另一种是胆小怕事，遇事退缩，好背地里窃窃私语，做事不能堂堂正正，精于算计而又猜疑过敏的人。

整体而言，偏执型人格障碍的人倾向于把他人的好意或中性态度误解为恶意或敌意，喜欢追究别人隐蔽的"坏"动机，容易觉得别人另有所图、别有用心或不怀好意。主要表现为：过分警惕、想办法试探或考验别人是否忠实等；对他人的批评、否定、轻视和拒绝十分敏感和反感，并长记在心；缺乏宽容心，容易感到受了不公平的待遇；不能忍受被置于"嫌疑犯"的地位，力图避免嫌疑，或极力为自己辩白。

第二，反社会型人格障碍。这种人行为受原始欲望支配，脾气暴躁，情感冷淡，虚伪造作，不考虑社会义务，法纪观念差，常做出违反社会规范的行为。

这类人在青少年时期往往学习成绩差，目无尊长，性情放荡，违纪受罚，喜欢打架斗殴等。而且，他们做了错事，一点也不感到后悔或痛苦，对亲近的人也没有责任感和义务感，严重者甚至连羞耻和同情之心都没有。这种人一有欲望就要迫不及待、不择手段得到满足，不能延迟。他们不能从失败和惩罚中汲取教训，所以屡教不改。其行为往往不顾最基本的道德规范，完全凭个人的好恶行事，富于攻击性和破坏性。尽管智力和常人无异，似乎也通人情事理，但他们总给人以蛮不讲理的印象，因为不管什么事，他总是自我辩护和责怪别人。可以和他短时间相处得不错，尤其是没有利益冲突的时候，但若一点小事触犯了他，他便马上换一副嘴脸，和任何人都不能保持长期的和谐关系。这种人没有长远打算，持走一步看一步的生活态度。

第三，分裂型人格障碍。这类型人表现为思想内向，不爱社交，行为怪僻，缺乏进取心，情绪冷漠，害羞胆怯等。此类人格障碍一般在童年早期开始。

本型的基本特点是持续的情感平淡和动机不足；非常孤僻，什么亲密的朋友也没有；对批评和表扬都不放在心上；既不想与人交往，也体验不到与人相处的乐趣；没有过结婚的意愿，也大都没有恋爱史，似乎对异性根本不感兴趣。

第四，强迫型人格障碍。患有该缺陷的人以十全十美的高标准要求自己，是彻底的"完美主义者"，常表现紧张、苦恼和焦虑，容易发生强迫性神经症。

这种人做什么事都是安全第一，过于仔细认真，反复检查核对，选择时犹豫不决，唯恐疏忽和差错。"不怕一万，就怕万一"被他们视为座右铭。他们容易产生处境性和期待性焦虑，遇事就心情紧张，总像面临重大考验似的。而且，守时、拘谨和墨守成规也很突出……

第五，戏剧型人格障碍。亦称做歇斯底里人格，有研究者称之为引人注意的人格。

这种人就像演员一样，需要别人经常和持续的注意。人们注意他使他感到极大的满足和愉悦，而没有人理睬容易使他感到空虚和无聊。因此，他的言语动作和表情是夸张的，像演戏一样，力图当场吸引观众。为了引人注意，他们甚至不惜伤害自己的身体（自伤或玩弄自杀）和不顾个人尊严。他们热衷于参与激动人心的大场面，喜欢凑热闹，爱出风头，喜欢自己成为焦点。这种人十分注重身体和服饰的吸引力，言行举止之间往往显示出性的诱惑。幻想类的谎言不少见，把自己听来看来的奇闻说成是自己的亲身经历，编造动人的身世，目的只是为了引起轰动效应。对于这种人，幻想世界似乎比现实世界更加真实，经常迷失在自己编造的虚拟世界里。

一个人格健全的人，往往表现出人性中积极的、光辉的一面，而患有人格障碍的人则往往呈现出人性中的阴暗面，游离于主流人群之外，做出危害社会和他人的犯罪行为。因此，对那些人格上有一道迈不过去的坎儿的人，需多加提防。

精神病质的人格：这样的性格有暴力倾向

精神病质的人格在思维、情感和行为上都存在控制上的障碍，因此，具备此类异种人格的人，很可能成为犯罪行为的活跃者。

让我们先看一下近几年发生的几起动人心魄的精神病患者犯罪案件：

2008年9月2日，美国华盛顿州西北部斯卡吉特县发生枪击事件，一名男子枪杀6人，其中包括一名女性治安官，另有至少2人受伤。警方在高速路上对枪手进行了几个小时的追捕后，枪手向警方投降。他的家人向警方官员透露，这个人有精神疾病。

2009年12月27日清晨6时许，北京某小区，一张姓男子将妻子、儿子杀死后自首。张某在接受民警审讯时称自己当时被魔鬼缠身，不是自己。司法部门对他是否患有精神疾病进行了法医鉴定，最后诊断为张某患有间歇性精神分裂症，案发时正处在发病期，受病症支配丧失实质性辨认和控制能力。

2010年3月4日晚，约翰·帕特里克·比德尔在国防部办公地五角大楼安检处开枪，和警察发生枪战。交火中，两名警察受轻伤，他本人中弹身亡。后来，比德尔的医生J.迈克尔·纳尔逊说，比德尔先前被确诊患狂躁抑郁性精神病，数年来时断时续接受治疗。

事实上，早在2007年4月16日，弗吉尼亚理工大学发生了美国历史上最严重的校园枪击案之后，美国参议院就通过了新的枪械管制法，对枪支购买者加强限制，禁止精神不正常者拥有枪支，预防其做出灭绝人性的举动。

而在中国，近些年来，由失去控制的精神病人肇事引发的恶性案件时有发生。中国疾病预防控制中心精神卫生中心2009年初公布的数据显示，我国各类精神疾病患者人数在1亿人以上，而重性精神病患者人数已超过1600万。而精神病患者的肇事率为10%，其社会危害不容忽视。另据央视新闻调查显示，精神病人暴力事件每年制造的严重肇事案件超过万起。

精神病患者与正常人最大的区别，就是他们带有十分明显的精神病质的人格。德国精神病学家施耐德在其著作《精神病质的人格》中，分析了各种异

种人格与犯罪行为的关系,并将精神病质分为10种类型:

一、亢奋急躁型。指容易兴奋、好斗、意志不坚定的人。由于缺乏自制力,他们容易被伙伴唆使,而成为恐吓、盗窃、强暴犯罪的共犯。

二、抑郁型。这类人笼罩在沉重的忧郁气氛中,具有疑心重、厌世的倾向,并封闭自己的内心世界。他们容易犯下诱拐或杀害幼儿等罪行。

三、自我不确定型。缺乏自信,因而变得小心翼翼,并且深受自卑感所苦,常常沉溺于幻想之中。他们对事情容易产生固定、僵化的想法,具有危险性。

四、盲信型。对于某种特殊的想法特别执著,并愿意为此付诸行动。

五、自我显示欲型。指刻意突显、表现自己的人。这类人为了吸引众人的眼光,会穿着奇装异服。他们擅长说谎,大多具有亲和力以及得体的仪表,使人误以为他们是正派的人。

六、情绪易变型。这种人往往神出鬼没,出现在不恰当的时候,具有令人不快的善变个性。他们在某些特定的日子里,只要受到轻微的刺激,就会作出迅速而强烈的反应。有些人一冲动就会离家出走,或是到处徘徊、盗窃,甚至纵火。

七、爆发型。这一类型又称为激昂型。具有这种特质的人会为了一点小事而情绪激动、暴躁,但都是未经深思熟虑的短暂反应。根据施耐德的说法,爆发型的人平时大多很平静。如果你向他们借钱,他们不仅不借,还会以严厉的口吻说教。据说,其中个别人甚至会伤害来借钱的人。

八、冷酷无情型。这类人被认为是反社会者或是没有道德感的人。他们能将道德规范作为知识接受,却无法在情感上认同。在他们身上几乎看不到合乎人性的特征,因而也被视为"深层人"。他们可能会杀害小动物,猫时常成为他们的凌虐对象。

九、意志欠缺型。这类人无法控制自己的意志,完全遵从他人的指示。其特征是极易受到诱惑,一旦加入暴力团体,甚至会为了老大而去杀人;一旦被关进监狱,又会成为模范囚犯。他们是缺乏热情、容易被环境控制的傀儡。

十、无力型。这种人在身体上并没有任何障碍,却时常觉得浑身难受;其心理状态也没有任何问题,却总是很沮丧。无力型的精神病质者看上去似乎不会犯罪，但事实并非如此。因为他极有可能出现药物依赖，吗啡中毒或过度依赖安眠药的人就属于这一类。

心理研究和犯罪案件表明，精神病和违法犯罪具有很强的相关性。严重的精神疾病表现为思维上的障碍、情感上的障碍和行为控制上的障碍，会发生很严重的社会危害行为。

连环杀手：异常行为背后复杂的犯罪成因

> 不良的家庭成长环境，不负责任的父母，使得一些人在青少年时期缺乏关爱和指导，甚至受到身体和心理上的双重折磨。这一切扭曲了他们的心灵，让他们对社会充满仇恨，为得到报复的快感，他们就疯狂作案，用不断的杀戮回应那段痛苦的回忆。于是，一个连环杀手就诞生了。

作为 FBI 一员，雷斯勒拥有渊博的精神病学和心理学的知识，能仅凭案发的现场或案发现场的照片就可以大致推断出凶手个人关键信息，从而为警方破案提供方向。而好莱坞著名的电影《沉默的羔羊》中的部分情景就取材自他的真实工作。

在 FBI 效力的数十年间，他一直关注那些连环杀手，对一百多名臭名昭著的连环杀手（几乎全是男性）进行过深度探访，并据此写了《疑嫌画像》一书。在书中，雷斯勒声称，连环杀手几乎全是偏执狂，要么是偏执型人格分裂，要么是偏执型人格障碍，而且在他们的人生轨迹上，也显示出不可思议的一致性。

6 岁前，有一个糟糕的母亲（也可能是后母）。六七岁前，孩子与母亲的关系非常重要，这个关系会让孩子体会什么是爱。然而，这些连环杀人犯几乎都没有这个福气。

8—12 岁，有一个糟糕的父亲，普遍沾有暴戾、酗酒、吸毒、乱交，甚至毒打妻子和儿子的不良习性。一般而言，青春前期是一个人走出家门、与同龄人建立关系的重要时期。假如说母亲是塑造孩子品质的工程师，那么父亲便是孩子人生道路的导师。一个好的父亲，会指导孩子走出家门，与社会融为一体。但是，这些连环杀人犯，他们通常有的是一个脾气暴虐、恶习满身的坏爸爸。

12—18 岁的青春期，沉溺在充满暴力的幻想中，关上和外界交流的大门。在青春期，每个人都有过不同的幻想，尤其是一些性幻想。问题是，在正常男孩的性幻想中，不仅是他在享受，他的幻想对象也在享受，这种关系基本是互动的、充满爱意的。但对于那些未来的连环杀手来说，他们的性幻想中，完全是"一个人的享乐"，并且，他们的快乐一定是建立在对方的痛苦之上，对方越痛苦，他就越愉悦。此外，因为他们既缺乏善良等性格特点，也缺乏与别人建立社会关系的能力，这注定他们会非常孤僻，既不能和同性建立友谊关系，更不能和异性建立亲密关系，这种孤独生活令他们更容易沉浸在这种可怕的性幻想中。

20—30岁的成年期，启动杀人程序。多数连环杀手是成年后才开始行凶的，但也有相当一部分是在十几岁就开始杀人的。第一次杀人，都有一些特殊的触发因素，一般都是遇到了一些生活上的挫折，譬如与父母的争吵、失业或被人欺压等。这次杀人，尽管看似是偶然的，但一些细节和他们的幻想内容相吻合，并因满足了他们一直沉浸着的幻想，他们会感受到前所未有的快感。由此，尽管他们有时也会悔恨，也会害怕，但幻想和快感还是鬼使神差地驱使他们继续去杀人。

雷斯勒深入调查了36名连环杀手，发现他们的童年都曾伤痕累累。他们的父母或许看上去是正常的社会人，但事实上问题丛生，一半连环杀手的父母有精神疾病，一半罪犯的父母犯过罪，近七成罪犯的父母酗酒或吸毒，而每一个连环杀手自童年都开始出现严重的情绪问题。例如，理查·乔斯在半疯狂状态下杀了6个人，而且还剖开被害人的胸腹，像喝饮料一样喝掉他们的鲜血。据调查，他的母亲患有精神疾病，对查理·乔斯不理不睬。

对一个孩子而言，父母应该是最亲密、最值得依赖的人。但是，现在伤害他们最重的、泯灭了他们良知的人，恰恰是这两个最亲密的人。这让他们对亲密关系充满恐惧，并对包括父母在内的所有人都怀有深刻的敌意。遭受母亲和父亲的双重折磨后，他们相信，这个世界上充满暴力，只有侵犯和被侵犯的关系。要想不被侵犯，只有去侵犯别人，从而发展成为虐待型人格。而虐待型人格的典型特点之一，就是在他人的苦难中获得快感，他们往往还具有强烈的控制欲及主宰他人生死的想法。

总之，大部分连环杀手生长于支离破碎、一塌糊涂的家庭环境。他们在幼儿和青年时期经受的身心创伤和悲惨境遇，都成为他们以后想要寻求报复的内因，目的是对那些曾经伤害过他们的人还以颜色。在非正常家庭成长起来的他们，并没有培养出良好的社交能力，也无从与他人发展、维持正常的人际关系，补偿、规避年少时的心理阴影。最终，他们的内心永远深陷于悲惨的少年时代，心中充满了仇恨，开始以杀人为乐。

犯罪心理画像：卓有成效的犯罪心理分析法

罪犯的行为模式和在犯罪现场的痕迹往往映射着他独有的个性，比如体格、既往生活经历、心理动态等。当我们对后者的描述越来越多的时候，罪犯的形象就越来越清晰——这就是对犯罪心理画像的通俗解释。

1956年，纽约警察在疯狂炸弹客一案中，在无计可施的情况下寻求心理医生詹姆斯·布鲁塞尔的帮助。一番交流后，詹姆斯"预言"，这名恐怖分子被捕时将穿一件扣得严严实实的双排扣西装。

事实上，当警察深夜登门逮捕时，炸弹客乔治·梅特斯基正穿着他的睡衣。他提出换一件衣服，结果果然换了一件双排扣西装。

这就是犯罪心理画像在美国的开始。心理画像的思维过程符合犯罪的心理学原理，并且符合犯罪人的犯罪过程，其科学性和客观性从它初试牛刀那天起就得到了验证。

那么，到底什么是犯罪心理画像呢？

心理画像技术是依据犯罪心理学原理以及其他相关科学知识，运用心理分析的方法，对犯罪人在犯罪现场所遗留的物质痕迹，即使是被假装、被破坏、用现代刑侦手段毫无认定价值的，甚至是似乎毫不起眼的细节，去探寻罪犯的个性心理特征，从而描绘犯罪人的性别、年龄、种族、职业、学历等方面的特征，描绘犯罪人的家庭环境状况、社会环境状况以及人际关系、个人生活习惯、生活方式等诸方面特征的一种新的刑侦技术手段。

经过FBI的发展，犯罪心理画像技术也成为具备一定程序的侦探方法。

首先，将所有和案件有关的信息收集到一起。然后，将罪行分成"有组织"和"无组织"两类。有组织犯罪的特征是经过策划，罪犯拥有高超的社交技能，对受害者进行掌控；无组织犯罪则更冲动，更即兴。再接下来是对罪行的重组。然后，心理画像专家将着手寻找可能暴露罪犯身份的特殊行为标记——比如捆绑受害者的手法，或者总是用衣服盖住强奸受害者的脸。最后，心理画像完成，其中可能包括对于罪犯的社会经济、家庭、外貌、体格、年龄、教育程度、性格、心理怪癖等等方面的信息。

下面，让我们来看一个1978年发生于美国的真实案例：

22岁的瓦林太太在准备外出倒垃圾时，在自家客厅被歹徒攻击。受袭前，瓦林太太穿着一件类似汗衫的宽松上衣及一件内裤。案发后，她的上衣、胸罩及内裤已褪下，腹部被深深地连戳数刀，从门前一直到卧室留下许多挣扎的痕迹。现场外还发现了两颗子弹，以及一个掺有被害人的血和乳酪的瓶子。歹徒分文未取，现场侦查测不出凶手的犯罪动机。

心理分析官针对这一犯罪现场对犯罪嫌疑人作如下的描述：白人，男性，年龄介于25—27之间，消瘦、外貌看似营养不良，本人生活懒散、邋遢，有心理方面的疾病，个性孤僻，不喜欢与同性及异性朋友交往，大部分时间是一个人独居在家，大约是高中或大专的辍学生，犯罪人一定住在被害人的附近，案发后犯罪人可能是步行回家，凶手很可能会连续作案。

心理分析官之所以这样下结论有其心理学依据，因为犯罪人在行凶时，没有刻意地消除那些暴露自己身份的线索。而且这种特定的行凶手段不是一朝一夕就形成的，凶手的这种偏执的妄想大都产生于19岁，并且还有10年左右的"孕育期"。认为凶手年龄在30岁以下是因为附近尚未发现过类似的事件，认为凶手之所以消瘦是因为大抵患有精神病的人，吃饭、睡觉不好，造成营养不良，并且他们大都不注重个人的卫生和仪表的整洁。他们往往独居。由于疾病原因，他们很少可能进大专院校就读。

自20世纪90年代起，FBI就有意识地使用心理画像技术，特别是对异常心态的连续杀人案的侦破，使得每年五千件悬案只剩10%左右。运用该技术破获了连续纵火100多起的纵火案，连续杀死33人陈尸于自家宅中29具尸体的连续杀人案。

由此可见，心理画像技术的应用，对于无明显犯罪动机的连续暴力杀人、纵火、爆炸等心理异常犯罪是非常有效的。心理画像对明确侦破思路、缩小侦破范围起到了非常重要的作用，为刑侦工作提供了一条新的思路。

第九章

FBI 教你情绪心理学
——我能读懂你的喜怒哀乐

喜怒哀乐的本质是什么？为什么人们会出现各种各样的情绪？这些情绪背后反映了人们什么样的心理？掌握了 FBI 的情绪心理学，就能透过人的情绪，看透其内心，从而作出最正确的应对。

吊桥效应：心动只是因为心跳过快

胆战心惊过吊桥的时候，人们的心跳会加速，肾上腺分泌也相应加快，因为恐惧而进入一种兴奋状态。如果这时碰巧看到一位漂亮的异性，就会产生错误归因，误认为这就是坠入爱河的感觉。生活中有很多吊桥效应，我们不仅要认识这一心理现象，还要充分利用它，以稳固自己的感情，提高生活质量。

震撼人心的美国大片《生死时速》讲述了这样一个故事：佩恩是个退休警官，他杀死了巡逻的警察，在电梯中安置了炸弹，并且以13名人质为要挟，索要100万美金。特警杰克亲自出马，在同事夏利的帮助下，机智地排除了炸弹，且在千钧一发之际救出了人质，可是狡猾的佩恩早就逃脱了。佩恩展开了疯狂的报复，他炸毁了一辆公共汽车。随后他又给杰克打电话说，他已经在另一辆公共汽车里安放了定时炸弹，假如汽车的时速超过了50英里，就再也不能减速了，否则就会爆炸。杰克设法来到这辆公共汽车上，但此时时速已经超过了50英里。司机在混乱中受伤了，乘客安妮驾驶着汽车继续前行。经历一系列惊险后，汽车驶上一条尚未启用的公路。杰克想拆除车上的炸弹，却发现了监视器。他让新闻车不断重播假图像，乘机利用一辆并行的巴士安全转移了乘客，使他们幸免于难。但佩恩取走了赎金。当杰克追上他时，意外地发现佩恩绑架了安妮，还在她身上绑满了炸药。佩恩挟持安妮逃进一辆地铁列车，杀死了司机。杰克与佩恩在地铁车顶展开了生死搏斗，终于打败佩恩，救出了安妮。但地铁已经失控，杰克利用弯道将地铁驶出轨道，冲出了地面，地铁终于停了下来。杰克和安妮又一次逃脱了死神的魔掌。在生死患难中，杰克和安妮心心相印，两人迅速爱上了对方。

你或许会认为，这种闪电般的爱情是剧作家、小说家杜撰出来的，现实生活中根本就不存在。可是，人们在内心惶恐、危难重重的时候会产生一种神秘的心理现象，此时，他们很容易爱上身边的人。1974年，情绪心理学家阿瑟·埃伦（Arthur Aron）就曾做了一个经典的实验，从心理学的角度说明了个中缘由。

在实验中，阿瑟·埃伦请一位漂亮的年轻女士做研究助手，向一些男大学生作简单的调查。首先，被试验者要完成一份并不复杂的问卷。然后，再根据提供的图片编一个小故事。这些都不足为奇，独具特色的地方在于：参加实验的学生被分为三组，分别在不同的地点进行。第一组是在树林阴翳的公园；第二组是在高10英尺并且非常坚固的石桥上；第三组则是在世界上最负盛名的吊桥——温哥华的卡皮拉诺吊桥上。卡皮拉诺吊桥宽5英尺，长450英尺，用两条粗麻绳及若干块木板悬挂在高230英尺的卡皮拉诺河河谷上，在风中左右晃动，令人胆战心惊，魂飞魄散。

这位漂亮的年轻女士向路过的被试验者说，她正在进行一项调查，希望他们回答她提出的一些问题，并根据图片编个小故事。女助手给他们留下了自己的名字和电话号码，并且说，如果他们想要进一步了解实验结果或者跟她联系，那么请给她打电话。心理学家感兴趣的是，大学生们会编出什么样的故事，以及哪一组的男性会给漂亮的女助手打电话。

结果，参加实验的三组男性编出千奇百怪的故事，给女助手打电话的人数也各有不同。在卡皮拉诺吊桥上接受实验的男性认为这位女士既漂亮又迷人，于是至少有一半男性给她打来电话。而在那个稳固的小桥上经过的16位男性中，只有两位打来电话。很显然，与其他两组相比，在危险的吊桥上进行试验的男性中，给女助手打电话的人数最多，并且他们编撰的故事含有更多的罗曼蒂克色彩。阿瑟·埃伦说："在危险可怕的环境中，人们更容易动心。这个道理非常简单，恐惧可以激发心理上的异样感觉。当你惊诧莫名的时候，你看着身边漂亮迷人的女性，就会恍然大悟：我之所以有心动的感觉，原来是遇到了她。"

FBI心理学家运用情绪二因素理论（two-factor theory of emotion）解释了实验结果。和一般的常识不同，个人的情绪经验并不是因为自身的境遇而自发产生的，它包括两个阶段的自我自觉过程。首先，人们体验到自我的心理感受；然后，在周围的环境中为这一心理感受寻找合情合理的借口。比如，你在某一个时刻心跳得厉害，手不停地颤抖，全身燥热，然后，你会自然而然地到环境中寻找答案。如果你看到一个仪态万方的女子，你会认为这是爱慕或者动心；如果你碰巧看到一条鳄鱼，你就会想："天哪，这可真恐怖！"这就是说，你的情绪体验并非来自你的真实遭遇,而是取决于你对自身生理唤醒的解释。这就产生了一个问题,你可能会对同一生理表现给出不同的解释。至于真正的原因究竟是什么,你很难回答,难免产生错误的认识。在心理学上,人们对自己的心理感受作出错误推论的过程就叫做唤醒的错误归因(misattribution of arousal)。

人们处在左右摇摆的悬空吊桥上,会不由自主地恐惧,导致心跳加快、呼吸急促等现象。对于那些接受调查的男大学生而言,也是如此,他们更容易在心理上激动。这种心理激动是如何产生的呢?他们会从环境中寻找答案。根据情绪二因素理论,吊桥上的男性会对自己的激动表现找到两种大体上合乎情理的解释:一是由于吊桥非常危险,使自己心里就像揣着一只兔子;一是因为面前的女助手魅力无穷,让自己产生了爱慕之情,萌发心动的感觉。到底是哪一种原因呢?他们很难分清。此时,一些男性就对自己的生理唤醒进行了错误归因,本来是危险导致的心跳过快,却误认为是心动的感觉,或者相反。与其他被试验者比较,吊桥上的男性更容易对身边的调查者产生兴趣,他们勾勒出带有较多情爱色彩的故事,更多地给女助手打电话。

为了证明情绪二因素理论,阿瑟·埃伦找来两组人做实验,一组跑步十分钟,一组没有跑步,然后给他们看帅哥美女的靓照。结果,激烈运动后的人更容易被照片上的帅哥美女吸引。所以,阿瑟·埃伦得出结论,任何生理上的"激活"都能令人更容易动心。

你在生活中,也可以运用吊桥效应这一法宝。比如,带女(男)朋友看恐怖电影,玩过山车或者蹦极,进入游乐场的幽灵世界,一起看捧腹大笑的喜剧,为躲避危险带着她(他)一路狂奔……这些场景都引发了人们的生理唤醒,比如心跳加快、呼吸急促等,然后有意无意地将这种反应看做"我为他(她)而心跳",最终导致两人的感情得以升华,更加相亲相爱。

自卑情结：优秀源自对自卑感的超越

如果要超越自卑，就要全面了解自己，发现自己的优点；做自己最擅长的事情，不要盯着弱点不放；要寻找产生自卑的深层原因，从源头上瓦解自卑情结；还要扬长避短，把某种缺陷转化为前进的动力，用成功强化自信。

1927 年，A. 阿德勒（Alfred Adler）出版了《超越自卑》一书，书名原为《生活对你的意义》（What Life Should Mean to You）。这本书包括生活的意义、心灵与肉体、自卑感与优越感等 12 个主要论点。阿德勒从个体心理学观点出发，以自卑情结为中心，创立了个体心理学。在他看来，人类的所有行为都源自自卑感以及对自卑感的克服与超越。他在书中以轻松的笔触描写了自卑感对行为的影响以及个人如何克服自卑感，如何将自卑感转化为一种积极向上的心态，最终创造人生的辉煌。

阿德勒指出：每个人都有不同程度的自卑感，因为没有一个人对自己此时所处的地位感到满意；对优越感的追求是所有人的通性。然而，并不是人人都能超越自卑，关键在于正确对待职业、社会和性，在于正确理解生活，明了人生的真谛。那些自幼就有器官缺陷或被父母溺爱或被忽视的儿童，更容易在以后的生活中误入歧途；家长和老师应培养他们对别人、对社会的兴趣，使他们真正认识"生命的价值在于奉献而不是索取"。这样，他们就能够从自卑走向超越。阿德勒修正了弗洛伊德泛性论的精神分析观，使精神分析步入了新的里程。因此，《超越自卑》一书使那些希望克服自卑感并在生活和事业上功成名就的人受益匪浅。

阿德勒出生于1870 年，在家中排行第二。尽管家境富裕，但是在阿德勒的记忆中，他的童年一片灰暗，命运多舛，并且灾难不断，笼罩着对死的恐惧和因身体虚弱而感到的悲哀。阿德勒生得又矮又丑，年幼时患有软骨病，4 岁时才能走路，接着又患了佝偻病，不能进行体育运动。他还被汽车轧伤过两次。5 岁时，他患了非常严重的肺炎，甚至连他的家庭医生都绝望了，但他却奇迹般地痊愈了。上学后，他的成绩极为糟糕，老师认为，做个鞋匠是他唯一的出路。相比之下，阿德勒的哥哥身体健康，学习优秀，整天蹦蹦跳跳。在哥哥面前，阿德勒觉得自己又丑又矮又笨，还患有驼背，无论怎样努力都赶不上哥哥，样样不如哥哥，因此他自惭形秽。这既是阿德勒不快乐的根源，也是他自卑的重要原因。

阿德勒的许多观点都可以从他的童年生活中找到蛛丝马迹。5岁时的肺炎让他险些命丧黄泉，所以阿德勒的目标就是做个医生，克服儿童时期对死亡的恐惧。他举例说："记得我3岁的时候，曾经从婴儿床上摔下来。"伴随着这种最原始的记忆，他反复做着这样的梦："世界末日来临了。我在午夜忽然醒来，看到天空被火光照得通红。星星像雨点一样纷纷坠下，地球将要和另一个星球相撞。但是，在被撞之前，我醒过来了。"有学生问他是否害怕什么东西，阿德勒回答道："我怕我不能在生活中获得成功。"这说明儿童的心理创伤会造成自卑感，因为他们非常弱小，必须依靠成人生活，行为举止都受到限制。一旦他们利用自卑感作为逃避的借口，便有可能发展成为神经病。若这种自卑感继续存在，就会产生一种充斥心间的不良情绪，便会构成"自卑情结"，会使他们萎靡不振。严重者敌视父母，长大后仇视社会，对任何人都不相信。

那么，什么是自卑呢？FBI认为自卑是一种消极的自我评价或自我意识。如果一个人自卑，他就会低估自己的智力、能力、形象和品质；总是拿自己的短处和别人的长处相比，越比越觉得自己不如别人；开始自惭形秽，进而悲观失望，低迷消沉，不思进取，甚至破罐子破摔。所以，自卑往往导致失败。克服自卑心理是一个非常重要的心理问题。一个人长得矮，为了显得高一些，总是踮起脚走路。两个小孩在比身高的时候，经常可以看到这种现象：担心自己矮的小孩，会挺直身板，并紧张地保持这种姿势。你如果要问他，是否担心自己矮，他一般不会承认。

你如果以为有自卑感的人比较安静、拘谨、柔弱、顺从，那你就错了。自卑感的表现往往千差万别。有三个小孩第一次来到动物园里，站在关着狮子的铁笼面前。第一个小孩面如土色，吓得浑身发抖，紧张地躲在母亲身后，央求道："妈妈，我们回家吧！"第二个小孩僵硬地站着，脸色白得像一张纸，用颤抖的声音说："狮子有什么了不起的，我一点儿都不怕！"第三个小孩目不转睛地盯着狮子，问他的妈妈："我可不可以吐它一口唾沫？"实际上，三个小孩在狮子面前深感自己处于劣势，都有自卑感，但他们分别以自己的方式表露了自卑。

自卑情结能够摧毁一个人的意志，使他沉沦颓废。但是阿德勒认为，自卑是可以超越的，关键在于激发人内心的超越自卑的潜在渴求，使他们通过努力来补偿自己的缺陷。

1907年，阿德勒发表文章说，缺陷可以引起自卑及其补偿。由于身体缺陷或其他原因造成的自卑，一方面能摧毁一个人，使人自甘堕落或变成精神病；另一方面，它还能使人发愤图强，立志振作，以弥补自己的缺陷。古代希腊的戴蒙斯赛因斯小时患有口吃，经过数年的苦练，竟成为著名的演说家；美国的罗斯福总统，患有小儿麻痹症，却不屈不挠，艰苦奋斗，最终成为家喻户晓的历史名人；尼采体弱多病，他弃剑就笔，成为一代哲学大师。这些例子说明，一个人在某个方面有缺陷，有时候会迫使他在其他方面求得补偿。古往今来，这样的人举不胜举。

1911年，受德国哲学家怀亨格（Hans Vaihinger）的《"虚假"的心理学》（The Psychology of 'As If'）一书的影响，阿德勒认为，促使人类做出种种行为的是人类对未来的期望，而不是他们曾经的经验。虽然目标是虚假的，却能使人类根据期待做出种种行为。很多时候，个人并不了解其目标的用意，因此，这种目标经常是潜意识的。阿德勒把这种虚假的目标之一称为"自我的理想"，认为个人能从中获得优越感，并能维护自我尊严。

巧合现象：为何说曹操，曹操就到

生活中的许多巧合现象，从客观的角度来看，或许一直都在发生，只不过你没有留意而已。事实上，人们对于外界的感知是有选择的，对于那些符合现实的比较巧的现象会倍加留意。一旦某事和你息息相关，你便会密切地关注它；反之，你就司空见惯而自动忽略了。

一天，澳大利亚一位叫托德的男子在体育场中观看足球赛决赛，赛况异常激烈，观众的情绪也阵阵高昂。这时候，距离托德几米远的一名观众太激动了，拿出自带的一本邮局印刷的电话号码簿，疯狂地撕成了碎片，并且将这堆碎片纷纷扬扬地撒向空中。这时候，其中的一张碎片飘到了托德的膝盖上。他随手捡起来一看，意外地发现，这张碎片上居然写着自己的姓名、地址和电话号码！这一巧合成为托德刻骨铭心的记忆。

希尔希忽然发现，他的手机总是在打电话时没有电；他去了洗手间，电话往往在这时响起，等他匆匆回来接电话的时候，对方却刚刚挂机；他的电脑总是在急着用的关键时刻死机；有时候等公交车，半个小时也看不到要乘坐的车辆，不坐车的时候却发现一辆接着一辆；路上的出租车也是，每当他有急事要打车时，来来往往的出租车却都有乘客，要不就很长时间看不到一辆出租车；至于电梯呢，总是在他要乘的时候人满为患，经常要等二十多分钟；当他某一天穿衣服少时，天气就忽然降温了，而当他穿的衣服很厚时，气温又升了……希尔希的妻子怀孕了，希尔希走在路上，突然发现大街上的孕妇也一下子增多了，不时就碰到一个孕妇。他心想，以前也没见有这么多孕妇呀，难道都赶在今年怀孕了？希尔希奇怪地问同事，同事却一头雾水地说，没有啊，并没有见到有很多孕妇啊。原因很简单，希尔希的妻子怀孕了，他便有意无意地留意起孕妇，每看到一位，就会记在心里，几次下来，就觉得大街上的孕妇真多啊！

记得有一次，小喆在办公室等一位朋友的电话，可是左等右等电话也没有响。小喆心想，说不定她一走开，电话就会响起。果不其然，当小喆刚要打开办公室的门准备出去时，电话就"嘀铃铃"地响了。还有，小喆做了一个梦，结果第二天，梦境就实现了。

看到这里，你不禁要问："在生活中，为何会有这么多的巧合现象呢？"

或许你经常有这种体会，有时候你刚想起某个人，或者同朋友提起某个人，这个人就出现了。这时候，我们就会感慨地说："这真是说曹操，曹操就到啊！"

《三国演义》第十四回说，李傕与郭汜打得难分难解时，汉献帝曾一度脱离险境，转危为安。然而不久，李傕与郭汜二人合兵，继续追拿汉献帝。有人向汉献帝推荐曹操，说他成功剿灭了青州黄巾军，有足够的能力前来救驾。求救的信使还没有出发，李傕与郭汜的联军就杀了过来，汉献帝危在旦夕。此时，夏侯惇奉曹操之命率军前来"保驾"，击溃了李郭联军，曹操被加官晋爵。刚有人向汉献帝提到曹操，曹操的军马就到了，因此后人有"说曹操，曹操就到"之说。

"说曹操，曹操就到"，类似的话是"芝麻掉进针眼里"。人们也爱说："受伤的手指经常被人碰。"为什么受伤的手指经常被人碰呢？道理并不复杂，对于受伤的手指我们总是格外注意，或许没有受伤的手指被碰了一百次，因为并不疼痛，我们便没有放在心上。受伤的手指一旦被碰到了，就会伴随着剧痛，刺激着我们的神经，无形中也加深了记忆。同理，芝麻或许更多的时候是掉到其他地方，但偏偏因为掉到针眼里比较巧，所以人们就记住了，而对于掉到别处的情形，直接就忽略了。

从心理学的角度来看，人们往往会轻易忘掉一百次失败的预言，却津津乐道于偶然的一次成功。很多的巧合现象都可以由此得到解释。

事实上，人们对于外界的感知是有选择的。我们预言了一百次，只有一次实现了。恰恰那一条符合现实的预言被我们牢牢记住了，至于更多的不符合现实的预言，则直接被记忆淡化甚至忘记了。并非我们的预言多么准确，只不过我们有意识地强化了它的准确性。有些事情和我们相关，比如你的妻子怀孕了，你就会对周围的孕妇潜意识地给予关注。相比之下，你就会发现，孕妇怎么突然这么多了呢？其实并不是孕妇真的多了，而是你自觉不自觉地留意她们，从脑海中把这种信息给强化了。

你在哼着一首经典老歌，同事大惊小怪地说："呀，我心里也在想着这首歌呢，没想到你也在唱！"你便笑了，心想这首歌已经很老了，唱的人应该不多啊，同事怎么和你一起想起它了呢？于是你认为你俩大概有心电感应。往深处想想，是否刚才谁的手机铃声正是这首歌的旋律呢？是否旁边楼下的音像店或什么商店正播放这首老歌呢？

当然，也有许多巧合现象我们无法解释，有时候是因为我们对其背景知识或者原理知之甚少。弗洛伊德的潜意识观念也可以给出一定的解释。

一次，布列尔与夫人在一家餐厅就餐。在随意的交谈中，布列尔忽然打住话题，说了一句毫不相干的话："不知道劳医师在匹兹堡干得怎么样？"他的太太非常讶异，说道："亲爱的，几秒钟之前我也在想这个问题！"是布列尔与太太心有灵犀吗？当他们偶然看向门口，忽然发现一个和劳医师长得很像的人刚刚走过。不难发现，在两人专心交谈时，这个和劳医师很像的人正路过他们桌前。但他们都没有刻意注意到他，只是他激发了两人潜意识里对劳医师的想念，所以他们出现共同的想法就顺理成章了。

话又说回来，如果没有那个貌似劳医师的人经过，我们便无法用常规来解释了。

弗洛伊德说："人类一般具有轻信倾向以及对于奇迹的崇信。"人们对那些特异事件、神秘现象有着难以名状的喜好，似乎都情愿相信生活中存在着不合常规、神秘莫测的事情。弗洛伊德解释说："虽然生命把我们置于它的严格规则的控制之下，但一开始人们就产生了一种抵抗，以反对思维规则的严酷性和单调性，反对实在性实验的要求。理性变成了敌人，它剥夺了我们如此之多的享受的可能性。我们发现，我们也许会得到很多的乐趣，哪怕暂时摆脱理性的束缚，沉浸于无聊的诱惑之中。"

童年阴影：藏在心底永远的痛

金色的童年总是令人怀念，但有时候，童年也会留下一些暗礁。精神分析的理论认为，人类的精神活动倾向于躲避痛苦。我们应该充分正视童年的经历，不让这些阴影影响、控制我们的生活。只有这样，我们才能走出童年的阴影，并且心智越来越成熟。

59岁的凯勒说，自从退休后，她经常躺在床上，回忆起在母亲棍棒下长大的童年每每泪流满面。

凯勒3岁半的时候，母亲就已经给她生了一个妹妹和一个弟弟，那时候母亲才23岁。凯勒的父亲长年在外工作，母亲独自带着3个幼儿，个中艰辛自是不言而喻。或许因为这份艰辛，母亲的脾气非常暴躁，经常因为一点小事甚至无缘无故地打骂两个女儿。母亲的重男轻女思想非常严重，对弟弟从不舍得动一根手指。凯勒说，母亲对她们的责打既频繁又残忍，揪耳朵、用脚踢、扇巴掌都是家常便饭。母亲又很爱面子，打了凯勒和妹妹后，绝对不许她们哭出声，生怕左邻右舍听到。夏天的时候，街坊邻居纷纷把长椅、竹床搬到外面乘凉。大人小孩都穿着短衫短裤，凯勒却一直穿着长袖衣服，因为她的手臂和腿上总是被母亲打得青一块、紫一块，她不想让街坊邻居看到。这种忍气吞声的日子，把凯勒姐妹的性格都扭曲了，她们特别内向和胆怯，两姐妹都沉默寡言，逆来顺受。

凯勒婚后生了个女儿，她把大部分精力放在女儿身上，带她旅游、学琴、学跳舞、学游泳。凯勒想通过女儿弥补母亲没有给她的幸福和关爱，希望女儿长大后没有自己那么多遗憾。女儿小时候很淘气，有时候凯勒也会情不自禁地打她。过后凯勒就想，我怎么和母亲一样了？与其说这是家庭环境对人潜意识的影响，倒不如说凯勒一直处于童年的阴影中。

FBI心理学家认为，凯勒的童年在母亲的棍棒下度过，身心饱受摧残，长大成人后的生活也始终笼罩着儿时的痛苦阴影。

那么，什么是童年阴影呢？一般是指童年的时候有过某种不愉快的经历，直到长大了还记忆犹新,并影响着成年后的感情与生活。有人可能害怕这些记忆还会重演,有人一碰到和童年那些事情有关联的就会畏惧并选择逃避,有的人反而会重复这些经历,如此种种都属于童年阴影。

按照 FBI 的观点,人们的很多行为是由童年或先前的心理事件所决定的。童年的生活事件会影响或决定一个人后来的行为。如果童年留下了阴影,他们就会在长大后利用可能利用的关系来修复,一直到他的创伤愈合,他才会停止这种寻求。这也是一种强迫性重复。有些明星就有童年阴影,所以他们产生了不安全感和无价值感,而这种阴影,有可能需要他们花费一生的精力才能走出。

如果一个父亲是完美的偶像,他的巨大成功会给儿子带来压力。儿子生活在父亲的光环之下,也会形成童年阴影。比如,美国前总统小布什,他的极权性格就源于童年时的阴影。在飞扬跋扈的母亲的影响下,小布什经常出现无意识的口头错误。小布什年轻时的酗酒等叛逆行为就是对父亲的一种打击,也是自毁前程的绝望尝试。他的弟弟杰布·布什指出了问题所在:"许多像我们一样有这么优秀的父亲的人都会有种失败感。"

心理学家将人生比喻为一只放飞的风筝,它晃晃悠悠地升起,越飞越高。风筝受到风向的影响,更受到放风筝者手中那根线的牵制和操纵。童年的遭遇或经历就是那根细长的线。既然童年阴影如影随形,挥之不去,那么我们怎样才能走出童年的阴影呢?

首先,正确对待阴影。这些经历隐藏在我们的思维深处,散发着恶臭的气息,就像人类精神后院的污秽、黑暗和罪恶。当你受到某些心理困扰时,就会激活埋藏在潜意识深层的阴影,进而制造过失。就是说,一个人感到不开心、不顺心的时候,尤其要警惕潜意识中压抑的阴影即野性的冲动,以免造成无法挽回的伤害。

其次,客观对待过失。阴影总是通过过失表现出来的,或是自己的,或是他人的。从心理学角度讲,无论出现什么偶然的、突发的过失,都有它的必然性、自发性,所以不必自怨自艾,不要对自己、对他人一味责备。童年时期不幸看到长辈和别人私会,不幸遭到了猥亵,于是一直产生罪恶感,折磨得自己抬不起头来,这些想法都是不必要的。要学会原谅与宽容,学会调整自己的心态，客观对待过失，才是有知识、有理性的现代人。

再次，公正评价过失。思想家迪斯累里说："重要的事情并非重要到不能再重要；不重要的事情也并非就像看上去那样不重要。"生命享有原本的自由，生活出现了过失，关键看你如何去评价。童年时期发生在你身边的过失不过是沧海一粟。心理学家荣格指出："世界史上的重大事件根本是不重要的，说到底最重要的乃是个人的生命，因为生命创造一切。"既然生命如此重要，我们为何不欢快地度过每一天呢？

庄子说："人生天地之间，若白驹过隙，忽然而已。"我们固然有不□的回忆，但是生命如此宝贵和短暂，生活中还有更多美好的东西值得眷恋。相比于历史长河中个体生命的渺茫，你在童年时期那片小小的阴翳又何其微小呢？

口头禅效应：一句话看透对方的内心

口头禅在人们的生活中扮演着非常重要的角色，口头禅可以反映人的心理，透露人们的内心特征。心理学家认为，口头禅是人们内心对外在事物的一种看法，是人们下意识的行为，反映了人们的一种情绪以及面对突发状况的心态，这种心态同时也可以间接地反映出一个人的性格特征。

如果你经常看电视，可能会发现周杰伦代言的某乳品饮料广告。在广告中，周杰伦有一句话"哎哟，不错哦"，这句话被广大的粉丝们发布在各大论坛，成为网友们常用的调侃用词。

其实这句"哎哟，不错哦"来自周杰伦的一首歌曲《红模仿》，也是他常常挂在嘴边的口头禅。那么我们从这句话能看出周杰伦的个性吗？如果我们留心观察他的动作手势和一些其他表现，就不难发现，周杰伦的性格有点内向。他喜欢说这句话，一方面是出于客套，很随意；另一方面也间接地透露出他为人内敛、不愿张扬的性格特点。

真实生活中的周杰伦不喜欢多说话，他更愿意安静地沉醉在自己构建的精神世界中，这是他的朋友都证实了的。

FBI对口头禅是这样认为的："口头禅的形成，大致和使用者的性格、生活遭遇或是精神状态有关，可以当做个人标志，同时也影响着他人对这个人的感觉。"

语言风格是一个人文化素养的体现，而那些常常挂在人们嘴边的口头禅所属的语言风格，更能说明一个人的气质和修养。比如常说"谢谢"、"对不起"等文明词汇会让人感觉到使用者的谦恭和修养；喜欢把骂人的词汇当做口头禅的人则显得有些愤世嫉俗；而喜欢把"无聊"、"没劲"挂在嘴边的人则可能会让人觉得他精神状态不是很好，也许没有什么追求。

口头禅在人们的生活中扮演着非常重要的角色，一句口头禅也许就能间接地反映一个人的性格。也就是说，口头禅可以反映人的心理，透露人们的内心特征。

在我们身边，几乎每天都会有很多的口头禅进入我们的耳朵，不管你是否愿意听，这些简单而直接的词语或句子总会出现。有的口头禅比较主观、直接，还有口头禅则比较委婉、谦虚。那么这些挂在人们嘴边的口头禅到底反映了说话者怎样的心理呢？

心理学家认为，口头禅是人们内心对外在事物的一种看法。人们往往会把外界的信息在内心深处经过自己的加工，然后转换成自己喜欢的表达方式，这种方式久而久之就会形成一种固定的语言反应模式。每当再次遇到类似的情况出现，早已在心里"预备"好的潜台词就会脱口而出，这就是所谓的口头禅。

也就是说，所谓的口头禅是人们下意识的行为，反映了人们的一种情绪以及面对突发状况的心态，这种心态同时也可以间接地反映出一个人的性格特征。

在成龙和王力宏主演的电影《大兵小将》中，王宝强饰演的梁国探子让人记忆深刻，那句口头禅"什么情况"更是让人们捧腹大笑，甚至这句话抢了主演们的风头。这句口头禅把一个憨厚朴实、幽默迟钝的小人物活生生地搬上了银幕，这就体现出了话语使用者的性格特点。

除此之外，口头禅还是人们心理宣泄的方法。比如每天起来照镜子劝自己"加油"就是一种积极的心理劝慰，让自己奋进；还有些人喜欢说"烦死了"、"郁闷"等，这就是带有消极意味的口头禅。那么这些消极的口头禅就一定是不好的吗？这也不一定。

常常把"烦"、"郁闷"挂在嘴边的人不一定真的烦躁和郁闷。他们之所以会说这些话，只不过是想缓解一下内心的压力。现在生活压力都很大，通过这样的口头禅来宣泄一下内心的不满和抑郁，让心理有一个舒缓、宣泄的通道，这样更有益于人们的心理健康。

心理宣泄如果还不能达到效果，有些人还会说一些诸如"我完了"、"死定了"等词汇。这样说的目的是为了实现心理安慰和自我的心理疗治。人们之所以会说这种很极端的话，是出于人的心理防御机制。

什么是心理防御呢？心理防御就是以某种方式或手段，让自己在不利的现实面前作出某些积极的适应性改变，使自己能够面对现实，不至于引起心理上较大的紧张和痛苦，以保护心理安宁的一种方式。人们往往会估计出最坏的情况,然后通过口头禅来强化一下。如果现实情况并不是想象中那么恶劣,那人们就能得到一种心理安慰,这也是一种自我的心理治疗。

那么口头禅又是如何形成的呢?是不是习惯使然呢?当然,我们也不能排除这种可能性。但从心理学的角度来看,其中有两个原因:重大事件对人的影响和积累效应的结果。

这也很容易理解。比如一个刚刚失恋的年轻人,因为伤心过度,很可能在以后的较长一段时间内都不相信爱情,觉得爱情是虚幻的,所以他有可能说这样的口头禅:"爱情啊,没谱的事儿。"这就是重大事件对人的影响。如果他又开始了一段感情,结果又失恋了,经历了这么几次失败的感情,他可能就会说:"爱情是什么东西!"这就是说,当一个人多次遇到同样的情况后,积累效应就会在他的口头禅中得以体现。

那么如何从人的口头禅中发现他的内心所想呢?虽然我们不能准确判断,但还是有一些规律可循的,也许下面这些口头禅的人就是这样想的:

口头禅是"说真的"、"老实说"、"的确"、"不骗你"等的人,时时刻刻在担心对方会误解自己,因此性格有些急躁,甚至缺乏一定的自信。而且他们说话的时候会非常在意对方对自己的看法,所以才会一再强调"真实性"。当然,他们说这些也可能是希望自己被对方认可。

口头禅是"应该"、"必须"、"必定会"、"一定要"等的人,与强调"真"的相反,这种人非常自信,做事比较理智,表现非常冷静,抱有不说服对方不罢休的心态。另外,如果说"应该"比较频繁的话,也可能是内心不确定的表现。长期担任领导职务的人,常说这类口头禅。

口头禅是"听说"、"据说"、"听人讲"等的人,往往善于给自己留余地,说话不说死,比较谨慎。这种人见识虽广,但决断力显得有些弱,他们大多处世比较圆滑,当然有时候也可能是内心比较矛盾的表现。

口头禅是"可能"、"或许"、"大概"等的人,一般自我防卫本能较强,不愿意暴露自己的内心,善于交际,处世冷静,所以工作和人际关系一般都不错。有时候,这样说话是以退为进,一旦说中,他们就会变得非常自信,颇为自得。

口头禅是"但是"、"不过"的人,性格上比较任性,喜欢辩解,往往会在内心为保护自己设置一个堡垒。如果这种人从事公共关系，则显得比较委婉和圆滑。

不要小看一句小小的口头禅，说得好会为自己的个人魅力增色不少，否则很可能会让自己失去一些机会，因此一定要优化自己的口头禅。比如在聊天的时候，一个朋友正在兴致勃勃地说话，如果你冒出一句"没劲"的口头禅，对方很可能就会觉得你对他所说的话不感兴趣，兴致就会大减。若你说"不错"，那效果就大不相同了！

踢猫效应：坏心情是怎样传染的

情绪的产生，无论是喜、怒、哀、乐，都有一定的原因。情绪有好有坏，感染的效果也会有正有负。现代医学研究发现，大多数人的疾病往往会从不良的情绪、失衡的心理中产生。良好的情绪会构成一种健康、轻松、愉悦的气氛，而坏情绪会造成紧张、敌意的气氛。在坏情绪的影响下，人际交往不但会出现问题，人还容易生病。为此，人们应该像重视环境污染一样，真正地把情绪污染重视起来。

一位服装店的老板有一天心情很糟糕，半路上被一个交警开了罚单。他到自己的服装店的时候，发现一个女店员正在偷懒，就大声地呵斥了她几句。过了一会儿，有一位女医生来买裙子，让这个女店员去拿了好几次货。女店员因为被老板骂了一通，心情不好，就不耐烦地说道："你买不买啊，一条裙子还挑来挑去的？"

女医生本来热情高涨，被这个女店员说了一句后，顿时变得沮丧起来，就这样带着一肚子气去上班，拉着脸给病人看病。刚好有一个病人问她说："医生，我下个星期能不能不输液啊？我觉得自己好多了。"这个医生怒气冲冲地说道："你是医生，还是我是医生？你什么都自己觉得，还要我这个医生干什么？"病人怏怏地走了。

碰巧，这位病人正是那个交警的妻子。她闷闷不乐地回到家里，自然会对家人施以脸色，说话的语气肯定不会太好，这就会影响到整个家庭的和睦。家人走出家门，还会和其他人接触，于是形成了一个恶性循环，造成了情绪污染。

情绪是客观事物作用于人的感官而引起的一种心理体验。情绪的产生，无论是喜、怒、哀、乐，都有一定的原因。情绪有好有坏，感染的效果也会有正有负。

现代医学研究发现，大多数人的疾病往往会从不良的情绪、失衡的心理中产生。良好的情绪会构成一种健康、轻松、愉悦的气氛，而坏情绪会造成紧张、敌意的气氛。在坏情绪的影响下，人际交往不但会出现问题，人还容易生病。为此，人们应该像重视环境污染一样，真正地把情绪污染重视起来。

在心理学上有一个著名的踢猫效应：某公司职员杰克被老板骂了一顿；杰克很生气，就回家跟妻子吵了一架；妻子莫名其妙地被丈夫数落，正好儿子回家晚了，于是就打了儿子一记耳光；儿子捂着脸，看见自家的猫就狠狠地踢了它一脚。

在现实生活和工作中，我们很容易发现，类似的踢猫效应屡见不鲜。坏情绪在人际交往时扮演着非常恶劣的角色，有很多人在受到坏情绪传染后，并不能冷静地思考，也不会去分析自己为什么受到别人的斥责，总觉得心里很不舒服，于是就会下意识地去找替罪羊发泄心中的怨气。受到了别人的指责，心情不好是可以理解的，但是我们不能把这种不良情绪传递给别人，踢猫效应不仅于事无补，反而更容易激发其他矛盾。

所以，如果有人训斥了你或者给了你脸色看，你要这样想：也许是别人踢了他的"猫"，所以他才会来"踢我"，他的所作所为和我没什么关系。当然，除了保持这种乐观的想法，我们还要学会如何对消极的事物作出积极的反应。

比如你的老板训斥你，也许是他的生意伙伴背叛了他，还可能是昨天晚上他的妻子抱怨他没有洗脚，还有可能是他上午在路上压了线被吃了罚单。这时候，作为一个员工必须要忍，不能流露出一丁点不满情绪。这就意味着你已经能对消极的事情作出积极的反应了，最好能够以愉快的态度去面对不愉快的事情。不要认为这是软弱的表现，事实上这种反应是最明智的。

不管是工作还是生活中，我们都要防止情绪污染，从自我做起，尽量做到不将坏情绪传递给家人、朋友、同事。遇到消极情况时，还要学会调整情绪的技巧，遇到烦恼和挫折不能传染给他人，自己能够承受的一力承受。如果发现周围的人情绪不佳，我们还要及时做好疏导化解工作。

FBI研究发现，人的情绪变化有两个关键时间，一是早晨就餐前，二是晚上就寝前。要想保持好的情绪，就需要特别注意在这两个关键时间段内调整心态，和家人和睦相处，避免引起情绪污染。通常情况下，家庭某一个成员情绪不好时，其他成员就会受到感染，产生相应的情绪反应，造成沉闷、压抑的不良情绪。

当然，人都是情绪性动物，任何人都会有情绪低落的时候。遇到自己心情不愉快的时候，我们要有忍耐和克制精神，尝试着把不良情绪转移到其他事物上，不能把自己的坏心情传染给别人。

健忘效应：忘记并不是因为记性不好

在心理学上，"健忘"并不是简单的记性不好的问题，而被认为是某种意识被压抑的结果。一个人即使自我抑制的能力再高，也无法永远安全地压抑自己的本意，那些被压抑的欲望总会无意识地流露出来。当一个人想极力掩盖自己的真实意图时，他就会不停地告诫自己"绝对不能表露出来"。可实际上，在这个自我压抑的过程中，他们极易无意识地发生各种"健忘"行为。

在生活中，我们可能会经常听到这样的声音：

公司前台的阿美这样抱怨道："我男朋友真是个猪头，他竟然忘了我们相恋的时间。昨天是我们相识两年的日子，在吃饭的时候，我还特意提醒了他，没想到他竟然彻底忘记了，还说我莫名其妙，我一生气就走了，我要打算和他分手！真是的，这是什么男人啊，真不可靠！"

你的闺蜜也许会向你这样诉苦："我和我男朋友是异地恋，我也知道他真的很忙。虽然他也知道我的生日，还在我生日的前几天给我邮寄了生日礼物，可是在我生日的当天，他却忘了祝福我。我真的很伤心，连我这么重要的日子都能忘，他还爱我吗？我打电话给他，他说他也很郁闷，说我一点都不理解他，他工作那么忙，让我原谅他。你说我该原谅他吗？他忘记了我的生日，是不是他已经不在乎我了？是不是不像原来一样爱我了？这样的男人值得托付终身吗？"

你的邻居王姐可能也会对你这样说："我的老公可气人了，他竟然忘了我们的结婚纪念日，而且还振振有词地说男人都这样，男人嘛不都是大大咧咧的。我当时就生气地骂了他一顿，他真是过分。有一次他还忘记了我的生日，就更别提送礼物了。你说，我该跟他大吵一架还是冷战到底呢？你说这样正常吗？"

可能你会说，这当然不正常了，男人再忙也会记得爱人的重要日子，忘了你的生日说明他不爱你了，这说明他不怎么在乎你了。

有人并不这样认为，他们觉得男人本来就是很粗线条的。男人忘记了爱人的生日并不代表他不爱她,只是说明他比较粗心。很多时候,女人总愿意把爱与不爱和男友记不记得自己的生日联系起来,但实际上很可能只是他们不太擅长记住这些不特别的日子。那么到底谁说得对呢?在这些健忘的背后有着什么样的心理原因呢?

相信你也有过一些被人遗忘的经历,上面的那些情况你甚至亲身经历过。为什么他们会忘记呢?当然,如果积极地想的话,我们可以认为男人是因为工作忙、压力大的缘故,可能是确实无意识地忘记了。但是,假如男人最近不断地"遗忘"你的"特殊"的日子的话,那这个女孩子就需要提高警惕了,也许你们的感情真的出现了问题。

下面我们从心理学的角度客观公正地看看男人们健忘的背后隐藏着什么深意,是不是像我们想象的那样呢?一般情况下,人们会把主观意识难以控制的偶然的失误理解为"健忘"。但是,在心理学看来,健忘并不是简单的记不住,而是蕴含着特别的含义。

心理学家是这样认为的,通常来说,所谓的"健忘"有以下三种类型:

1. 口误、笔误、说错字、视听错误等等。
2. 忘却,这里的忘却不是永久性的忘记,而仅指在一段时间内想不起来。
3. 忘记摆放物体的地点,常表现为"怎么平时常用的东西突然找不到了"。之所以会出现这种情况,是因为在心理潜意识中自己并不真的在乎这个东西,很想寻找另外的替代品,或者根本就不愿意提起这个东西,连带着送这个东西的人都想忘记。

心理学认为,人们为了更好地适应复杂的人际关系,在潜意识中一般都会倾向于隐藏自己内心的真实想法。比如,即使你不喜欢对方,但为了获得对方的认可,还要表现出自己非常欣赏对方的样子;或者你与某人有些隔阂,但在外人面前,你可能表现得与那人非常亲密,这就表示你在努力隐藏自己的攻击欲望。健忘的道理也是如此,即使人们已经非常努力地去表现,但在无意识中健忘还是会出卖其淡漠的本意。因为一个人即使自我抑制的能力再高,也无法永远安全地压抑自己的本意,那些被压抑的欲望总会无意识地流露出来。

所以在心理学上,"健忘"并不是简单的记性不好的问题,而被认为是某种意识被压抑的结果。就像上面那些遗忘女友生日的男人们,如果他们经常忘记约会，和恋人的亲密度有所下降，很可能这就是爱情变得淡漠的预兆。因为，当一个人想极力掩盖自己的真实意图时，他就会不停地告诫自己"绝对不能表露出来"。可实际上，在这个自我压抑的过程中，他们极易无意识地发生各种"健忘"行为。

由此看来，怀疑自己男友的女孩子们确实要警惕起来，千万不要轻视了"健忘"。如果你感到他对你"健忘"的事情越来越多，这时你就需要重新思考这段感情了。

除此之外，还有一种健忘是不可轻视的。现在越来越多的年轻人抱怨自己记不住东西，还有一些人出现了严重的记忆力下降、失眠、困乏、头晕等症状。这又是什么原因呢？这些健忘症往往是老年人的专利，可在我们身边为什么那么多的年轻朋友也会出现这样的健忘症状呢？这是神经系统的问题，还是心理因素导致的呢？

一些医学专家研究认为，年轻人"健忘"多属假性记忆下降。一位神经内科专家表示，年轻人记忆力下降和年龄没有太大的关系，一般来说，敏感类型的人容易出现记忆力下降现象，这和心理因素有着很大的关系。

心理研究证实，年轻人记忆力减退绝大多数是因为长期处于较大的精神压力之下，由于心理、精神、睡眠等出现问题，才会引发一系列的"健忘症"，一般表现为紧张、焦虑、记忆力下降。所以，如果压力得以释放、心理不良诱因得以解除，假性记忆力下降问题就能够彻底消除。

对于类似的"健忘症"，如果症状在短时间内不能得以缓解，那就要尝试用一些心理手段来调适自己的情绪：

1. 自我疏导。转移负面情绪，把你的注意力转移到新鲜事物上。若心理上产生了新的体验，有可能驱逐和取代你的不安和健忘。

2. 自我刺激。当你实在想不起一件事的时候，那就去想象失去某些重要东西的种种危险性，让这种自我刺激帮你回忆起失落的记忆。当你觉得在这个过程中没有什么危险的时候，即使想象不到也可终止刺激，或许过一段时间你的记忆力就会回来了。

3. 自我放松。健忘的时候，可以有意识地在行为上表现得快活、轻松和自信，还可以借助音乐、瑜伽、冥想等方法来帮助你放松情绪。

强迫性重复：为什么明知不可还为之

如果我们对某些人毫无理由地喜爱或憎恨，很可能是因为这些人身上具备我们成长中重要人物（例如父母）的一些心理特征。当我们爱上这些人的时候，就给了我们第二次机会，让我们借着与他们或快乐或痛苦的深度情绪互动过程，去医治自己过去所受的心理创伤，弥补过去的遗憾，满足童年时对自己特别重要却在父母身上未能得偿的一些心理需求。

他英俊帅气而极富才华，在一家世界五百强企业担任中层管理者，拥有一份人人称美的高薪职位，身边也不乏年轻貌美的女孩子。可他却对这些优秀的女孩子视而不见，婉拒了很多美女的追求，30多岁了仍是个单身汉。

他也曾有过刻骨铭心的爱情，而且还不止一次。但这几次爱情，都让他痛不欲生。

第一次，他深深地爱上了一位患有忧郁症、自杀未遂刚出院的女孩，可恋爱不到几个星期，他们就痛苦地分手了。

第二次，他又爱上了一个患有"厌食暴食症"的女孩，这个女孩的情绪非常不稳定，一有不开心的事就狂吃东西，吃完后却又因为饱受罪恶感折磨，后悔不迭，便又会把刚吃下去的东西全部吐出来。他与这位情绪不稳的女子轰轰烈烈地恋爱了几个月，最终又分道扬镳了。

第三次，他竟然爱上了一位有夫之妇，这个女人刚刚被丈夫抛弃，精神上受到了极大的折磨，非常可怜。于是，他努力地呵护这位受尽创伤的女子，两人相爱了。但过了几个月，双方也清醒地认识到了他们的差距，于是再次分手。

也许你已经发现了，这个优秀的男孩三次都爱上痛苦忧郁的女子。为什么会这样呢？因为受他的成长历程影响。如果我们了解这位年轻人成长过程中所受的伤害与未能满足的重要心理需求，也许我们就能明白他为何会三次都爱上凄楚可怜的女性。下面就让我们走进他的世界。

这个年轻人的童年比较凄惨。他是家中的独生子，在他12岁的时候，父亲因为有了外遇，就狠心地抛弃了他们母子。对他的母亲来说，这简直就是一个晴天霹雳，一个幸福的家庭就这样解散了。母亲为此而痛不欲生，得了忧郁症，最后竟然染上了重病。

12岁的年龄正是天真烂漫、无拘无束疯狂嬉戏的时候，但这样的家庭变故迫使他放弃了自己的童真，开始学会照顾自己母的亲，用心理学的话说就是发生了"角色倒置"。在未来的几年中，他一直扮演着照顾者的角色。每当看到母亲在病床上以泪洗面，日渐消瘦，他非常难过，却只能承担起一个男子汉的责任，每天还要强颜欢笑来安慰母亲。

没想到过了几年，母亲竟然一病不起。在临终之前，他听到母亲喃喃自语说："我仍然爱着你，你为何离开我？"可见这个可怜的女人仍在爱着自己的丈夫。这番话使这个十几岁的孩子痛彻心肺，他痛苦过后发誓自己永远不要再掉眼泪。他非常恨自己的父亲，他暗暗地咬牙不再依靠任何人。虽然后来父亲出于良心发现想接他走，但他还是狠狠地拒绝了父亲。他努力学习，考上了大学，拿到了名校的奖学金，然后顺利地进入了这家世界五百强企业，获得了别人梦寐以求的薪水和职位。

作为一个管理者，他的人缘也不错。当然不深入交往的话，谁都不会发现他的真实心理。他也非常善于控制自己的情绪，可谓喜怒不形于色。可当他面对爱情的时候，他却再也无法控制自己，他为自己的失控而不安，也为伤害了三位他所爱的女子而痛苦。

看到这里，我们应该可以看出他为什么会爱上那些心理都有问题的女子了。因为，这位年轻人三次所爱上的女子身上都带有他母亲忧伤、痛苦的人格特质，在潜意识中他会把这些女子当成自己的母亲。他之所以会深深地受到这三位女性的吸引，是源于潜意识中自己的心理需求。

爱上了那些忧郁痛苦的女孩，使他回到了类似过去受伤时的心理状态之中。过去，他无法借着自己的爱使母亲痊愈；现在，他需要借助爱情，重新得到一个机会，去弥补以前未能实现的心理需求。他希望自己现在能用爱情去医治这些心灵受伤的女性，企望她们能快乐起来，把他在成长过程中无法得到的呵护与关爱加倍地还给她们。这种心理就是一种强迫性的重复，一种借助爱情的心理满足。

以上是我们要讲的一个非常耐人寻味的心理学概念——"强迫性的重复"。这是许多心理辅导者从事临床治疗时常见的一个现象，意指我们在不知不觉中，特别容易与某一类型的人产生深刻而强烈的互动。

从这个带点自虐性的年轻人身上，我们可以认识到，如果我们对某些人毫无理由地喜爱或憎恨，很可能是因为这些人身上具备我们成长中重要人物（例如父母）的一些心理特征。当我们爱上这些人的时候，就给了我们第二次机会，让我们借着与他们或快乐或痛苦的深度情绪互动过程，去医治自己过去所受的心理创伤，弥补过去的遗憾，满足童年时对自己特别重要却在父母身上未能得偿的一些心理需求。

男士们迷上冷艳高傲的女性，往往因为潜意识中希望能再有一次，借着自己的努力或成就，使这些冷傲的女性得到满足，变得温柔，进而从她们身上得到更多的母爱，让他们受伤的心灵得以安宁和满足。女士们则希望在冷漠的男子身上得到威严的父亲给予的父爱，所以她们即使在这些不爱自己的"父亲"身上受伤也在所不惜，宁愿忍受忽视和凌辱也毫不退缩，一直依恋他们。在这些恋爱对象身上，他们寻找到了一种"酬偿能力"，这些"很难讨好"的对象身上也最具"酬偿能力"，这种能力似乎让他们觉得自己能够更深刻地感受到自己从小所缺乏的亲情！

所以，在爱情中，当你对某个人特别动心的时候，一定要先提醒自己，这未必就是幸福。相反，这很可能意味着危险，意味着你渴望重复过去的灾难。

不过，即便是灾难，也不能否定自己的情感。这是因为，即使一份爱情是不良的强迫性重复，那也很可能是你内心最深处的心理需要。并且，你也的确有可能在这次不良的强迫性重复中得到部分治疗。但是，你必须学会反省，必须主动借助这次强迫性重复理解你的人生，以便获得更美好的爱情。

信手涂鸦：随手画画透露你的心思

信手涂鸦可以揭示人们内在的种种心理情绪。随手画出的这些图画不同于一些命题式或有明确目的性的创作，实质上，这些小图形就是人们潜意识的表征。如果你发现，一个人拿着笔不假思索地在纸上乱涂乱画时，那么这就表示他正在通过这样的方式宣泄自己的潜意识。

走进幼儿园的教室，我们可能会在墙上发现很多小朋友画的画。其中大多数是线条比较简单的花草树木、天空草地等，但也有一些显得比较奇怪的画，比如画着一些没有嘴巴和眼睛的卡通小人、黑色的太阳、表情凶恶的动物等形象。不要以为这只是孩子们随便画着玩的，只是他们信手涂鸦的结果，实际上这些画反映了孩子们的内心世界。

心理咨询师认为，孩子们随手画出的这些形象很可能就是他们心理情绪的代言，比如没有眼睛和耳朵的卡通人物可能就是画这幅画的小朋友的内心抗拒情绪的体现。经过对其家长的咨询，果然得出了这样的结论：这个小孩非常反感家长命令式的说教，在行为上有些叛逆，是个比较淘气的小孩。

"这个孩子在家不愿和我们多说话，有时候连我们问话都不怎么搭理，没事的时候喜欢趴在桌子上乱涂乱画，画一些奇形怪状的小人，我们家长都看不懂他想表达什么。"这个小朋友的母亲无奈地说道。翻开这个小朋友的画，人们惊奇地发现，他画的所有风景、物体都很正常，画人物的时候线条、颜色也都正常，但这些画无一例外都没有耳朵，而且这些人物大多是侧面形象，几乎没有一张是正面的。

没有耳朵说明了什么呢？说明他不想听家长的唠叨和说教，对父母的言辞非常反感，内心充满了抗拒，行为则表现出叛逆性。那么为什么要画人物的侧面像呢？这就表示在一定程度上这个孩子很不自信，也许这就是家长太过苛刻的原因，这是需要我们特别注意的。

太阳是金灿灿的，大多数人都是这样认为的，表现在画里大部分是红色、金色等比较光明的形象，那么为什么有些小朋友会涂成其他颜色呢？打开一个小孩的画，我们发现，这个小孩画了一个黑色的太阳，黑糊糊地挂在天上没有一丝光明，在草地上还放着一些红色的玩具，整个画面都是单调的黑色和红色。这又是什么心理在影响这个小孩呢？

心理专家表示，一般太阳都是红色的，而这个小孩却画成黑色的，这就说明他心理上有一定的压抑情绪，他的内心也许很不快乐。另外，画中出现的红色玩具反映他内心急需一个宣泄的渠道。而且画中下笔都比较粗，还有来回反复涂抹的痕迹，这也间接说明这个小孩具有一定的暴力、好斗倾向。果然，这个小孩经常和同学打架。

由此可见，通过信手涂鸦可以发现人们内在的种种心理情绪。随手画出的这些图画不同于一些命题式或有明确目的性的创作，游戏性的涂鸦能够反映人类真实的内心世界。一位资深的儿童心理学家这样表示："家长千万不能武断地去阻止孩子的信手涂鸦，更不能大声呵斥。这样的做法是非常不合理的，不仅会扼杀了孩子的想象力，还会失去发现孩子内心世界的机会。"不仅孩子如此，其实成年人也是如此，抽象的东西往往能够透露出人们的内心和性格特点。

据说，俄罗斯首任总统叶利钦在同下属谈话时会随手画一些交叉的直线，这说明了什么呢？心理专家分析认为，喜欢画交叉直线的人性格直爽，还有些固执，但容易和别人发生冲突，很可能会得罪周围的人。事实上叶利钦就是一个这样的人，他不仅常跟别人发生冲突，还跟自己发生冲突。

美国前总统约翰·肯尼迪则通常会在纸上随手画一些尖头的帆船。专家分析认为，这反映了这位美国总统是个精力充沛、有着自强不息性格的人，帆船象征着乘风破浪、勇往直前。实际上肯尼迪确实是一个这样奋进的领导者。

文学巨匠普希金喜欢在稿纸页边画一些人像，这说明他是个容易相处、易于共事和活泼好动的人。因为人像代表着交际，代表着外向型性格。事实上，接触过普希金的人认为，普希金的性格的确如此。

其实很多人都是如此。波恩心理学研究所的一些德国专家们通过观察人们在打电话和开会时的多余举动，发现有三分之二打电话的人和一半开会的人都有在小纸片上信手涂鸦、画一些小图形的习惯。这些习惯直接反映了他们在潜意识中的心理需求和心理诉求。心理学家们还对其中的一些信手涂鸦者进行了专业的心理学测试，结果发现，这些在纸上胡乱涂画出的小图形，在某种程度上可以真实地反映出他们的性格和心态。

俄罗斯人类发展中心研究人员、心理学博士列纳塔·贝尔科娃也认为，人们随手画出的抽象画确实很能反映一个人的内心想法。实质上，这些小图形就是人们潜意识的表征。如果你发现，一个人拿着笔不假思索地在纸上乱涂乱画时，那么这就表示他正在通过这样的方式宣泄自己的潜意识。

列纳塔·贝尔科娃还说，通过研究这些随手画出的图形，可以获得一定程度的自我认识和对外感知，有时候这比通过言辞要可靠得多。比如你平常根本不会发现一个人在想什么，很可能他外表上不会有一丁点儿的表露，但只要你仔细观察他下意识画出来的图形就可以明白他此时此刻的心态。这在谈判或聊天时非常有效。

那么这些信手涂鸦有没有一定的规律可循呢？心理学家们经过研究发现，人们涂鸦的题材并不是太多，最常见的大约有八种类型，下面我们就来具体看看这些图形代表的心理含义。

1. 喜欢画"花"、"太阳"的人，大多个性比较脆弱，但想象力比较丰富。虽然画出的形象比较阳光美好，但他们的内心并不像他们纸上表现出来的那么快乐，甚至是恰恰相反的。美丽的花，多代表着友谊与爱情。当他们脑子里想着这些美好，便会不由自主地画在纸上，希望别人能看到自己的内心，并且不要忘了自己；而且朋友们认为微不足道的生活琐事很有可能成为这些人烦躁和不安的根源。

2. 喜欢画一些线条比较简单的人物形象的人，很可能此时他很无助，或者正在逃避某种责任。画这种粗线条人物者大多都想坚决地拒绝或者快速逃离，但是又无法痛快地表达出来。所以，他们画这些人物很可能是在警告自己、劝慰自己："千万不能心软！当断不断反受其乱，这样后悔就来不及了！"

3. 喜欢画一些诸如"方形"、"三角形"或别的几何图形的人，大多具备明确的目的和信念。一般来说，这样的人绝不会轻易受骗上当，非常有主见，几乎任何时候都不会隐瞒自己的观点，属于泰山崩于前而面不改色的人，他们很少在敌人、竞争对手或领导面前失去自我。他们所画的几何图形越有棱角，就越能说明他们内心的执著，但外表上并不会显示出来。不过这种性格会严重束缚他们的想象力，思考问题有些复杂，容易在一些鸡毛蒜皮的小事上过于认真。

4. 喜欢画"螺旋线"、"圆圈"、"波纹线"等舒缓线条的人，此时可能非常忧郁或者寂寞孤独。画这些图形表示他对自身以外的问题毫无兴趣，或者甚至觉得这些问题会对自己造成一定的干扰。而且，很有可能，他们正在经历一场小小的危机，此时最好不要轻易去招惹他们，要特别注意和他们相处的技巧。当你自己开始画这些图形的时候，千万注意控制好自己的情绪，并寻找合适的心理渠道宣泄出去。

5. 喜欢画锐角和匀整的椭圆形并无休止地交织在一起的人，很可能正感到无聊。把锐角和匀整的椭圆形无休止地交织在一起，我们可以单纯地认为他对现在所做的事缺乏兴趣，或者对现在的生活感到了厌烦，也有可能是厌世情绪的先兆。如果你也开始画这种交织图形，可以尝试做一些平时不敢做的事，以一定的心理刺激去改变此刻有些乏味和单调的生活。

6. 喜欢画"十字"形状的人，很可能现在有些苦恼，或是自责，或是受到了别人的责难。需要特别注意的是，当女性画这个图形的时候，也许只是觉得很轻松，但男人却赋予了这个图形某种严谨的意义，他可能有些失落。也许此刻，他就有一件非常棘手的事情需要他去做，可仍然作不了决定，所以会感到有些痛苦。

7. 喜欢画"象棋棋盘"的人，画这个图形表示陷入沮丧或为难的境地，困在棋局中不能自拔，而且他的内心希望能有一条光明大道带他走出这种困境。可事实上，他们很难在短期内有所突破，所以心理上有些为难。

8. 喜欢画各种"格子"图形的人往往缺乏自信心，他们经常倾向于把委屈和愤恨憋在心里，可内心却潜伏着更大的危险，如不能得到缓解，那心中的失望感就会越来越沉重，直至把他压垮。如果你对面的人正在画这个图形，那这个人可能觉得自己正陷入一种尴尬的境地。如果他的图形每一条下笔都很重，那表示他将采取进攻策略；如果最后画一条线将画圈上，这说明问题也许已经从表面上得以解决。

墨镜效应：戴墨镜会让内心变得冷酷

从心理学的角度来看，戴墨镜存在着一定的弊端，不利于人际交往，可能会给对方或者整个环境带来一些负面影响，会给其他人带来心理上的不适感。因为在交往时戴着墨镜与人说话，就好像窗户拉上了窗帘。当然，戴墨镜的积极意义也在于此，可以与人保持一定的距离，达到自我保护的目的，也便于公事公办，不牵涉个人感情的投入。

为什么名人在公众场合一般都会戴一副墨镜呢？很多人认为这是名人的风格。也许你会说这是为了避免让狗仔队拍到，避免一些不必要的麻烦，粉丝们对此也都表示理解。就连我们有时候戴一下墨镜，也会觉得扮相很酷。但也有一些人对此表示不认同。

虽说名人戴墨镜并不罕见，但如果他（她）大清早或者大晚上戴墨镜，那就有些不可思议了。

一位大妈说了这样一件事：最近，她刚刚搬到这个小区，每天早晨出去锻炼的时候都能碰到一位戴着墨镜跑步的中年男人。她觉得很奇怪，毕竟是早晨，自然光线比较柔和，哪有人这时候戴墨镜的呢？这也未免太能装酷了。一天无意间一看，她才发现，原来这个男人是一位著名的节目主持人。

也许你会说，这名人当得也太累了，大清早的也不至于这样啊！其实，这样做更引人注目，这是毫无疑义的。那么，他为什么这时候戴墨镜呢？也许答案只有这位名人自己清楚了。当然，不管什么时候戴墨镜都是件无可厚非的事情，我们也不宜无端猜测。但在这样的环境下，是不是会显得有点突兀呢？这种"装酷"似乎毫无意义。

戴墨镜从一定意义上来讲，确实可以起到减少不必要的麻烦或避免各种意外事件发生的作用。但从心理学的角度来看，戴墨镜也存在着一定的弊端，那就是不利于人际交往，可能会给对方或者整个环境带来一些负面影响，会给其他人带来心理上的不适感。甚至有位心理学家打趣道，女人出门戴上墨镜比带两个保镖都有用。

在一个关于墨镜影响人心态的测验中，心理学家发现，人们在阴暗的房间里或者戴墨镜时，会比以前更自私、更虚伪。实验是这样的，在第一个实验中，他发现，为了赚更多钱，在黑暗的房间中工作的人更有可能采取欺骗的手法。而另外两个实验得出的结论是，戴太阳镜的人在玩电脑游戏时，比戴普通眼镜的人更注意讨价还价，也就是更加功利。

"戴上了墨镜就会使人的眼前变成一片黑暗，黑暗就可能会给人造成一种隐瞒真实身份和信息的幻觉，而这种隐瞒必然会诱发自私和不道德的行为的发生。"心理学家这样说道。事情确实是这样的，戴墨镜会让人们产生一种虚假的安全感，会让人们错误地认为自己的身份是隐藏的，于是就会出现一些"越轨"的行为。当然，我们更多的还是要回到日常的人际交往中来分析这种墨镜效应对交往的影响。

某心理研究所的一位教授曾在给学生们上课的时候讲了这样一个小故事，说有一位眼睛稍微有点近视的人，度数不是很大，但整天戴着一副近视眼镜。一天早上，他起床后怎么也找不到自己的眼镜了，但又急于去见早已约好的老同学，可戴眼镜习惯了，一下子不戴有点不适应，于是就随手拿起桌上的一副墨镜戴上了。

没想到，这副墨镜让他遇到了一点小小的风波。走到楼下，他看到邻居家那条平时和他很友好的小狗，就习惯性地叫了一声，没想到小狗就像根本不认识他一样，朝着他汪汪大叫。这还不算什么，等见到了久未谋面的老同学，那个同学竟然出乎意料的冷淡，和自己想象中的完全不一样。这是为什么呢？他很纳闷，原来罪魁祸首就是那副戴错了的墨镜。

人们常说，眼睛是心灵的窗口，人的情感需要通过眼睛来传递。如果在交往时戴着墨镜与人说话，就好像窗户拉上了窗帘。当别人看不到你的眼睛时，他们就无法从你的眼睛里看到你的情感的流露。他们不知道你在想什么，就不愿意和你进行密切的交流。

心理学研究表明，在打交道或与人沟通时，目光交流是最自然、最有效的方式。而且在交流时，双方眼睛对视的时间每次不能超过 10 秒钟，如果超过 10 秒钟或者直瞪瞪地看着对方，就会让对方的心理产生恐慌感。戴着墨镜，别人就不知道你是不是在注视着他，这样不但会让对方感到不适，同时还会降低你的亲和力和可信度，如此一来，真诚的交流就可能无法进行了。

我们可以发现，戴墨镜不但有神秘感，还有震慑力。所以，如果你想与人进行更好的交流，千万不要为了摆酷而戴上墨镜！

戴墨镜的弊端显而易见，可以疏远人际交往的距离。那么如何来拉近人与人之间的距离呢？首先我们要明白，戴上墨镜就和戴上面具是一样的，会掩盖人们真实的面目。

为了消除这种负面效应，我们可以做一些其他方面的尝试。比如，当你在人际交往中要跟人建立良好的关系时，你就可以试着免去对方的头衔，直呼其名。我们要知道，"先生"、"小姐"、"同志"这些称呼都是一种面具。当然，在别人称呼你的时候，你也可以请他们直接称呼你的名字，这样就能快速地消除彼此的隔阂，拉近彼此的距离，获得良好的人际关系。

还有，当你跟上司交谈时，可以试着请他从办公桌后面走出来，跟你坐在一起，这也是为了减少上司对你的戒备心，更易获得其好感。在打电话的时候也是如此，在电话里谈事情往往更容易被人拒绝，所以要想获得较好的效果，最好还是当面交谈。当对方看到活生生的你而不是一个电话号码时，他就不会轻易地拒绝你。

再比如你去医院看病的时候，如果你对医生怀有恐惧心理，那可以试着让他脱掉白大褂，这样他就不能躲藏在医院大夫的职业面具后。当你跟他诉说自己的病情或忧虑时，他就会更加富有同情心。也就是说，脱掉了制服更容易拉近彼此的心理距离。

第十章
FBI 教你人格心理学
——看人就要看到骨子里

每一个人都有其独立人格,其感觉、思考及表现方式都是独一无二的。人格心理学正是针对一个人最基础的人格进行研究,进而分析其心理,对其行为进行预判的。FBI 正是通过这个手段将无数的犯罪都扼杀在摇篮之中。

认知失调：一致与冲突的博弈

人有保持认知一致性的倾向。一旦认知无法一致，就产生了认知失调，也叫认知不和谐。互相失调的认知因素会引起心理上的紧张，并产生不愉快的体验，这就是失调感。这种失调感往往并不能持久，它会转而促使人们重新构建自己的认知，从而改变认知失调的状态。

汪军是一位问题学生，一贯我行我素，不遵守课堂纪律。上课时，他总是不停地做小动作，或者东张西望，伺机与别人说话。自习课就更不用提了，只要老师不在，他就会讲笑话，你会经常听到他略带沙哑的声音。赵老师接任班主任后，就为汪军头疼不已。

一次，赵老师决定剑走偏锋，他对汪军说："老师经过了解，决定把维护课堂纪律的重任托付给你。以后，希望你帮助老师监督同学们上课以及自习。"汪军简直不敢相信，他一向是个差等生，在老师眼中并不受欢迎，现在自己居然摇身一变，成了"班干部"。"老师，我不是做梦吧？您真的派我维持纪律？"赵老师说："汪军同学，其实你本质是好的。可能以前大家对你有些误会。我想，你会很好地胜任这份工作的。"赵老师对汪军交代了自习课学习的内容，要求他当晚就走马上任。

自习课开始了，汪军走向讲台，心里怦怦怦跳得厉害。他壮起胆子扫视了一下课堂，像个小老师似的，先是布置了自修内容，然后再三强调了课堂纪律。这一次自习课，汪军一反常态，没有高谈阔论，老老实实地看起书来。在他的带动下，其他同学也没有乱走动或者讲话的。课后，赵老师及时表扬了汪军。如此坚持了一个学期，汪军竟然从一个差等生变成了好学生，考试成绩进入了中上游。

心理学家认为，汪军一向不守纪律，是个散漫的人，赵老师忽然让他管理课堂纪律，这就破坏了他的心理平衡，在心里产生了震荡，即认知失调（cognitive dissonance）。为了减轻矛盾，汪军调整了态度及行为，使之重新符合认知。

1956年，美国心理学家利昂·费斯汀格（Leon Festinger）在《当预言失灵》一书中提出了认知失调这一概念。1957年，他又在《认知失调理论》中作了详细阐释。人们由于做了某项与态度不一致的行为而引发的不舒服的感觉，或者说两个认知元素之间不相一致，就是认知失调。它指一个人的行为和先前的认知产生分歧，从一个认知过渡到另一个对立的认知时产生的不舒适感、不愉快情绪等。

20世纪50年代，幽浮末日教派的信徒们认为世界末日在12月20日来临。教派领袖玛丽安·科琪预言，她的信徒将会在12月20日夜里被一架外星飞船接走，飞到安全的地方。许多信徒因此放弃了工作，舍弃了家业，等待着世界末日的到来。费斯汀格认为，一旦世界末日没有来临，信徒将会失去对科琪女士的信任。到了午夜，信徒们集合起来，等待着飞船的降临。结果飞船毫无踪影，信徒们有点紧张。凌晨2点，信徒们开始惶惶不安。凌晨4点45分，科琪女士抛出了一个新版本。她说，由于他们的虔诚，世界已经被救赎了。等待飞船的信徒们不但没有因为科琪的预言失灵而质疑她，反而对她更加崇拜了，他们跑到大街上向别人兜售他们的宗教，说外星人因为他们而饶恕了这个星球。

在这个例子中，"预期落空"导致了认知失调。没有心理准备的信徒们，为了消除这种失调不得不接受新的预言。相互冲突的认知是一种原动力，人们会强迫自己接受或者寻求新的观念，以降低认知间的冲突。

1959年，费斯汀格做了一个著名的心理学实验，让参加实验者重复一些单调的工作，事后问他们的态度。费斯汀格发现在导致态度改变方面，20美元的报酬反而不如1美元的报酬有效。他得出结论说："如果某个人被诱惑去做同他本身的观点相矛盾的事情，或者去说些他并不认可的话，则个体会产生一种改变自己原来观点的倾向，以达到言行的一致……用于引发个体的这种行为的压力越小，态度改变的可能性越大；压力越大，态度改变的可能性反而越小。"

认知失调有两个重点：一是认知成分，也就是人们的态度、思维、信念、理念等；二是推断，即逻辑推理是否严密，是否正确合理。这两点同时又是产生失调的原因。伴随着认知失调的增加，要求降低或减少失调的压力就愈来愈大。在20世纪，认知失调理论是西方社会心理学研究领域最具影响力、最令人瞩目的理论之一。

费斯汀格认为，人们的心理空间或认知结构是由各种各样的认知元素构成的，这些认知元素具有相对的独立性，一旦两个认知元素之间产生了冲突，认知失调便在所难免。认知失调理论的基本思路是认知与行为有联系，先有行为改变，再有认知的改变，失调效应作为中介。之所以要改变认知，只是为了给行为一个理由，使之合理化。

认知失调有三种形式。

一种认知失调是逻辑不一致。比如一个人认为所有的天鹅都是洁白无瑕的，所有的乌鸦都是黑的，如果她忽然看到了一只黑天鹅或者一只白乌鸦，他便会产生认知失调。定居在某处的人们一贯认为，自己居住的区域是宇宙的中心。假若地理学家跑来摆事实，讲道理，利用空间模型或卫星发来的图片告诉这些人，他们的居处并非宇宙的中心，这些人也会产生认知失调。他们要么推翻自己原来的定论，要么拒绝接受地理学家的见解，否则就会一直处于认知失调状态。

另一种认知失调是态度与行为之间的不一致。吸烟对身体不好，李光下定决心戒烟，已经坚持了两个多月。客户不知情，出于礼貌递过来一支烟，李光接过烟就开始纠结，是抽呢，还是不抽呢？最后在客户的注视下，李光心情矛盾地点着了烟。此时，李光就产生了认知失调，他要么说服自己，吸烟有害健康，然后马上停止吸烟；要么对自己说，很多吸烟的人也长寿，就吸一支烟，没事儿的。再如，刘达在心里很鄙夷自己无能的上司，这位领导因为是董事长的小舅子才坐到管理职位，平时无所事事，对业务一问三不知。但刘达表面上还要摆出一副听话的样子，唯唯诺诺，这也是一种认知失调。

还有一种认知失调是行为与行为之间的不一致。

毫无疑问，认知失调会给人带来精神压力，造成心理紧张，并产生不愉快的体验。我们如何减少这种压力，消除紧张呢？通常情况下，有多种途径：一是减少不协调的认知成分；二是增加协调的认知成分；三是改变其中不协调的认知成分，使两种认知相互协调。不过，人们在减弱或消除失调感的过程中，一般是下意识进行的，对自己的心理状态并没有明确的意识。出于本能，人们会想方设法消除认知矛盾，以求得理念的和谐。

后视偏见：事后诸葛亮，事前猪一样

后视偏见就是人们通常说的"马后炮"，在现实生活中屡见不鲜。后视偏见阻碍了人们客观地总结经验教训，低估别人的成绩，但对别人的失误又求全责备。我们在处理事情的过程中，应该设身处地地站在别人的角度来考虑，以公正的态度待人接物，不要打击别人的积极性。

米勒夫妻俩都是热心的股民，他们一直将手中的闲散资金投放在股市中，这样一方面可以给平静的生活增添一份乐趣，另一方面也期待着能获得投资的收益。

这一次，米勒根据以往的经验购买了一支自己认为的潜力股。他对这支股票寄予了厚望，每天股市开盘时间，他都准时坐在电脑屏幕前，观看着大盘的走势。果然不出所料，这支股票的价格就像米勒当初购买时怀有的热情一样，有增无减。每天看着自己股票的价格一路攀升，米勒兴奋不已，不时地向老伴炫耀自己明智的选择，老伴听了也笑得合不拢嘴。

但过了一周后，米勒夫妻俩的兴奋之情渐渐减退了。因为他们发现，近来股市大盘开始变得很不稳定，再看自己持有的那支股票，其价格也是起起落落。这时，米勒对老伴说："虽然近来股市有点不稳定，但我仍觉得这支股票还有上涨的可能。依我看呀，咱们先别急着抛售，先观望一段时间再说，你觉得呢？"老伴说："如果这时不卖掉，万一过一段时间严重下跌，到手的肥肉岂不白白跑掉了？我看还是见好就收，赶紧卖了吧！"

米勒听了老伴的话，看着大盘的走势，思前想后，内心开始动摇了："说得也是，现在已经赚了，若继续等下去，万一出现风险怎么办？""就是啊，看现在这情况，肯定不会再涨了。"老伴在一旁说道。于是，米勒将所持股票抛售一空。

过了几天，米勒看准时机购买了新的股票，但他还是关注着那支股票的价格走势。这天，米勒惊奇地发现，那支股票的价格经历多次起起落落后，居然又开始上涨了。米勒叹了口气，开始埋怨老伴："我当初怎么说的？先观望一段，还有可能上涨。可是你偏说见好就收，结果怎么样，真的涨了吧！"老伴不服气地反驳道："这怎么能怪我呢？要是你当初坚持价格还会上涨，怎么会决定抛售一空呢？"

很多人在事情发生以后，往往会以为自己在事情发生之前就预测到了结果。事实上，他们未必像自己想象的那样，事先就作出了准确无误的判断，这在心理学上被称为后视偏见，也就是人们常说的"马后炮"。

开始时，米勒打算坚持到底，暂时不急着抛售，但在老伴的劝说下，他最终动摇了，将所持股票抛售一空。可是事后看到结果时，米勒的记忆习惯会让他"忘记"自己当初是如何动摇的，他只"记得"自己是如何坚持的，如何认定这支股票价格还会上涨的，这就是典型的后视偏见。米勒为什么会产生这种思维呢？追根溯源，这是人类思维的一种惯性，它让我们在事后忘记自己失误的部分，只记得自己当时的预测是多么正确。

中国人常说："早知今日，何必当初。"这句话揭示了中国人的一种常见心理——从结果看当初，因失败而责备。这类人喜欢在结果出来之后，向前逆推，寻找出现这一结果的原因，并且为当初自己尤其是他人的选择而后悔，而抱怨。然而，他们经常从不良结果向前逆推，一旦事情运转良好，他们往往就不会追究当初的选择是对还是错。所以说，后视偏见带有极大的功利性。

人们也用"事后诸葛亮"来比喻那些事后自称有先见之明的人。诸葛亮神机妙算，是未卜先知，而他们则是过后方知，所以被称为"事后诸葛亮"。

比如，李元看足球赛时，心情随着赛况的波折起伏跌宕，一心盼着钟爱的球队可以在最后关头反败为胜。但是比赛结束了，李元最喜欢的球队还是惨败。很多时候，李元会恨恨地说："刚开始比赛，我就知道要输了，他们今天不在状态，没有发挥出最佳水平。现在怎样呢，果然输了！"

在生活中，我们有时也会碰到类似米勒、李元这种"事后诸葛亮"的人。一旦持有这种心理，在某些情形下会给我们带来一些不好的影响。

其一，假如你有了后视偏见，你就会在事情发生后，觉得自己当初的预测是对的，因此你很难从实践中得到有益的经验教训。下属没有如期完成你交代的任务，你可能会生气地想，这个人做事的能力就是不行，我早就知道他会把事情办砸了，果然不出所料！

其二，由于觉得早就预测到事情的结果，你很难以公允的眼光看待别人。对于别人的成绩，你觉得本来就应该这样，你早就料到结果了。别人犯了错误，你可能会严厉地说，早就告诉过你这件事情不能这样做了，要如何如何做，而事先呢，你或许一直持默许的态度。

其三，你会以结果论成败，而忽略中间的过程。

那么，如何改变后视偏见呢？

办法其实很简单，就是在事情发生前，写下你对结果的预测，并列出你作出这种预测的理由。这样做，可以避免事情发生后，你的记忆会筛选储存的信息，只想起那些与结果相符合的环节和证据。而把预测结果写下来，你就会客观地发现，自己的预测未必都准确无误。这一过程也可以使你更好地了解自己的判断力，充分了解你在哪些方面预测得比较准，又在哪些领域经常预测失灵。

对于那些有后视偏见的领导，你可以先告诉他不好的情况，等他不满地说，早就告诉过你要三思而后行了，你再说出事情的真相：一切良好。经过这番曲折，他就不会再有那么强烈的后视偏见了，当然，前提是你不怕被炒鱿鱼。

归因理论：成功归自己，失败归环境

> 归因理论是一种可以用来评估人们如何感知自己和别人行为的方法。心理学家把人看做理性的，所以进行了因果分析。事实上，有时候人们行事并非理性的。我们应该全面地分析问题，克服归因理论带来的偏见。

老赵夫妻是不折不扣的彩民，他和老伴一直购买双色球彩票。这天，老赵看着投注站墙上贴着的中奖号码图，问老伴："今天要买什么号啊？我看还是和上次一样，你觉得呢？"

老伴摇摇头说："算了吧，我看还是换换，那几个号你一直在买，都连续买好几周了，一次也没有中过！"

老赵微笑着说："这你就不懂了！买彩票能急吗？越是好久没有中的号，下一次轮到的机会就越大！"

老伴有些不高兴地说："好像你很明白似的，还不是最近才中过一次 5 元钱？"

老赵看着号码图说："上次我就差一个蓝号没有中，要是中了，就能得 200 元了。"

"照你这么说，我还差两个号就中了大奖呢！"

老赵说："我觉得蓝号不能换！要坚持。"

老伴想了想说："你看看这几个月的蓝号，都没有你选的 7，7 这个数字吧，不够吉利，我看还是换换！"

老赵听了老伴的话，看着墙上的表格，左思右想，内心开始动摇了："要不红号不变，我就把蓝号换换，换成 6 这个号！"

"是啊，6 这个号多顺眼啊，六六大顺，这个号好，肯定能中！"

于是老赵和老伴买了彩票，笑眯眯地离开了彩票站。

第二天，开奖了。老赵全神贯注地对着墙上的中奖号码，一心盼望能中个大奖。结果老赵失望地说："这次红号还没有以前准，只是中了 3 个号。咦——"老赵忽然双眼圆睁，只见墙上赫然写着：本期中奖的蓝号是 7 号！老赵长叹一声，埋怨老伴说："我当初说什么来着？我就说要坚持买，肯定能轮到！你呢，就在那里乱搅和，尽出馊主意，说什么六六大顺，结果呢，连个5元的都没有中！"

现在让我们假设另一种结局。

第二天，开奖了。老赵聚精会神地核对中奖号码，希望这次能中个头彩。看到一多半的时候，老赵心凉了半截，说："这次红号还没有上次准呢，仅仅中了3个号。啊——"老赵惊喜地看着墙上的号码，只见墙上赫然写着：本期中奖的蓝号是6号！老赵非常高兴，意气风发地对老伴说："幸亏我有先见之明，当即把蓝号换成了6，这次怎么样啊，中了！"

第一种结局中，老赵最后换了号，结果却和中奖的蓝号失之交臂，虽说是在老伴的强烈建议之下，但最终拍板的还是老赵自己，所以他换了号码不能全怪老伴。至于第二种结局，老赵却认为自己有先见之明，尽管老伴也有功劳，但老赵认为归根结底在于自己把握了时机。同样的行为，为什么成功了，老赵就认为自己很英明，功劳是自己的；一旦失败了，就埋怨老伴乱出主意呢？

这种现象在心理学上被称为归因理论（attribution theory）。归因理论是一种以认知的观点看待动机的理论，该理论着重于人们依据原因推论的信息，并在理解这些信息的基础上进一步预测和控制其随后的相关行为。

1958年，美国社会心理学家海德（Fritz Heider）在《人际关系心理学》中从朴素心理学的角度提出了归因理论。他认为，人们在寻求行为的原因时，或者把它归于环境，或者归于个人。所有的行为都被认为可以由外部或内部因素所决定，因此，归因分为外部归因和内部归因。如果归于环境，则行动者对其行为不负任何责任；如果归于个人，则行动者就要对其行为结果负责。归因理论就是关于人们如何进行因果关系解释的理论。

外部归因又被叫做情境归因，因果关系是由外界因素或力量等导致的。这个外界因素不以人的意志为转移，也不受人控制，比如说天气。由于没有选择，你的行为就受到了影响，那个不受你控制的外部力量就限制甚至完全决定了你的行为。因此，你会觉得一旦事情不如愿或失败了，你没有任何责任。

内部归因就是因果关系是由内部因素或力量导致，又被称为部署归因。内部因素是受你自己控制的，你可以选择某种特定的方式行事，所以你的行为并不受外界影响，因此你就感觉到责任感。

人们相信能够解释一切事情，或者能够试着解释一切。心理学家研究发现，大多数人在判断谁应该为某个事情或行为负责时会有偏差，因为人都是主观的。我们倾向于把自己的失败和别人的成功归结到外部因素上。我失败了，不是我的错；他成功了，那是他运气好。

小明期末考试的数学成绩出来了，他垂头丧气地回到家中。母亲知道今天出成绩，就连忙问他考得怎么样，小明说考了 70 分。平常父母一直要求他所有成绩都在 85 分以上，所以这次得了 70 分，算是很不理想的。母亲听了当即就埋怨小明不好好听课，说上次开家长会时，老师就说小明注意力不集中。面对母亲的批评，小明不服气地说："都要怪老师啦，出的题这么偏，这么难，我怎么能考好呢？"这就是外部归因。

同理，一旦自己成功了，或者别人失败了，我们又倾向于把原因归结为内部因素。我成功了，那是因为我很优秀，并非因为我运气好；他失败了，则是因为他比较愚笨，能力也平庸，和运气不好无关。比如说，我数学考试得了满分，我就会认为，这是因为我天资聪颖，并不是因为数学题很简单。

1972 年，维纳及同事发展了海德的归因理论，认为内因—外因是归因判断的一个方面，还应当考虑暂时—稳定方面。这两个方面彼此独立。在形成期望、预测未来的成败上，暂时—稳定方面至关重要。比如，我们认为小李工作出色，是因为他能力强或任务简单，那么我们就会期望，如果分配给小李同样的任务，他还会圆满完成；如果我们认为小李工作出色，是因为他运气好或者超水平发挥等暂时因素，那么再给他同样的任务时，我们就不会期望他仍会圆满完成。

1978 年，阿布拉姆森、塞利格曼和提斯达尔等进一步发展了维纳的理论，提出了第三个方面，即普遍—特殊方面。例如，小明不喜欢数学老师，因而不愿意学数学，所以数学成绩一直不高，这就是无能为力的表现。如果小明仅仅数学不好，就属于特殊方面；如果小明所有的功课都不好，就属于普遍方面。

1973 年，凯利提出三种解释说明行为的原因：归因于从事该行为的行动者；行动者的对手；行为产生的环境。比如说，李老师批评了小明，可以归因于小明懒惰；也可以归因于李老师，比如李老师太苛刻，爱批评人；也可以归因于环境，导致李老师误解了小明。要找到真正的原因，还要看一致性、一贯性和特异性这三种信息。如果每个老师都批评学生，则老师行为的一致性是很高的；如果总是李老师批评小明，则一贯性较高；如果李老师在特定情境下才批评小明，对其他学生则不批评，则特异性较高，如此等等。

定位效应：人们为什么会先入为主

说起定位效应，你或许感到陌生，其实定位效应相当于"第一印象"，与先入为主有很大的关联。定位效应如此重要，就是由于心理定势在起作用，它可以诱导你，启发你，说不定能在谈判、交易中大显身手。我们要想克服定位效应，就要质疑自己的第一判断，同时从善如流，认真听取中肯的意见或建议。

美国密歇根大学的卡尔·韦克教授曾做过一个实验。在一个玻璃瓶中，他放入了6只蜜蜂和6只苍蝇，接着把玻璃瓶横放，使瓶子的底部朝着窗户，而窗户是屋里唯一的光源。实验观察发现，6只嗡嗡的蜜蜂在瓶底不停地飞，试图在瓶底上找到出口，结果筋疲力尽，奄奄一息。而那6只苍蝇却到处乱飞，不超过两分钟，它们就找到了瓶口，纷纷逃之夭夭。蜜蜂有趋光的天性，它们偏爱光明，也因此走向了死亡。蜜蜂大概认为，打破囚室的出口必然在光线最明亮的地方，所以它们一直重复着自己看似合乎逻辑的动作。

或许有人会嘲笑蜜蜂，但是，韦克教授却把目光投向人类，又做了一个实验。他召集了一批人参加一项会议，让人们自由选择座位。会议开了一刻钟左右，他让大家到户外休息片刻，然后再进入会议室。如此反复了五六次，结果他发现绝大多数人都选择了第一次坐过的位置。

通过实验，韦克教授得出了一个结论：人们像蜜蜂一样，对于自己认定的看法或事情等，一般不会轻易去改变，这就是心理学上著名的定位效应（anchoring effect）。人们习惯了某个位置，认准了某个事物，对某个东西受先入为主的影响，具有了某种看法，并且不易更换或改变的心理效应，就是定位效应。

那么，产生定位效应的原因是什么呢？

第一，是先入为主的影响。当我们接触不熟悉的认知对象时，形成的第一印象可以在脑海中长久保留，不会轻易改变，甚至可以影响后来的认知。

第二，人们有一种自我认知协调一致的心理要求。一般情况下，人们倾向于前后印象一致，使认知达到协调，从而控制自己的态度和行为。在前面的心理实验中，参会者选择同一个位置，就是避免认知上的不一致现象，从而产生了定位效应。一旦实验者遇到更强烈的动机因素，定位效应就会弱化甚至消失。

第三，定位效应之所以产生，离不开定位者的特质这个重要因素。一是定力特质。思想集中、关注某一事物的能力就是定力。它使得人们不为外界因素干扰，始终把精力集中在自己注意的目标上。若缺乏定力，一个人就容易见异思迁，就不太可能定位。二为惰性心理。具有这种特质的人一般都安于现状，不愿改变目前的境况，他们有守旧心理，懒得说，懒得想，懒得变，懒得动。在没有巨大压力的时候，一般情况下，这种懒惰成性的人很容易定位。三为自信满满。具有这种特质的人，绝对相信自己的眼光，认为自己的选择是非常正确的，所以他们坚持自己的观点或看法，一意孤行，不轻易接纳他人的建议，也不易受到他人的影响。这种自命不凡的人，也很容易产生定位效应。

我们将定位效应广义化，不难发现，人们对工种、专业、职业、薪水、价格等社会定位或市场定位，也带有定势化的现象。在选择职业时，人们对自己选定的专业或职业一般不会轻言放弃，这都是定位效应在起作用。

对于每个人来说，最初对自己的定位至关重要，并且影响巨大，这种定位将会左右和决定他们今后的思维定势。有人曾对初中生做过"你适合什么专业"的心理测试。从一系列问卷测试中，可以断定这个孩子将来适合做什么工作，当然孩子们也知道了这个结果。他们的父母也对此表示鼓励或默认。最终，这些初中生工作后所从事的职业，绝大部分都和当初的测试相吻合。在这里，定位效应明确了孩子们的目标，也促进了他们的努力，从而使理想变为现实。

一次，有人问张华："一张白纸折叠100次以后是多高啊？"张华自言自语地说："折叠100次，应该很高了，大概有1米多。"过了片刻，张华又挠挠头："也许还不止呢，大概有2米多，比我还高呢。"如果让你来回答这个问题，你认为会有多高呢？很多人和张华一样，认为不过两三米。因为我们都知道，纸是很薄的东西，即便折叠100次，大概也不会太高。

那么，答案究竟是多少呢？假设一张纸厚0.1毫米，折叠100次，其厚度就是 0.1 乘以 2100，约为 1.27×10^{23} 公里！你或许对这个数字没有太大的感觉，如果我告诉你，这个长度是地球距离太阳的 8×10^{15} 倍，你是否感到惊讶呢？在我们看来，纸是如此薄，即使折叠 100 次，也不会很厚。我们的想象和猜测都来自最初的几次折叠，这就形成了第一印象。

无论是判断一个人还是一件事情，你对其产生的第一印象就是一种可以定位的锚（anchor），你后来作出的判断常常受到这个"锚"的影响。当然很多情况下，这是不自觉进行的，你并没有察觉。即使你会根据新的信息作出调整，但这种调整往往不能摆脱你最初形成的印象，也就是说，调整往往不够充分。既然定位不够准确，调整又不充分，就自然而然产生了定位调整偏见。我们由于对白纸折叠有了一个很低的"锚"，也就忽视了平方的效应，即便会考虑到，也多半不会超过 100 米。

法国文豪大仲马曾看中一件古董，但卖主要价很高。大仲马先让一位朋友对古董商开了一个非常低的价格。古董商说："你疯了，我不可能卖给你！"接着，第二个朋友又去了古董店，开了个略高一点儿但仍然很低的价格，卖主说："太低了，我不会卖！"这时候，大仲马又出现了，他开出了比第二个朋友略高的价格，就如愿以偿地买下了这件古董。大仲马朋友的超低价格使卖主产生了定位效应，最终促成了交易。

这说明定位效应往往对我们的判断和决策造成影响，你掌握了它，就能利用人们的心理达到目的。

所有权之谜：自家的东西就是宝贝

> 由于所有权的迷恋，我们往往不够进取，满足于已有的东西，而忽略了真正值得花费精力去追求的东西。从理性的角度，我们应该用"非拥有心态"来看待自己的每一件事物，把自己和自己拥有的东西拉开适当的距离，这样就会摆脱所有权的"高昂代价"，不再会高估自己拥有的一切。

星期一，王佳浏览网页的时候，忽然发现有人正在拍卖一只雕花的翡翠手镯。手镯雕工很精美，晶莹别透。于是，王佳参加了竞拍，给出的价格是最高的，到了晚上也是遥遥领先。星期二，王佳上网查询，她的出价还是第一。她开始想象着这只手镯戴在手腕的温润感觉，俗话说"黄金有价玉无价"，周围的人看了这只手镯一定十分艳美。星期三，王佳又登录网站，却发现有个网友已经排到前面！王佳很激动，这还了得，有人会拍走"自己"的手镯！于是，她不管预先打算出多少钱了，接着出了更高的价格。

心理学家认为，这就是"部分所有权"的现象。想想看，是不是因为"部分所有权"，才导致网上拍价螺旋上升呢？是不是拍卖的时间越久，虚拟所有权就越能抓牢竞拍者，他们花的钱就越多呢？

美国心理学家丹·艾瑞里、詹姆斯·海曼和叶西姆·奥尔亨共同做了一个实验，探索拍卖如何逐渐影响竞拍者，并鼓励竞拍者一直加价。正如他们假设的，那些出价最高、参与时间最长的竞拍者，有着最强烈的虚拟所有权感觉。他们处于一种很微妙的状态，一旦自认为某个东西已经属于自己，就会强迫自己出高价，以牢牢掌控其所有权。

所有权在我们的生活中无处不在，它以独特的魅力影响着我们的决策，改变着我们的生活。我们在描述一个人的经历或生活故事时，也能够运用所有物的增加与减少这种方式。比如，得到了什么、失去了什么，或者收获了什么、损失了什么等。

所有权是如此重要，关系到我们如何更好地享受新居、汽车、家具、时装等。然而，我们很少能对所有权作出理智的选择，因为人类本性中有三大非理性的怪癖。

第一种怪癖，是深深迷恋自己拥有的东西，甚至不能自拔。小孩子自己的玩具汽车、积木、芭比娃娃、模型飞机是断不会轻易送人的，不能说孩子小气，就是成人，也会"敝帚自珍"。假如你想卖掉自己的摩托车，你会有什么反应呢？你还没有把它开到二手市场，就会回忆起，刚买回它时载着女友兜风的惬意，骑着它走过的风景秀丽的路程，在柳絮轻扬时如离弦之箭的风驰电掣……那时你比现在年轻好胜，有着初生牛犊不怕虎的劲头。于是，一股怀旧之情溢满你的心间，让你对这辆摩托车难以割舍。当然，这种"自己的东西就是好"的心理不仅仅对摩托车，就是对其他的物品，也是一样。人们对于自己的东西，就是觉得好。

第二种怪癖，总是计较自己会失去什么，而较少考虑自己将从中得到什么。为什么我们对自己拥有的零零碎碎的东西如此珍爱，即使想卖掉，也会标上高价呢？说到底，人们对损失有一种强烈的恐惧，导致我们会作出错误的决定。东西还在自己手里呢，我们就已经为即将失去它们而忧伤了。

第三种怪癖，是由己推人。认为别人和我们一样，也对某物有着同样的回忆、情绪和爱惜。我们期望买我们摩托车的人也拥有那些美好的回忆，认为购买我们房子的人也会喜爱门前那株芳香扑鼻的丁香树。遗憾的是，买主可能只注意到发动机的杂音，也可能只留意地板的斑驳陆离。让买方和卖方用同样的角度看待交易品，简直是天方夜谭。

所有权具有某些独特个性。比如，我们在物品上投入的精力越多，对它的感情就越深。假如你有了自己的新居，就会仔细打磨地板，任何角落也不放过；你曾自己组装家具，反复琢磨如何装起来，每个螺丝钉应该拧到哪里，最后再规划如何布置。单是想想这些，你心中就会涌起留恋的感觉。一般来说，你为某物花费的精力越大，做事的难度越高，过程越复杂，你留恋某物的感觉就越深。哈佛大学教授麦克·诺顿把这一现象定义为宜家效应。

有时候我们还没有取得所有权，就已经认为某物属于自己了，并产生了拥有的感觉。这是所有权的第二个独特个性，正如文章开头竞拍手镯的例子。可以说，虚拟所有权是广告业的主要动因，甚至在一无所有时，我们就已经把自己看做所有者了。

周末的家具商城简直成了"超级大卖场"。丽丽和老公置身其中，目不暇接。突然，小夫妻眼前一亮，一道广告语牢牢吸引了他们的眼球：沙发搬进家，一月可退货！本来，沙发属于可买可不买的东西，因为客厅的沙发早就有了，再买只能放进卧室。但这个允许退货的保证让丽丽决定买下来。于是，沙发顺利摆到了卧室。但是这时他们的观念已经变了，不知不觉地把沙发当成了"自己"的沙发，认为退还沙发是一种损失。起初他们认为，只是搬回家试用几天，不行就退掉，不想却掉进了所有权陷阱。

所有权不仅局限于物质的东西，也包括观点、看法、理念等。一旦我们形成某种观念，我们会对它过度热爱、依恋，视若心头之肉，一想到要失去它，就会难以忍受。那么结果如何呢？它转化为一种意识形态，魅力四射而生生不息，令人趋之若鹜。比如，沉迷于网游的年轻人可能不明白，为什么老一辈革命家为了信仰如此前赴后继、视死如归呢？这和老革命者把自己看做共产主义信仰的所有者不无关系。我们拥有某种东西，就会很自然地产生依恋之情，甚至付出高昂的代价也无怨无悔。

适应性偏见：有多少事情你会习以为常

人有很强的适应性，无数社会事实都证明了这个道理。然而，人们难免带有适应性偏见，往往会错误估计自己的适应性。所以，我们在决策的时候，要考虑到自己的适应性能力，做个聪明睿智的理性人。例如，好事一下子享受完不如分开慢慢享受；而坏事慢慢分开忍受不如一起忍受。无论欢乐还是痛苦并不如想象中那样强烈和持久。

郭伟读大学的时候，经常泡图书馆。一次，下起了瓢泼大雨，郭伟拿着伞准备去食堂吃饭，走到图书馆门口时遇到了正在避雨的李妍。郭伟很绅士地把伞借给了李妍，两人从此相识，并开始了一场风花雪月的恋爱。郭伟一直细心地经营着和女友的感情，对李妍呵护备至，简直就是捧在手心里。可是好景不长，郭伟意外地发现李妍又结识了一个条件更好的小伙子，不时偷偷地和别人约会。郭伟痛不欲生，他觉得自己是如此爱自己的女友，愿意为她做任何事情，甚至付出生命。他多次问自己，一旦离开李妍，活着还有什么意义呢？说不定自己会走上少年维特之路，或者一生都在痛苦中煎熬。无论郭伟如何挽回，分手的时刻还是来临了。郭伟的心情颓丧到极点，好几天都把自己关在屋里。朋友纷纷劝郭伟，你还有亲人，如果就这样下去，怎么对得起含辛茹苦的父母呢？在朋友的鼓励下，郭伟逐渐振作起来，并走出感情的阴霾。

两个月后，郭伟发现自己经过失恋的折磨，感情更成熟了；而这个世界上，依旧是阳光明媚，绿草如茵；自己的生活并没有因为失去了李妍就黯然无光。相反，由于不必每天陪着女友逛街、听音乐、看电影，他有了大把的时间去学习，结果毕业时，他以优异的成绩考上了名牌大学的研究生。后来，郭伟工作后，又找了一个女友，并顺利结婚了。提及往事，他淡淡地说："那时候幼稚，总以为离开李妍就活不下去了。现在想想，幸亏当初分手了，我妻子又体贴又贤惠，一点都不虚荣攀比，上得厅堂下得厨房，比以前的女友不知要强多少倍！"

在这个故事里，郭伟就低估了自己的适应性，觉得离开前女友就再也不会有幸福了；不料，一段时间之后，他就适应了自己的生活。那么，什么是适应性呢？

适应性是指人们对外界环境的反应随着时间的流逝而减弱的现象。人们会对一些突然的刺激或变化感到意外，但是逐渐地，人们便适应了这种刺激或变化，可是人们自己常常错误地估计自己的适应能力，高估了某些事情对自己造成的影响，这就是适应性偏见。

美好的东西固然会给我们带来甜蜜和幸福，但这种幸福感和欢乐往往并不如想象中那样持久。

陆兵是个彩迷，一直都坚持购买彩票。他不止一次地憧憬，自己要是中了500万该有多么幸福啊！这一辈子都不愁吃穿了，自己会过着美满快乐的生活。有一天，幸运之神眷顾了他，他买的彩票真的中了500万大奖。他首先辞去了又苦又累的工作。在房价攀升的形势下，陆兵终于实现了自己的住房梦，幸福地买了一套三室两厅，并决心把房子装修成最舒适、最现代的家。于是，陆兵购买了名贵的大理石地板、豪华的红木家具及高档的家用电器，为此花费了很多金钱和精力。刚搬进新家的时候，陆兵环顾着宽敞明亮的豪华新居，觉得非常快乐和满足，以为自己一生都会沉浸在快乐之中。朋友来做客时的艳羡，更让他感到自豪。但一年之后，陆兵对自己的新居已经习以为常，再也没有当初那种发自内心的喜悦了。有时候，无所事事的他，反而感到一阵空虚。

是的，陆兵有了500万，有了梦寐以求的豪华房屋，他原本以为自己会一直快乐。但事实上，这种快乐并没有延续太久。陆兵的行为就是很典型的适应性偏见。有时候，我们常常高估了一些事情给自己带来的幸福感。

另一方面，我们也会低估自己适应逆境的能力，因而会产生逃避的心理，甚至在不该放弃的时候放弃。

小玉高考的时候，报的第一志愿是北京大学的新闻系，她一直梦想着做个记者，成为"无冕之王"。不料，阴差阳错，她收到的是医学院的录取通知书。当时，她非常苦恼地说："我最怕血了，看到血就犯晕。我胆子又小，让我去给别人开刀动手术，这怎么可能呢？"她本想换个专业，可是运作起来相当困难，无奈之下，只得去了医学院。十年后，小玉已经是一家大医院业务最好的外科主治医师了。回忆起当初入学前的烦恼，她还觉得很好笑，说自己进了医学院后，对那些血啊、手术刀啊什么的就逐渐习以为常、见怪不怪了。通过四年的学习，她觉得自己还真有做医生的天分。"不过，我当初是真没有想到，自己能适应医生这个职业。"

或许连你自己都想不到，你适应环境的能力究竟有多强。生活中，像小玉这样低估自己适应性的例子比比皆是。

行动原理：行为的改变能够扭转态度

> 人们在拥有了一件新的物品后会不断配置与其相适应的物品以达到心理平衡，这在心理学上称为狄德罗效应。人们通常认为，先有了某种观点，然后才会去采取某种行为；而心理学家认为，一个人先有某种行动，长期的行为养成自然而然的习惯后，态度就会随之改变。

有人送了一条漂亮的短裙给一个穷人家的女孩。为了找到一件能与这条漂亮短裙相配的上衣，女孩的母亲翻箱倒柜，终于找出了自己年轻时穿过的一件雪白的衬衣。

女孩穿上新裙子，配上白衬衣，整个人简直脱胎换骨，显得既漂亮又成熟。女孩的父亲看到女儿的这副模样，既惊喜又羞愧。惊喜的是女儿已经长大了，且亭亭玉立；羞愧的是让如此美丽的女儿生活在如此破旧的家中。于是，他开始收拾房间，打扫庭院。

邻居们看到这位父亲在打扫庭院，受其影响，也跟着打扫自己的房屋。于是，村庄里，一家带动了另一家。最后，每个家庭都进行了一番大扫除，整个村庄焕然一新。

还有另一个相似的故事：

18世纪，法国有个哲学家，名叫丹尼斯·狄德罗。一天，朋友送他一件质地精良、做工考究、图案高雅的酒红色睡袍。狄德罗非常喜欢，可他穿着华贵的睡袍在家里总觉得家具颜色不对，地毯的针脚也粗得吓人。为了与睡袍配套，狄德罗把旧的东西先后更新。于是，书房也跟上了睡袍的档次。

其实，在生活中，这样的事例每天都在发生：

一个望子成龙的母亲，给孩子买了一个漂亮的小书架，于是孩子每次去书店都要买几本书。后来，孩子不仅爱买书、爱看书，还爱上了写作，长大后成了一名作家。

一对正在闹矛盾的夫妻，买了新居，买了许多新家具，扔掉了许多旧东西，住进新房，两人都感觉应该以崭新的姿态面对生活。于是，夫妻俩和好如初。

一家工厂，因为车间环境太差，设备太陈旧，工人们总是消极怠工。有一天，工厂购进了最先进的流水线，为了配上这条流水线，车间加大了亮度。随之，工人的态度发生了变化，生产效率也因此得到了很大的提高。

……

诸如此类的现象，被美国哈佛大学经济学家朱丽叶·施罗尔称为狄德罗效应，亦称做配套效应。这就是说，人们在拥有了一件新的物品后会不断配置与其相适应的物品以达到心理平衡。

因为这一心理的存在，一件小小的物品、一个小小的改变往往能激发起一个人自我转化的内在动机，使其主动实现自我转化，促使事物向好的方向发展。

狄德罗效应产生的根本原因是基于"态度—依从—行为"法则：态度会影响行为，行为在一些时候会决定态度。因此，改变自己的一个切入点就是立刻去行动，一个微小的行为就会引发整个人生态度、性格和习惯的巨大转变。

人们通常认为，先有了某种观点，然后才会去采取某种行为；而心理学家们却不以为然，他们发现并不是态度改变行为这么简单，甚至完全相反。美国著名心理学家詹姆士说："因为我们哭，所以才伤心；因为动手打架，所以才生气；因为发抖，所以才害怕——而并不是伤心了才哭，生气了才打架，害怕了才发抖。"这个观点告诉我们，行为与身体的变化可以改变我们的态度。此后也有心理学家用实验证明了这个观点。例如，美国心理学家艾克曼的最新实验表明，一个人如果总是想象自己进入某种情境、感受某种情绪，那么这种情绪十之八九会真的到来。一个故意装做愤怒的实验者，由于"角色"的影响，他的脉搏会加快，体温会上升。

正是因为"态度—依从—行为"法则的存在，詹姆士建议："想要养成某种习惯，那就去付诸行动；想要防止某种习惯，那就避而远之；想要改变一种习惯，那就做点别的事情来取代它。"

在态度和行为的关系上，心理学家研究发现，实际情况经常是：一个人先有某种行动（无论主动还是被动），久而久之，养成自然而然的习惯后，开始真正改变态度。

比如说，多年来，政府力劝人们使用汽车安全带（态度），但收效甚微；后来制定了法律，不系安全带被视为违法，并让交警加大了监察力度，人们虽然常发牢骚，但还是系上了安全带（被迫行动）。过了一段时间（行为），交警不再监察，人们反而觉得这项规章制度很好，能确实保证人的生命安全（态度）。

就好像我们平时去商店闲逛，终端导购送给了我们一包免费的沐浴露试用包（行动），当我们试用之后觉得它不错（行为），于是开始认真地看它的广告（兴趣/欲望），下次去商场的时候购买了这个牌子的沐浴露（态度）。这就是为什么我们在做促销活动时倾向于采取营销计划直接对消费者行为产生冲击，坚信消费者对产品或服务会形成商家想要的态度。

在这里我们可以看到，通过一个具体的行为，长期坚持（无论是自愿的还是被迫的）下去，逐渐产生兴趣/欲望，是态度转化的最重要的因素。

例如，有些管理者在企业管理中经常犯的一个毛病就是总认为"态度决定行为"。特别是在企业流程和人力资源管理方面，这样的认识误区特别多。比如说，在新品上市的时候，总是先进行内部动员，希望销售部门能够理解新品成功上市对公司的重大意义。再比如说，对于一些能力较强但态度一般的员工，总是强调首先要他们转变对工作的态度，再对他们的绩效作出考核。

其实这对企业和员工来说都是不正确的。正确的做法是：新品上市时就直接制订出清晰明了切实可行的上市方案送交销售部门，要求销售部门直接按指引忠实地执行；对能力较强、态度一般的员工，无须强调工作态度的转变，而是直接对工作量化并作出绩效考核。通过一段时间的行为规范，态度必然会随之改变。

投射效应：以小人之心度君子之腹

人们在日常生活中，常常会不由自主地把自己的心理特征，比如好恶、观念、情绪等归属到别人身上，认为别人和自己具有同样的特征。"以小人之心度君子之腹"就是一种典型的投射效应。为了避免错误地把自己的想法和意愿投射到别人身上，我们要学会客观真实地看待自己和周围的人，避免陷入自我认知的死胡同。

苏轼号"东坡居士"，是北宋著名文学家、书画家、词人、诗人、美食家，唐宋八大家之一，豪放派词人的代表，是中国数千年历史上被公认文学艺术造诣最杰出的大家之一。他年轻时才华横溢，唯独有些自傲。

一次，苏东坡去拜访好友佛印大师，喝茶之后，两人面对面参禅打坐。在打坐的时候，苏东坡其实有些心不在焉，他时不时地眯着眼睛去偷看佛印。他以为佛印闭着眼睛什么都不知道，没想到打坐了一段时间后，佛印就问他说："你眼中看到了什么？"

在苏东坡的眼里，佛印大师长得又黑又矮又胖，真是难看极了，于是他对佛印说："大师，我仿佛看到了一堆狗屎。我想知道，你又看到了什么呢？"大师心平气和地说道："我仿佛看到了如来本体。"

苏东坡内心窃喜，暗自想：这佛印可真够傻的，我把他说成狗屎，可他还说我像如来。他回到家高兴地把事情的经过告诉了他的妹妹苏小妹。原以为小妹会夸赞他一番，没想到小妹却把他狠狠地奚落了一番。她对仍在洋洋自得的哥哥说："佛家说'佛心自观'，你看别人是什么，就表示你看自己是什么；你心里想到的是什么，你看到的就是什么。你说佛印大师是狗屎，其实你自己就是狗屎；佛印看到你是如来本体，其实他自己就是如来本体！"

苏东坡这才恍然大悟，感觉非常惭愧。

这个故事很多人都知道，人们往往会从一些为人处世的角度去考虑问题。但是，你知道吗？其实这里边还有一个心理学原理，那就是心理学的投射效应。

很多时候，我们会不知不觉地拿自己去衡量别人，以为别人和我们一样。而且心理学研究也发现，人们在日常生活中，常常会不由自主地把自己的心理特征，比如好恶、观念、情绪等归属到别人身上，认为别人和自己具有同样的心理特征。如自己喜欢说谎，就认为别人也在骗自己；自己认为自己很漂亮，就认为别人也都认为自己很有魅力；"以小人之心度君子之腹"也是一种典型的投射效应。

投射效应是指以己度人，认为自己具有某种特性，他人也一定会有与自己相同的特性，把自己的感情、意志、特性投射到他人身上并强加于人的一种认知障碍。在心理学上非常著名的罗夏墨迹测验就是为了验证这个心理学效应。

这个实验是由瑞士精神科医生、精神病学家罗夏实行的，被称为罗夏测验、罗夏测试或罗沙克测验等。又因为罗夏测验利用墨渍图版而又被称为墨渍图测验，该实验已经被世界各国广泛使用。

这个测验是最著名的投射法人格测验，实验过程是这样的：

让被试者通过一定的媒介，建立起自己的想象世界，在无限自由的情景中，显露出其个性特征。这个媒介，可以是一些没有规则的线条，也可以是一些有意义的图片，还可以是一些有头没尾的句子，还可以是一个故事的开头。

因为这些画面是不确定的，结局自然也是不相同的，一个人的说明只能来自于他的想象。通过他们的回答和反应，就能够判断其人格与人生态度。

这个方法的最大优点在于主试者的意图目的是隐藏起来的，这样一来，外界条件就比较客观，从而使测试的结果比较真实、客观，也会较深入地了解被试者的心理活动。这个实验常常被用来招聘高层次的管理人员。

那么在实际生活和工作中，这种投射效应一般会在什么情况下出现呢？

一是在对方的年龄、职业、身份、社会地位等与自己相同的时候。物以类聚，人以群分，人们总是相信，和自己同一群体的人具有某些共同的特征。因此，在认识和评价与自己同属一个群体的人的时候，往往不能够客观公正地分析判断。而且，人们还常常会根据自己的观察去看待对方，这样就难免把自己的特性投射到别人身上。

另外，人们还喜欢评价与自己有相同特征的人，并会习惯性地与这些人进行比较。为了不在比较中落败，以免自己处于不利之地，人们就会利用投射效应来保护自己，把自己的缺点投射到别人身上。这样，人们就会在心理上获得一种安慰。

二是人们发现自己存在一些不好的特征时。此时人们不能接受这些缺陷，就会将其投射到别人身上，寻求一种心理平衡。而在比较对象的选择上，人们更喜欢投射到自己尊敬的人或者比自己强的人身上。人们很可能会这样想：比自己强的人身上尚且存在着这些缺陷，更何况是我呢？如此就会减少内心的不安。

出于这样的心理特点，我们每个人身上都不可避免地存在一些投射效应。我们在认识和评价别人的时候，往往会不由自主地以自己的想法去推测别人的想法。这也是投射效应的体现，也是"以小人之心度君子之腹"的心理学依据。

那么我们在实际的生活和工作中要如何面对这个心理学现象呢？

首先，我们要承认人与人之间存在的一定的共同性。物以类聚，人以群分，很多情况下人与人之间的确存在一些相同的欲望和要求。所以，我们对别人作出的推测很可能就是正确的。当然，推测毕竟是推测，推测就会有出错的时候，我们一定要把握好这个度。

其次，为了避免错误地把自己的想法和意愿投射到别人身上，还要学会客观真实地看待自己和周围的人。很多时候，人与人之间都存在共性，也都具有独立的个性。如果投射效应倾向过于严重，总喜欢以己度人，那么我们既无法真正了解别人，也无法真正了解自己。总之，一句话：不要以为别人都和你一样！

过度自信：每个人都觉得自己比别人强

> 过度自信就是经常高估自己，保持某种乐观的心理。因为自信，你相信自己的能力，认定自己肯定会成功，实际上也更容易达到预期的目标。但是，如果你过度自信，就会忽视某些细节，甚至干些蠢事。

每逢聚会，或者即将毕业，或者其他任何值得纪念的日子，我们总喜欢摄影，用照相机将那些值得留念的时刻抓拍下来。那些照片成为我们记忆的一个港口，等到岁月流过，回首往事时一切便显得或怅然若失或悠然美好。不过不知你是否注意到，当你与别人分享你们聚会的照片时，通常会听到有人说"我怎么一点儿也不上相"，或许这么想的就是你自己。

这句话表面上听起来好像非常谦虚，但是实际上则不然。如果仔细体味一下，你就会发现，这其实是人们过于自信的表现。这句话的潜台词就是，摄影师把我照丑了，我的美丽照片根本没有体现出来。当然，除了那些顶级摄影师会采用各种条件替你抹掉你不喜欢的那部分之外，大多数普通摄影都会如实反映你的外貌，因此照片上的人基本上跟现实生活中的一样。当你看到照片上的自己惊呼"我怎么一点儿都不上相"的时候，其实是你不知道自己的真实长相，在你心里你长得要比实际上漂亮一些。其实大多数人都会这么认为，人们的心理有一种特征就是保持某种乐观。这种东西常常会感染别人，这也是自信的一个好处，因为人们愿意跟乐观的人在一起。

心理学家们还发现，这种乐观情绪即自信往往会产生"自我实现预言"。如果你自信，那么就会产生一种积极的心理暗示，然后你做事情就更容易达到目标。但是如果你不自信，那么就会导致恶性循环，然后就变得更加不自信。同样，如果你是一个领导，并且对你的下属充满期待，对他们的能力表示相信，那么他们通常也不会让你失望；而如果你常常表现出对他们工作能力的不信任，那么下属也会在战战兢兢中感到越来越自卑。

我们都知道自信对一个人是十分重要的。现代企业招聘员工的时候，一个自信的人往往比不自信的人更容易被选中。因为自信意味着对自己能力的相信,一个简单的逻辑就是:"你自己都不相信自己,如何让别人相信你?"

而事实上,在一个群体中,自信的人也往往比不自信的人做得更好。当然做得好就会更自信,从而形成良性循环。再者,自信的人往往更容易相处,合作起来也就更简单、更开心。所以,大家都愿意接纳自信的人。

但是凡事都有两面性。正如上面所讲的那样,过度自信常常让我们干蠢事,造成意想不到的事故。一个自信到接近自大的人,往往会忽略很多细节,而有的时候往往是细节决定成败。这样一来,自信的人反而不容易把一件事情处理好。

因此,如何既让自己自信,又让自己避免疏忽,就成为很多人追求的境界。其实这并不难,我们只要把握一个原则即可,即戒骄戒躁,谦虚谨慎。成也自信,败也自信,只要在谦虚谨慎方面做到位,那么自信就可以给我们带来更多的好处。

心理学家斯文森曾经作过一份调查,他要求被调查人员对自己的驾驶水平作一个评价,结果90%的人认为自己的驾驶技术在平均水平以上,而很少有人说自己在平均水平以下。但是,所谓平均水平一说,必然存在这种现象,即一般人是高于平均线的,而实际上不可能存在90%的人高于平均线。这也就是说大家对自己的驾驶水平都比较自信。事实上,一个普遍存在的现象就是人们常常对自己的知识或者能力过于自信。

这种表现在生活中比比皆是。有研究人员分别问丈夫和妻子在日常生活中承担家务的比例,调查结果出来之后,研究人员发现丈夫和妻子认为自己做的家务百分比之和是130%,这是平均数。这个数据证明,至少有一方高估了自己承担家务的比例。实际上更详细的统计数据表明,双方都高估了自己承担家务的比例。同样,68%的民事诉讼律师也认为自己代理的一方会赢得诉讼,但是现实的情况是一定有50%的律师在诉讼中输掉。

这些都是正常心理,人们总会对自己保持自信。但是,对自己过于自信也会带来一些负面影响,商人们就常利用人们的这一心理。比如商家卖100元的东西,打出的折扣有两种:一种是直接便宜10元,也就是说你花90元就可以买到平时价值100元的东西;一种是原价销售,但是在你购买商品之后的3个月之内,你可以将相关凭证邮寄到公司,就可以得到20元,这20元以支票的形式返还。面对这两种折扣方式，一般人都会选择后者，因为显然后者的折扣更高一些。

商家为什么会打出这样两种折扣呢？其实这正是利用了人们对自己的行为过于自信这个心理弱点。现实的情况也证明了商家的精明。在两种折扣中，第二种方式看似商家吃亏，其实商家赚得更多。人们在买东西的时候，虽然想着要在3个月之内邮寄凭证，但是真正在3个月内将凭证邮寄回去的人并不多。因为大多数人在买东西的时候很自信自己会将凭证邮寄回去，不过很多人没过几天就把这件事情给忘记了。有数据显示，只有7%的人最后向商家邮寄了凭证。

同时需要注意的是，这里的期限也有一定的误导性。如果商家说3天之内可以邮寄凭证返还折扣的话，那么会有很多人去办理，因为3天时间太短了，大部分人都忘不掉。而3个月的时间相对漫长，人们总会认为以后再做也不迟，就这样时间一天天过去，到最后就彻底忘记了。

再比如，一些美容院每年总会搞一些大型促销活动，活动的内容除了免费试妆之外，还有一些消费月卡和年卡。免费的吸引力常常让那些爱占便宜的人在几秒钟内深陷其中。而美容院的产品又会引发人们的依赖性，于是免费一次之后，可能面临的就是掏钱做第二次、第三次……然后人们开始掏出大把的钱消费。

除了免费这一策略之外，人们通常也经受不住年卡和月卡的诱惑。因为如果按照单价来算，一次消费的费用要明显高于年卡和月卡的平均费用，而且年卡与月卡相比平均价格更低，那么显然有能力支付美容费用的人更愿意选择年卡。但是，这是不是意味着美容院办年卡会比不办年卡的时候少赚很多钱啊？其实不是这样的。

很多去美容院的客户在办理年卡的时候，都会选择最经济最划算的消费方式，这是极为普遍的心理。但是这些人也往往对自己的计划过于自信，因为她们在办年卡或月卡的时候，首先有一个前提就是她们认为自己会按照约定来做美容。但是事实上并不是这样的。办理了年卡的顾客通常会在以后的日子里因为种种理由而无法来做美容，有的甚至忘得一干二净。这样一来，美容院仅仅做很少的工作就收到了很多的钱。而那些不能按时美容的顾客则白白交上了自己辛苦赚来的钱，等到事后还埋怨自己没有去成，她们无论如何都不会想到其实这是美容院老板设计的局。

自信有积极的一面，也有消极的一面。这并不是说自信不好，而是说凡事过犹不及，太自信了反而弄巧成拙。自信就像谦虚，恰如其分的谦虚让人感觉舒服，而故作姿态或者是过分的谦虚，则会让人有不舒服的感觉。比如你跟一个大师级的作家对话，你称赞他说"你的作品真棒，写得真好"，结果他很谦虚地来了一句"不，还是你的好，我的比不上你的"，你一定会感觉很奇怪，而且会觉得他好像在说反话。所以凡事要适度。过度自信有的时候是我们意识不到的，所以我们不可能直接把过度自信转化为一般自信。

一个比较好的办法就是凡事考虑周全，要知道智者千虑必有一失。有的时候这一失，就满盘皆输。明白了这个重要性，你便要谨慎检查你做的每一步，这样会更容易做到万无一失。世界上没有卖后悔药的，所以从一开始你就应该养成谨慎的习惯。

自尊原理：人敬我一尺，我敬人一丈

维持自尊是人的基本需求之一。在与人交往的过程中，如果直接指出别人的错误，就会伤害别人的自尊，不仅得不到预期的效果，还会适得其反，造成意想不到的损失，使自己成为不受欢迎的人。

麦哈尼是一名商人，专门经销石油业所使用的特殊工具。

一次，他接受了长岛一位重要客户佐佐木的一批订单。设计蓝图得到了佐佐木的批准后，他便开始制造工具了。可没过多久，佐佐木却打电话告知他，不想接受已经开始制造的那一批器材了。

原来，佐佐木和朋友们谈起这件事，他的朋友说佐佐木被骗了，还说蓝图的设计尺寸有问题，不是太宽了，就是太短了。总之，他们认为，一切都错了。

麦哈尼感到很奇怪，他曾仔细地查验过，他相信自己这边没有错。

不过他明白，如果向客户申明"我这边绝对没有错"，便意味着指责客户"错误在你自己"，这样只会让处于气愤中的客户失去理智。因此，他没有作任何辩解，只是告诉佐佐木，他马上去他办公室拜访。

麦哈尼刚跨进办公室，佐佐木就跳了起来，朝他一个箭步冲过来，一面说一面挥舞着拳头，指责他和他的器材，表情非常激动。

看着佐佐木在眼前挥舞着拳头，听着佐佐木侮辱自己是外行，麦哈尼真想反驳他，和他争论一番，但最终还是忍住了。

发泄了很长时间，佐佐木似乎感觉舒服了很多。"好吧，你现在要怎么办？"他问。

"我愿意照你的任何意思去办。你是花钱买东西的人，你当然应该得到称心如意的东西。可是总要有人负责才行。如果你认为自己是对的，请给我一幅制造蓝图，虽然旧方案已经花了2000元，但我们愿意承担这笔损失。为了使你满意，我们宁可牺牲2000元。"

"但是，我要先提醒你，如果我们按照你的意思去生产，你必须负起这个责任。但如果你放手让我们照原计划进行——我相信原计划才是对的——那我们可向你保证绝对负责。"麦哈尼心平气和地答道。

"好吧，照原计划进行。但若是错了，上天保佑你吧！"佐佐木这时已完全平静下来了。

结果证明原计划没有错，于是佐佐木告诉麦哈尼，他还需要两批相似的货。

不用说，麦哈尼的做法是正确的。试想，如果他指责佐佐木，说他错了，两人肯定会争辩起来。如果双方感情破裂，纠纷无法解决，还可能诉诸法庭。麦哈尼即便胜诉，也会有所损失，至少会损失一位重要的客户。

因此，与人交往时避免指责他人，也是出于同样的考虑。这是因为，如果你直接指出某人的错误，只会伤害别人的自尊，不仅得不到预期的效果，还会造成巨大的损失，让自己成为不受欢迎的人。

维持自尊是人的基本需求之一。自尊感就像是汽车上的油量指示灯，当我们遭遇威胁性的社会拒绝时，自尊指示灯就会发出警告，促使我们采取相应措施改善当前的境遇。自尊是我们对自己的评价，以及由此获得的与自我概念相关的价值感。自尊强有力地影响着人们的期望、行动以及对自己和他人的评价。

根据自尊程度，人可分为高自尊和低自尊两种人。高自尊的人愿意检验他们对自己的推断的有效性。高自尊的人自我认可程度很高（肯定自己的整体价值），他们往往倾向于接受其他人，甚至包括那些和他们意见相左的人，并且一般具有令人满意的人际关系。高自尊的人期望把事情做好，他们会努力尝试，很可能在学业、事业上取得成功。他们倾向于把成功归因于自己的能力。因此，高自尊的人有很强的自信心，并且对自己的优缺点也有很现实的评价。而低自尊的人不太愿意检验他们对自己的推断，并且不相信自我价值。他们常常把事情往坏处想，而且付出的努力较少——尤其当任务充满挑战、费力的时候。因此他们较少在学业、事业中取得成功。通常低自尊的人对人际关系和社会过分敏感，他们用不断批评别人的方式来显示自己胜过他人，所以常常使自己变得孤立。同时，低自尊的人又常常过分专注于那些不被接受和拒绝的情况，这又进一步削弱了他们的自尊，从而形成恶性循环。低自尊的人会抗拒变化，因为低自尊的人不能接受别人对自己的正面反馈。

　　自尊的高低并不是天生的，而是可以改善的。判断人际关系好坏的一个标志就是相处双方的自尊有没有得到提升。双方在人际关系中得到的肯定越多，自尊就越容易得到提升，人际关系也就越稳定。低自尊的出现通常跟负面的人际关系相关。当你年纪小的时候，家庭里面的大人如果常常贬低你、斥责你，你就会觉得自己是一个很糟的人。相反，如果他们常常赞美你、鼓励你，你就会觉得自己是一个很棒的人。长大之后，自尊就会稳定成型。就拿长相来说，即使你长得很不错，但是从小就被大人贬低，你就会觉得自己很丑；即使你长得不好看，但是你从小就被大人肯定，你还是会觉得自己长得很不错。

　　但是，在日常生活中，指责似乎随处可见，它不但降低了被指责方的自尊，而且影响了人际关系的和谐。

　　你伤害了对方的自尊，对方也会想办法伤害你的自尊。相反，如果你能够帮助对方提升自尊，那么对方也会想办法提升你的自尊。

　　战国时期，名将吴起在训练军队时，非常尊重士兵，总是和士兵同甘苦，共劳累。士兵中有患烂疮的，吴起亲吮疮毒。这个士兵的母亲听说此事后，痛哭起来，邻人问她："你儿子只是个普通的士兵，将军那样关心他，你怎么还哭呢？"士兵的母亲说："前年，吴公为孩子的父亲吮过疮毒，他父亲在作战中只知往前，不知后退，结果死在敌人手里。吴公今又吮我儿的疮毒，我不知我儿将要死在哪里。我为此哭啊！"正是有这样前仆后继的士兵才成就了吴起大将的名声。

约拿情结：为什么有的人甘于平庸

> 成功的机会在每个人的面前都是平等的，但为什么有些人会成功，另一些人会失败呢？那就是因为只有少数人敢于打破平衡，认识并克服自己的约拿情结，勇于承担责任和压力，最终抓住并获得了成功的机会。因此，在面对荣誉、成功和幸福等美好的事物时，我们不能总说自己"不配"，一定要抓住这些成功的机会。

西方著名的心理学家马斯洛曾经问过他的学生们这样一个问题："在这个班上，你们之中，谁希望写出美国最伟大的小说？谁将成为伟大的领导者？"学生们都没有说话，有的在笑，有的红着脸。"那谁渴望成为一个圣人？"学生依然是同样的反应，有些人似乎还在偷笑，可能觉得这个问题太荒诞了。

马斯洛接着说道："好了，我们换个稍微现实一点的问题，那你们有谁觉得自己可以写一本伟大的心理学著作？"学生们开始变得活跃起来，只是大部分依然在结结巴巴地搪塞。马斯洛又问道："你们来上我的课，难道不想成为心理学家吗？"有个学生回答说："这是当然的啊，我们来的目的就是想成为像您这样的心理学家。"马斯洛说："哦，是这样啊，那你们是想成为一位沉默寡言、谨小慎微的心理学家吗？"这下，学生们都惭愧地低下了头。的确，他们也发现这样不可能实现心中的理想。

这个故事反映了一种人类行为中普遍存在的心理现象，那就是"约拿情结"。何谓"约拿情结"呢？即不是追求高级需求，追求卓越、崇高的自我实现，而是去逃避高级需求，逃避卓越、崇高的人类品行。

人们视天真纯情为幼稚可笑，视诚实为轻信，视坦率为无知，视慷慨为缺乏判断力，视工作中的热情为懦弱，视同情心为廉价和盲目。这种情结会阻碍生命成长和自我实现，马斯洛称之为约拿情结。为什么这种情结被称为约拿情结呢？还要从《圣经》说起。

约拿是《圣经》中的一个虔诚的基督徒，他一直渴望得到神的差遣。他每一天都在虔诚地祷告，终于感动了神，于是神给了他一项光荣的任务，让他代替自己去宣布赦免一座本来要被罪行毁灭的城市——尼尼微城。

可对于约拿来说,他根本就不愿意去执行这个任务。因为他要宣布赦免的尼尼微城是毁灭他家族的死敌。约拿无法说服自己的内心,于是他逃跑了,他四处奔走,不断躲避着他信仰的神。神为了挽救这个虔诚的信徒,动用了各种力量去寻找他、唤醒他,甚至为了让他悔改还让一条大鱼吞了他。

当然,约拿经过反复地考虑,最后终于悔改,完成了他的使命。后来,人们就以"约拿"指代那些渴望成长却又因为某些内在阻碍(比如仇恨)而害怕成长的人。神让约拿到尼尼微城去宣布赦令,这本是一种崇高的使命,完成这个使命是无上的光荣,这自然是约拿所向往的。但当自己的理想即将成为现实时,约拿却有了一种畏惧心理,他很长时间内都在刻意地回避这即将到来的荣耀。心理学家们就把这种成功面前的畏惧心理称为约拿情结。

具体来说,约拿情结的基本特征可以分为两个方面:一方面表现在对自己;另一方面表现在对他人。

对自己,其特点是:逃避成长、执迷不悟、拒绝承担伟大的使命。简单地说,就是对成长的恐惧,对自身伟大之处的恐惧。这个特点来源于心理动力学理论上的一个假设,即人不仅害怕失败,也害怕成功。这种恐惧心理具体表现为一种情绪状态,这种情绪会让我们失去进取心,导致我们不敢去做自己能做得很好的事。

对他人,其特点是:如果别人表现出优秀之处自己会嫉妒;如果别人受到了祝福自己心里就会不舒服;如果别人倒霉了自己会幸灾乐祸。这种心态是非常危险的,这不仅会阻碍我们自己成功,更会影响到自己周围的人。

这种对他人的消极行为也可以称为一种内在冲突。有时候,我们可以清楚地知道,因为我们会充满爱憎。但大多数时候,它被潜抑在无意识里,比如怨恨心理。

约拿情结被心理学家们普遍认为是阻碍人们成长的内在原因。我们常常可以发现类似这样的情况,一个聪明的中学生,平时的成绩非常好,但在大型考试的关键时刻却突然病倒了,以致失去了参加考试的机会。当他参加工作以后,可能因为出色的能力,颇受领导赏识,但是将要升迁时,他却辞职了。为什么会出现这种情况呢?虽然这些事看起来是一种很偶然的行为,但心理学认为，其实这样的情况另有原因。

如果深入接触这个人的内心世界，我们就会发现，他的内心深处竟然埋藏着对父母未曾宣泄的怨恨。很可能是因为父母家教太严，让他产生了一种潜意识里报复父母的心态。于是，在求学、升迁的关键时刻，他下意识地毁掉了自己的前途。也许可以用一句话来表达他的潜意识："你们不是一直盼望我成功吗？我才不会让你们如意呢，我就是要让你们失望！"

除了这种内心深处的冲突，还有一种神经质的恐慌心态。尤其对一些大龄的未婚女性来说，她们的内心对于成功的恐惧有一种无意识的信念，那就是："如果我非常成功，变成一个特别优秀的女强人，那我可能就找不到一个适合我的男人，那我岂不是嫁不出去了？"这种恐慌心态直接阻碍了很多女孩子的成长和成功，因为对于她们来说，"实现自己"也就意味着"失去了爱"。大家都知道，爱的需求对于一个女人是多么的重要。于是，约拿情结就产生了。

心理学家认为，我们中大多数人在很小的时候，由于各种条件的限制和不成熟，我们的内心很容易产生"我不行"等比较消极的心理。再加上周围的环境不能给我们提供足够的安全感和机会，从而让我们失去一些很好的成长机会，那么这些念头就会一直沉积在我们的内心。当成功的机会降临时，约拿情结就会立刻跳出来，导致我们变得不敢去成功！

毫无疑问，我们大多数人内心都深藏着约拿情结，这种情结是我们平衡自己内心心理压力的一种表现。成功的机会在每个人的面前都是平等的，但为什么有些人会成功，另一些人会失败呢？那就是因为只有少数人敢于打破平衡，认识并克服自己的"约拿情结"，勇于承担责任和压力，最终抓住并获得了成功的机会。这也是为什么总是只有少数人成功，而大多数人却平庸一世的重要原因。

我们既然了解了约拿情结的危害性，那就要明白，千万不能让这种情结演化为"自毁情结"。在面对荣誉、成功和幸福等美好的事物时，我们不能总说自己"不配"，我们一定要抓住这些成功的机会，这样才能享受到人生的幸福！

自嘲效应：敢于贬低自己反倒是自信的表现

在日常工作、生活与社交中，每个人都会遇到一些令自己尴尬和难堪的局面。自嘲是一个人自信的表现，它能让你潇洒而迅速地摆脱窘境，赢得别人的好感。

韩国人自嘲说："在韩国，卖高尔夫球的人多，真正能打高尔夫球的人少。"

美国人自嘲说："在美国，帮篮球明星打官司的人多，真正能打篮球的人少。"

国内球迷说："在中国，帮中国足球队算命的人多，真正能踢球的人少。"

在日常工作、生活与社交中，每个人都会遇到一些令自己尴尬和难堪的局面。当我们遭遇到窘境时，该怎样沉着地应对，才能既得体又大方呢？自嘲就能让你潇洒地迅速摆脱窘境。

首先，自嘲反映出一个人的自信心理。

我曾经在一次朋友聚会时碰到过这样一件事。

一位矮个子学者的妻子嘲笑自己的丈夫身材太矮小，这位学者笑眯眯地回应说："我看还是矮点好，我如果不是一米五六，现在能够让自己的著作与身体一样高吗？如果不是我身短力小，我们俩的战斗你场场取得胜利吗？如果不是我矮，你能很有优越感地说我太矮了吗？"说完这番话后，大家都拍手称绝。

自嘲是拿自身来"开涮"，博得一笑，没有乐观、豁达的胸怀和超然、调侃的处世心态是无法做到的。能自嘲的人都很清楚自己无论如何调侃，都不会失去原本就有的优越性，因此，这是自信的表现。

其二，自嘲可以增加幽默感。著名漫画家韩羽是秃顶，他写了这样一首自嘲诗："眉眼一无可取，嘴巴稀松平常，唯有脑门胆大，敢与日月争光。"令人读后忍俊不禁，从中可以看出韩羽先生乐观、大度的处世态度。

传说，希腊哲学家苏格拉底的妻子是个泼妇，经常对他大发脾气，而苏格拉底总是对旁人自嘲道："讨这样的老婆也是有好处的，可以锻炼我的忍耐力，提高我的修养。"

一次，苏格拉底的妻子又发起脾气来，大吵大闹，很长时间都不肯罢休，苏格拉底只好"三十六计，走为上计"。他刚走出家门，怒气难平的夫人就突然从楼上倒下一大盆水，把他浇得像只落汤鸡。湿透了的苏格拉底打了个寒战，不慌不忙地说："我早就知道，雷霆过后必有大雨，果然一切不出我所料啊！"

显然，苏格拉底有些无可奈何，但他带有自嘲意味的讥讽，使他从这一窘境中解脱出来，显示了苏格拉底的机智与幽默。

其三，自嘲可以让交流的气氛迅速转化。

人们在第一次安排与别人见面时，如果这是场比较重要的会面，心情有点紧张是难免的，有时甚至会出现手足无措的情形。可能你在电影或电视中也看到类似的画面，一对男女相亲时，双方默默无语，好不容易一方正要开口说话时，另一方也正好想要说点什么，于是两个人同时张开嘴巴，然后又很尴尬地同时闭上了嘴。重新来过时，同样的情形又上演了。

这种情节虽然具有喜剧效果，但是如果真发生在自己身上，其慌乱的窘态是可想而知的。不过有一回在某个类似的相亲场合，富有幽默感的男方为了消除两人同时开口的尴尬场面，这样对女方说："我们真是好有默契啊！"

一语逗笑了女方，就连女方家长也笑了，气氛顿时变得轻松和融洽起来。

在日常工作、生活与人际交往中，如果遇到人前蒙羞，处境尴尬时，用自嘲来对付窘境，不仅能很容易找到台阶，而且会产生幽默的效果。所以，自我解嘲，自己挠自己胳肢窝几下，自己先笑起来，是一种重要的交际手段，也是很高明的脱身方法。

在某俱乐部举行的一次招待会上，服务员倒酒时，一不小心把啤酒洒到一位宾客的头上了，而那位宾客是个秃头。服务员吓得手足无措，全场人则目瞪口呆。这位宾客却微笑地说："老弟，你以为这种治疗方法会有效吗？"在场的人闻声大笑，尴尬局面即刻被打破了。

这位宾客借助自嘲，既展示了自己的大度胸怀，又维护了自我尊严，消除了耻辱感。

传说古代有个石学士,一次骑驴不小心摔在了地上,一般人在这种情况下一定会尴尬不已,可这位石学士不慌不忙地站起来说:"还好我是石学士,要是瓦的,现在还不摔成了碎片啊?"一句妙语,说得在场的人哈哈大笑,自然这位石学士也在笑声中免去了难堪。

以此类推,如果是一位胖子摔倒了,就可以这样说:"如果不是这一身肉托着,岂不是会把骨头给摔折了?"换成瘦子,又可说:"要不是重量轻,这一摔就成了肉饼了吧!"这样一来,效果岂非也不错呢?

通常,有幽默感的自嘲是对自己缺陷的夸张,颇能表现出一个人坦诚的品格,因此还可以赢得他人的信赖和好感。

美国总统林肯相貌较为丑陋,对于自己的这个特点,他经常拿来巧做文章。

一次,林肯在一个集会上被邀发言,林肯不好明确拒绝,就讲了个小故事:一天他遇见一位妇人,她仔细端详了林肯后说:"先生,你是我见过的最丑的男人了。"林肯回答说:"夫人,我实在没办法,你有什么建议吗?"那位妇人想了想说:"那你总可以待在家里吧?"林肯说完就坐下了,大家先是愣了一下,然后就对林肯的机智回答报以热烈的掌声。

还有一次,林肯与道格拉斯在白宫里就一些问题进行辩论时,道格拉斯指控林肯一贯的作风是说一套做一套,完全是个有两张脸的人。林肯回应他说:"道格拉斯指控我有两张脸,大家说说看,如果我有另一张脸的话,我还会带这张丑脸来见大家吗?"林肯的话逗得大家哄堂大笑,道格拉斯自己也跟着笑了。

不过,自嘲虽然好处不少,但凡事不可过度。适度的自嘲可以缓和紧张的气氛,化解尴尬的场面,或许会赢得好感;但如果刻意自嘲或频繁使用它,就会给人以一种对自己的不尊重之感。而一个人自己不尊重自己,自然也得不到他人的尊重。

自嘲也不是自贬,特别是不能对大家公认的优点自我贬低,这样不但是在否定自己,也是在变相地否定他人的判断,反而会让对方感到尴尬。

第十一章

FBI 教你行为心理学
——行为背后的心理根源

人的行为是外在表现，而心理才是内在支撑，有什么样的心理就会有什么样的行为。FBI 正是掌握了这一点，才能够通过对人们日常行为的观察研究，反方向推断出人们的心理，发掘行为背后的心理根源。

安慰疗法：心理暗示能够产生积极作用

安慰疗法通过使机体接受暗示，从而产生了某种有利于改善症状的变化。因此，对于容易接受暗示的病人来说，安慰疗法更加有效。它的显著优点是经济、见效快、无副作用。但它也有明显的局限性：不适用于所有疾病；不能反复运用；必须对病人严格保密。病人一旦知道真相，比如说，知道自己服用的止痛片原来是淀粉片，或者知道自己喝下的汤药原来是改良的饮料，便收效甚微了。此时，即使给病人"真药"，也未必能获得满意的疗效。

一位饱受病痛折磨的患者辗转反侧，服下一粒"进口药"后，逐渐入梦；一个卧床不起的瘫痪病人，注射了一针"特效药"后，马上就站了起来；一个哑口不言的儿童，被神医在某个普通的穴位上扎了一针，突然能开口说话了；一个艰苦分娩的产妇服下秘方熬制的汤药后，竟顺利产下了婴儿……看到这里，你或许会以为是药效好或医术高明，要不就是在变魔术，否则不会出现这些戏剧性的变化。其实，事实并非如此！上述所谓的"灵丹妙药"，只不过是毫无疗效的蒸馏水、有色水或淀粉片而已，神医扎针也只是随意而行。这些本身没有药理效果却有暗示效应的东西，被叫做安慰剂。

那么，什么是安慰剂呢？

1959年，A. K. 夏皮罗（A. K. Sharpiro）将安慰剂定义为："一种不包括药物（或包括与病人治病无关的药物）的制剂，被用于患者的'治疗'，使病人相信自己正在接受治疗。"到了1964年，夏皮罗又认为安慰剂是："任何治疗程序的一部分，对病人的症状、症状群或疾病能产生疗效，但客观上，对所治疗的情况并没有特殊作用。"

在夏皮罗看来，安慰剂分为两种：一种是纯粹的安慰剂，比如淀粉片、糖片、可卡因、蒸馏水、矿泉水、生理盐水、味道苦涩的有色白开水等。这种安慰剂并不影响人的生理机能，所以理论上对病情并无治疗作用。另一种是非纯粹的安慰剂，或许含有一些药物，但对病人的疾病没有治疗作用，也或许含有某些有效药物，但含量甚微，不足以治疗病人的疾病。

安慰疗法就是对病人采取某种"治疗"措施，或许是注射，或许是手术等，使病人相信他正在接受治疗，而这种治疗是有疗效的，但实际上，这些措施不会产生直接的治疗作用。"安慰疗法"的英文 Placebo 来自拉丁文，原意是"我会令你满意"。1785 年，该词出现于《新医学词典》中，指"非正规的边缘医疗方法或药物"。在欧洲，"御手触摸"便是一种典型的安慰疗法。

早在 1993 年，整形外科医生 J. B. 莫斯利就验证过安慰疗法。当时，他怀疑治疗关节疼痛的关节镜手术的疗效，便招募了 180 名关节炎患者，分为三组进行试验。

第一组实施传统疗法。对患者进行麻醉，膝关节置入关节镜，切除软骨，并对异常软组织进行矫正，然后用 10 公斤盐水冲洗整个膝部。

第二组则实施麻醉，膝盖部位切了三刀，置入关节镜，但是不切除软骨。

第三组实施安慰疗法。对患者进行麻醉，膝关节切三个刀口，但没有置入关节镜，也没有切除软骨，"手术"过程的时间同前两组相同。也就是说，第三组只是进行了模拟实验。

手术后的两年，莫斯利通过跟踪测试发现，实施全套手术的第一组实验者和单独置入关节镜的第二组实验者对手术非常满意，感觉疼痛减轻了，也能正常行走了，纷纷表示要向亲朋好友推荐这种疗法。这并不奇怪，真正匪夷所思的是——实施安慰疗法的第三组患者，也声称减轻了疼痛，同样恢复了正常行走。

莫斯利实验小组成员之一的内尔达·雷伊说："对于膝部关节炎患者，实施关节镜置入和软骨切除手术的效果，竟然与安慰疗法旗鼓相当。于是人们不禁怀疑，是否有必要进行关节炎手术。"可想而知，2002 年 7 月《新英格兰医学杂志》上发表了莫斯利的实验结果后引起轩然大波。人们认为安慰疗法引发了很多伦理问题。尽管世人褒贬不一，安慰疗法却在现代医学中扮演了愈来愈重要的角色。

小刘患有牙痛病。俗话说，牙痛不是病，疼起来要命。他经常去第三医院找很有名气的李医师开药。这天，他又跑到医院看病，不料李医师休息，只好换了一位不熟悉的医生来诊治。小刘当时就想，这个新的医生医术高明吗？开的药有效吗？他怀着半信半疑的心情回到家里。服药后，果然不见牙痛减轻。

小刘第二天又跑到医院，直接找到那位熟悉的李医师去拿药，并抱怨说上次的医生水平一般，开的药没啥效果。李医师按部就班进行了检查，对他说，有一种药非常好用，可以有效地缓解病痛，说着就开了药方。结果，小刘服下药后，感到疼痛顿时减轻了很多。其实，两位医师开的药大同小异，之所以效果大相径庭，就是因为小刘不知不觉间运用了安慰疗法。可见，即使有实际疗效的药物，其产生的疗效也和病人对医生的信任、对药物的期望等心理因素有关。

人们不禁要问：为什么安慰疗法效果这么好呢？这是因为人体具有自我治愈的神奇潜能。安慰疗法的目的，就是挖掘这种潜能。事实上，安慰疗法显示了大脑对身体的奇妙的控制。

如今医学水平日新月异，安慰疗法得到了更为广泛的运用。

安慰疗法特别适合两类患者。一类是癔病，属于神经症病，由某种心理原因导致的部分功能丧失，比如瘫痪、耳聋、失明、哑巴、肢体麻木等。另一类是某些非精神障碍的躯体疾病，比如慢性疼痛。研究表明，三分之一的病人能被安慰剂有效地缓解症状。心理学家和医学家认为，人们对药物的期望成为一种认知形式，服用安慰剂后，就会调动神经机制产生镇痛作用。在病人不知情的情况下，安慰疗法可以获得和真正的手术治疗相同甚至更好的效果。

安慰疗法不仅仅运用于医学领域，在日常生活中，人们也常常运用它。神采飞扬的年轻妈妈鼓励刚学步的幼儿向前走；和蔼的老师夸奖辛勤的学生，并肯定他的努力最终会有收获；长辈抚摸着孩子的头说："孩子，我为你骄傲，你一直是最棒的！"面对心情五味杂陈的运动员，教练打气说："发挥出状态就行，你肯定能赢！冠军非你莫属！"同样是感冒药，你认为越贵的药越有效……

每个人都有失意或不得志的时候，有时会产生怯懦、畏惧等心态。这时候，人们便很自然地运用安慰疗法，使一切朝着预期的良性轨道运转。

互惠原理：你对我好，我就对你好

人心都是肉长的。互惠原理就是说，别人对我们好，我们也会对别人好，尽量以相同的方式报答别人给我们的恩惠，否则就会产生负债感。施恩与受惠都是一种责任，偿还或者报答更是一种责任，不容推卸。

"怎么搞的，检查组明天就来，事先怎么没人告诉我？"局长接了部里的电话，气冲冲地闯进办公室主任的工作间。

"我，我，我把通知……"办公室主任本想解释，可局长的表情不容分说。

"你看，这事怎么处理？什么准备都没做！"

"对不起，局长，是我粗心大意，我马上去准备。"

……

其实，责任还真不在办公室主任那里。办公室主任一接到上级的检查通知，就马上把通知送往局长办公室。当时，局长正在打电话，见他手拿通知进去，就用眼睛示意他把通知放在桌上。

"可能我一走，局长就把这件事给忘了。"办公室主任心想，但他没有吭声。

他只是快速跑去局长办公室，找出那份通知，按照通知要求，连夜加班加点，打电话、催数字……最后，终于在检查组到来之前，把所需要的材料全部准备好了。

检查顺利通过。

办公室主任松了一口气，局长也松了一口气，他决定好好培养办公室主任。

局长为什么决定好好培养办公室主任，是因为办公室主任有责任心，敢担当吗？

确实如此，不过，更重要的原因并不在此，而在于他对办公室主任产生了一种"互惠心理"。

下属替自己承担了罪名，还当众挨了自己的批评。虽然局长维护了权威，保住了面子，但他的心理失衡了，他觉得自己欠了下属的人情，要找个机会回报才行。

从心理上来讲，一般人都有一种互惠心理，就是说，得到别人的好处后，就想要回报对方。比如一个人帮了我们的忙，我们也会帮他的忙，或者送他礼品、请他吃饭以示回报。

有位汽车营业员在卖车时，突然拿出一条纯白色的手帕，铺在顾客那台本来就想换的破旧车辆前，然后客气地说："请让我为您的车检查一下。"旋即钻到车底下。过了一会儿，他边拍着沾满泥土的手帕边说："一切都好。"当顾客看到那条被弄得脏脏不堪的手帕时，心里不禁十分感动，同时也为这位营业员的细心体贴而感激不已。本来他不想马上换车的，但看到这位营业员有如此好的服务精神和付出态度，想来向他买车绝对不会错，于是当下就决定换一辆新车。那名营业员就是常常运用这种技巧，靠一条因为顾客而弄脏了的手帕来感动对方进而从事推销，从而大大提高了个人的销售业绩。

一位心理学教授曾做过这样一个实验：在一群素不相识的人中随机抽样，给挑选出来的人寄去了圣诞卡片。结果，大部分收到卡片的人都给他回寄了一张。那些给他回赠卡片的人，根本就没有想到过打听一下这个陌生的教授到底是谁。他们回赠卡片的原因就是：不管怎样，自己不能欠别人的情，哪怕这个"别人"是自己的敌人。

在第一次世界大战中，某些德国特种兵的任务是，深入敌后去抓俘虏回来审讯。

有一个德军特种兵曾多次成功地完成这样的任务，这次他又熟练地穿过两军之间的地域，出现在敌军战壕中。

一个落单的士兵正在吃东西，毫无戒备，一下子就被缴了械。他手中还举着刚才正在吃的面包，这时，他本能地把一些面包递给对面的德国兵。

面对这个突如其来的举动，德国兵很震惊。结果，他没有俘虏这个敌军士兵，而是自己一个人回去了，虽然他知道回去后长官会大发雷霆。

德国兵为什么会这么做？

那是因为对方递送面包的举动唤起了他的互惠心理，让他产生了一种自己得到了对方的恩惠，应该回报对方的想法。而那一刻，不把对方当做俘虏抓回去是他所能给予对方的唯一回报，于是，他就这么做了。

想想看，在你死我活的战场上，一块小小的面包就能打动敌人，由此保存性命。在职场，我们是不是可以用一点小小的恩惠感动我们的上司、同事或下属，以此拥有良好的人际关系呢？答案是肯定的。

互惠原理认为，我们应该尽量以相同的方式报答他人为我们所做的一切。如果有人送生日礼物给我们，那我们就要在对方生日时给他买上一件礼品。由于互惠原理的影响，我们会觉得在将来某个时间回报我们曾经受到的恩惠是一种责任，所以"理应回报"成了表达谢意的代名词。

某机场，一名旅客正在休息，一个募捐者悄悄地走到他面前，突然将一朵玫瑰塞给了他。旅客本能地接过了玫瑰，但他马上反应过来，要将玫瑰还回去。可是募捐者拒绝收回玫瑰，并向他提出募捐的请求。旅客再次拒绝，但募捐者再一次回绝了他，这时旅客的脸上露出了矛盾的表情。其实，他完全可以把玫瑰拿走，然后不掏一分钱就走开。但是他却在稍微转身之时又被一种力量拉回来，犹豫不决。一秒钟之后，旅客再次转身，可是，他还是没有走开。最后，他不得不捐了两元钱。之后，旅客如释重负，但他并没有保留他的礼物，而是把它扔进了垃圾桶。

就这样，很多人内心拒绝玫瑰，却又不得不接受玫瑰，最后又把它扔掉。因此，垃圾桶的玫瑰就多起来，但是我们不用担心这些玫瑰会有悲惨的命运，因为最初的送礼者还会收集这些被扔掉的"垃圾"，加以重复利用，直到它们不能再用为止。这就是互惠原理的本质：尽管某种礼物让人生厌到一有机会就把它扔掉的程度，但它仍然可以在互惠过程中继续发挥作用。

互惠原理的威力在于，即使是一个陌生人，无论是一个让人生厌还是不受欢迎的人，如果他先给我们一点小小的好处然后再提出他的请求，我们答应对方请求的可能性就会增加。然而，某些人不请自来地帮我们一个忙，就能使我们产生负债感。

认真思考一下，互惠原理只是说我们应该回报他人对你的关照，但并没有说我们主动要求了这个关照就有回报的义务。例如，某伤残军人组织报告曾证明，在募捐信中放上礼物（例如背面涂了胶的、个性化的地址标签），收到募捐款的比率是35%，而没有放上小礼物，收到募捐款的比率是18%。当然，如果我们主动向他人要求某种好处，那么回报的责任就会更大，即使这个好处是不请自来的，这种负债的感觉依然十分强烈。

那么，人们为什么会产生这种心理呢？我们需要从互惠原理的社会意义上寻找其根源。其实，互惠原理的确立，就是为了促进互惠关系的发展，使人们在主动开始这种关系时不必担心有任何损失。如果达到了这个目的，不请自来的好处一定会让接受者产生负债感。人们的心中普遍有这样一种想法：给予是一种责任，接受也是一种责任，偿还更是一种责任。

在生活中，偿还的责任不仅减弱了我们选择施恩者的能力，还把这种权力交到了其他人的手中。在这个过程中，因为双方力量悬殊，真正的选择权被施恩者牢牢地掌握在手中。施恩者决定了最初给予恩惠的形式，也选择了回报恩惠的形式。因此，即使是一个不请自来的好处，一旦被接受，也会让我们产生一种负债感。

事实上，即使是没人想要的礼物，也会造成人们的负债感。因为强大的互惠压力使我们必须回报送我们礼物的人，即使这些礼物并不是我们真正想要的。但是，对于我们并不真正需要的商品，我们并没有任何压力要去购买。

喜好原理：为什么人们会爱屋及乌

> 喜好原理，这是个简单而有用的原理，人们总是比较愿意答应自己认识和喜欢的人提出的要求，因此有时也称为自己人效应。其应用的关键就在于如何获得他人的好感，及建立友谊。为此，你可以通过提高外表的吸引力，寻找并增强与对方的相似性、与对方多接触等途径来实现。

王乐是某外企销售部门的一名干将，也是部门最有人缘的人。

她非常善于与客户打交道，无论对方年老还是年少，是男还是女，她都能在很短的时间内赢得对方的好感。因此，她的销售业绩提升很快，工作不到两年，就被提升为销售首席代表的助理。

后来，销售首席代表移民加拿大，便把自己大部分的业务交给她做。工作到第三年，她的业绩已经远远超过了部门的其他人，成为部门的销售冠军。

像她这样优秀的人，在公司里遭到同事的妒忌与排斥不足为怪，但王乐却成功地避免了这些，与同事们的关系相当好。无论她遇到什么事情，大家都乐意帮忙。

有一次，一位朋友向她抱怨人际关系复杂、人情淡漠，并问她："你怎么会得到那么多人的喜欢与帮助？"

"因为我喜欢他们。"王乐说。

"我不相信所有与你打交道的人你都喜欢。"朋友仍旧不解。

"但我会表现出喜欢对方的样子，这就够了。"

曾经红极一时的魔术师哈瓦德·萨史顿有句名言："我由衷地喜爱我的观众们！"这句话深刻包含了值得我们学习的心理技巧，就是"喜爱引起喜爱"。

人有一种强烈的倾向，就是喜欢那些喜欢我们的人，即使他们的价值观、人生观与我们都不同。

美国社会心理学家阿伦森曾向他的朋友们作过一个调查："为什么我们对一些伙伴比对另一些人更喜爱？"得到的回答是各种各样的，"因为那些人反过来也喜爱自己"是最典型的回答之一。

想想看，在这个世界上，你最爱的人是谁？恐怕大部分人都会回答"自己"。这就说明，人的本性是以自我为中心的，或多或少都有些自恋。于是，喜欢我们的人，也就成了我们喜欢的人。他不一定很漂亮、很聪明或者很有社会地位，仅仅是因为他很喜欢我们，我们也就很喜欢他。这就是心理学上所谓的"相互吸引定律"。

为什么我们会喜欢那些喜欢我们的人呢？

从心理学的角度来看，原因有以下几点：

一是对方的喜欢让我们体验到了愉快的情绪。一想起对方，我们就会想起与之交往时所拥有的快乐，我们一看到他们，自然就有了好心情。

二是对方的喜欢满足了我们对尊重的需要。人与人交往，都希望获得他人的尊重。对方喜欢自己，通常会在言行中表示他们的尊重，这会令自己感到欣慰。

三是对方的喜欢带给我们自信。在实际生活中，严格地讲，没有人是完全自信的，大多数人都是通过评价自己的成就和吸引力来判断自己的价值，调整自己的目标。因此，大多数人都特别需要别人的肯定。对方的喜欢就是对自己的肯定，有谁会不喜欢这种肯定呢？

四是对方的喜欢让我们有志同道合的感觉。我们总会这样想，对方喜欢自己，就意味着对方认可我们的某些行为特征，意味着对方在某些方面与自己相似。我们喜欢与自己相似的人，这完全在情理之中。

因为上述四种原因的存在，所以在社交场合，我们经常表现出对别人的喜欢，就很容易赢得对方的好感。

在日常生活和工作中，为了更轻松更快地赢得他人的好感，我们不妨表现出喜欢对方的样子。

如果你是一名推销员，面对从未谋面的目标客户，不妨表现出喜欢对方的样子，这会让对方也喜欢你，从而喜欢你推销的产品。

如果你是一名职场新人，初到一家公司，与性情各异的同事接触时，不妨表现出喜欢对方的样子，这会让他们在最短的时间内接纳你。

当然，这种方式也不是绝对有效的。有时人们也会遇到这样的情况：自己喜欢某个人，但这个人并不喜欢自己；相反，自己不喜欢某个人，但这个人却很喜欢自己。

遇到这种情况，不妨对自己喜欢而不喜欢自己的那个人继续示以好感，对自己不喜欢而喜欢自己的人报以感激。这样一来，你就会发现，原先喜欢你的人更加喜欢你，原先不喜欢你的人也慢慢对你产生了好感。

在人际交往中，表现出喜欢对方的样子，假以时日，你的朋友会越来越多，你办事也会越来越顺利。

人们总是答应自己认识和喜爱的人提出的要求，没有谁会对这种现象表示奇怪。可是，你知道吗？这也反映了喜好原理。只是这条原理一度被一些陌生人以各种方式利用了，从而让我们答应他们提出的要求。

生活中，那些善于利用人心的人总是能够与我们建立共同的目标，并共同努力，以给人留下我们是为了双方的共同的目标而"齐心协力"、我们是同一个战壕中的战友的感觉。这也反映了一个心理学原理：接触和合作。

2001年5月，在加纳首都阿克拉举行的一场足球比赛中，当非洲冠军橡树队以2比1战胜科托科队后，科托科队的支持者被激怒了，他们毁坏了看台上的座椅，并与橡树队的球迷发生了冲突。

当警方发现事态的持续发展将会造成不可挽回的损失时，他们向球迷们投掷了催泪弹。这让观众产生了恐慌心理，人们开始四处逃窜，之后便发生了挤压踩踏事件。最终导致150人死亡，将近20人受伤。

在激烈的体育比赛中，运动员有些激动是可以理解的，但体育爱好者们如此冲动，却有些让人不可思议了。

不用说，体育活动的确具有神奇的、势不可当的力量，它与观众之间的关系完全是一种个人化的东西。但由于受喜好原理的影响，观众们的形象会与他所喜爱的运动队或运动员联系在一起。如果他所喜爱的运动队失败了，那么他自己也就失败了，因此产生激动、沮丧情绪便可以理解了。

一场比赛并不是以固有的表现或艺术性来供我们消遣的，而是让我们以自身为赌注来为一场比赛的输赢打赌的。正是出于这个原因，观众们才会对自己国家的胜利如此热爱和感激，同样，他们才会对导致比赛失败的运动员、教练员或官员们心生厌恶，甚至用残忍的行为对待他们。

由此，我们可以得出一个结论：我们总是希望与自己有关的运动队赢得比赛，以此来证明自己的优越。那么，我们想向谁证明这点呢？是我们自己，也是其他人。根据喜好原理，如果我们能够成功，我们在公众面前的威望就会大大提高。

从以上的事例中，我们可以看出，我们总是有目的地操纵着自身与胜利者及失败者之间的关系，并且这种关系呼之欲出，为的就是让自己在那些能看到这种关系的人面前显得更具威望。通过彰显正面的联系、掩盖负面的联系，我们试图让旁观者对我们有更高的评价，并对我们产生更大的好感。

在国外，最有趣的一个现象就是，为了获取罪犯的口供，警察在审讯过程中运用了心理学的方法，他们使用最多的恐怕就是"好警察"和"坏警察"的方法了。

例如，一个嫌疑犯因为抢劫而被带到警察局里，在录口供之前，他被告知他有权保持沉默。当这个嫌疑犯刚坐到椅子上时，那个所谓的"坏警察"就开始大声地叫骂，接下来，这个"坏警察"一直在不停地对嫌疑犯进行辱骂，有时，他甚至会去踢嫌疑犯的椅子。他的眼神中满是轻蔑，如果嫌疑犯拒绝回答任何问题，他就会火冒三丈，他会愤怒地说自己会让这个嫌疑犯把牢底坐穿。他还会说如果有可能，他会请人让检察官对这个案子提出最严厉的控诉。

那么，在这个过程中，"好警察"会听任"坏警察"为所欲为吗？不会，刚开始，"好警察"一言不发，慢慢地，他会加入其中。最初，他只是会劝说"坏警察"不要发那么大的脾气，劝说其冷静。但"坏警察"不会听他的，他会大声表达自己对嫌疑犯的不满之情。

就这样，一会儿工夫，"好警察"当场帮助嫌疑犯说好话了，但"坏警察"还是不为所动，并且脾气会越来越坏。

此时，"好警察"开始直接对嫌疑犯说话了。他会叫出对方的名字，会向对方指出在这个案子中任何一个对嫌疑犯有利的细节。如果此时，嫌疑犯还是坚称自己不合作，那么"坏警察"就会继续对嫌疑犯进行谩骂和威胁。但这时，"好警察"会阻拦他，并掏出一些钱，让他去买点咖啡或者其他饮料。

当"坏警察"离开后，"好警察"就会开始真正的表演。他会对嫌疑犯说："你看，不知是什么原因，我的同事就是不喜欢你。他一定会想方设法抓住你的把柄，而他的确也有这种能力，因为我们已经掌握了足够的证据。另外,检察官也会严惩那些不合作的嫌疑犯,这样一来,你有可能就坐5年的牢了。

"我真的感到很遗憾,我真的不希望这种事情会降临落在你的头上。如果你现在承认你抢了东西,在他回来之前,我会把案件接过来,我保证会在检察官面前替你说好话。如果你愿意合作,刑期会从5年减到2年,甚至1年都有可能。现在就看你自己了。告诉我事情的经过吧,我们一起想办法,相信可以渡过难关。"

此时,通常嫌疑犯会招供自己的所有罪行。这样,一个"红脸"和"黑脸"相结合的策略已经完全取得了成功。

其实,这也是一种有效的谈判策略。仔细研究之后,我们就会发现,原来在这一切的背后所起作用的是喜好原理,让嫌疑犯建立了对"好警察"的好感之后,就能服从"好警察"的吩咐。

这个方法能奏效的原因不外乎以下几点:第一,"坏警察"的威胁让嫌疑犯产生了对坐牢的恐惧,相比之下,"好警察"的言行就特别通情达理。第二,由于"好警察"为嫌疑犯说话,甚至自己花钱为其买咖啡,互惠原理让嫌疑犯产生了心理压力,觉得有必要还"好警察"一个人情。第三,"好警察"总是设身处地为嫌疑犯着想,把他的利益放在心上,即使在正常情况下,这样的人也会给人留下好印象,何况是一个需要帮助的嫌疑犯呢?这样的救星,无疑值得信赖,那么向救星吐露真情就是顺理成章的事了。

只要面对两个人,我们总是可以创造出喜欢一个人而讨厌另一个人的情形。这样,被喜欢的那个人就得到了机会。这不仅仅是喜好原理的作用,对比原理也有着一定的作用。

从众原理：被人孤立的滋味不好受

> 从众心理又称趋众心理，是一种为适应团体或者群体的要求而改变自己的行为和信念的心理。很多人看到别人做什么，自己也去做什么；别人怎么说，自己也随声附和，总是想随大流，这就是从众心理。

有个人走进一家医院的候诊室，他向四周一看，感到非常惊讶：所有的人都只穿着内衣裤坐着等候。他们有的穿着内衣裤喝咖啡，有的穿着内衣裤抽香烟，有的穿着内衣裤阅读报章杂志，有的穿着内衣裤聊天。

这个人起初非常惊奇，后来判断这群人一定知道一些他所不知道的内情。于是20秒之后，这个人也脱下外衣，仅穿内衣裤，坐着等候医生。

上述情景取材于美国作家艾伦·芬特60年代创作的电视剧本《小照相机》。

这件事可笑吗？

你肯定认为可笑。不过，在我们的日常生活中，还真存在不少此类令人捧腹大笑的事情。

某街角，一个人忽见一长队绵延，以为有什么难得的好机会，赶紧跑过去排队，唯恐错过。结果排队的人越来越多，最后队伍都排到了大街上。等到队伍拐过墙角，他才发现大家排队原来是上厕所，不禁哑然失笑。

生活中，大多数人都有这样一种心理动向：看到有人排队就希望排过去，看到有人扎堆儿就希望靠上去。

在心理学上，这种心理动向被称为从众心理。从众心理也叫趋众心理，是一种为适应团体或群体的要求而改变自己的行为和信念的心理。

从众心理可以表现为在临时的特定情境中对占优势的行为方式的采纳，也可以表现为长期对占优势的观念与行为方式的接受。

从众心理，几乎人人都有。

一个小青年，看到满大街都是穿大喇叭裤的人，自己也去买了一条大喇叭裤穿上，尽管自己身材瘦小。

一位职业女性，看见同办公室的人都烫了卷发，自己也想去烫一个，尽管自己的头发又多又硬。

一个上小学的孩子，看到别的孩子都有史努比模样的玩具，也想买，尽管自己的玩具多得都没地方摆放。

想想我们自己，也不例外。如果去某商业区买东西，里面一家家的小店卖的东西可能大同小异，但有的小店人满为患，有的小店却冷冷清清。这时，你多半会选择进什么样的店里购物？那些人流涌动的店，对吧？

我们在每天的电视节目里，总能听到不断的配音笑声，无论是在娱乐晚会上，还是在真人秀节目、相声或小品里，甚至电视剧、电影里。

其实不只是电视，广播也同样如此。如果你喜欢听广播，那么一些讲笑话趣事的节目，你也应该听过，无论是主持人还是讲述者在讲完一个笑话，或者说完一个有趣的段子的时候，都会有一阵笑声或者掌声传出。如果你仔细听，你就会发现这些笑声或者掌声每次都一样。其实这些都是配音笑声。你也许会问，有必要这样吗？是的，存在即合理，这些都是必要的，必要到甚至顶着一些人的声讨，他们也不肯放弃。

人类有一个天性，即喜欢真诚地与人交往，喜欢看到事物的真相。实际上，幽默也是如此，人们喜欢发自内心的、真诚的笑声，所以那些使用配音笑声的小品和情景喜剧受到了不少人的排斥。这些人认为配音笑声是愚蠢、虚假而且肤浅的。

既然观众不喜欢配音笑声，那么为什么制片人仍然热衷于此呢？这是因为少部分人不喜欢，并不代表大部分人也不喜欢，他们懂得迎合公众的需要，而且他们对一些科学研究的结果有所了解。研究表明，配音笑声能使观众在观看幽默题材的节目时笑得更加频繁而持久，而且这会让他们觉得节目内容非常有趣。此外，配音笑声更能让那些蹩脚的玩笑，甚至不可笑的节目变得更受观众欢迎。

因此，给喜剧节目配上配音笑声以后，节目的幽默性和观众的反应大大增强。当节目不具观赏性时也是如此，那些内容低俗、毫无艺术性的节目就更需要配音笑声了。所以，制片决策人要按照自己的逻辑和利益行事。如果他们按照观众或你我的逻辑和利益行事，那才叫奇怪呢！他们并没有欺骗我们，因为大家都能分辨出录制的笑声，那种吵闹的笑声和真实的笑声有着本质的不同。但是，我们还是会受到它的影响以致作出错误的判断。

其实，这反映了一个心理学原理——从众原理。即我们进行是非判断时，通常先看别人是怎么想的，尤其是当我们要决定什么是正确的行为的时候。如果我们看到其他人在某个地方做某件事情，我们就会断定这样做是对的，周围人的做法或看法都影响着我们的行为方式。

这个结论不无道理。大多数人是怎么看的，我们就会认为这是正确的。因为按照众人的经验去做某件事可以使我们少犯很多错误，这是社会认同原理的优点。它为我们的思考和行动提供了一条捷径，同时也让我们更易受到投机商的"青睐"。

当我们不自觉地对得到社会认同的事物作出反应时，就会被一些不完全或虚假的认同所蒙骗，这时问题马上就会出现。

我们的错误不在于用其他人的笑声来帮助我们判断什么是真正的幽默，什么时候应该发出笑声。我们的错误在于我们根据虚假的笑声作出了错误的判断，虽然这个配音笑声并非幽默特征的因素，却像真正的幽默一样对我们产生了影响。

作为普通观众，我们已经习惯于将他人的反应当做判断节目是否幽默的依据，因此我们也能够被一种声音而不是事实所蒙蔽。观众真实开心的笑声也能让我们跟着大笑，电视公司制片人正是利用了我们对不完全依据也会自动作出反应的倾向。

当然，最善于利用人们的这一心理来为自己谋利的应该是大大小小的商家。

20世纪70年代末，日本索尼公司生产出一种能边走边听的"随身听"录放机。为了打通销路，索尼公司决定采取一种更新颖、更有效的营销方式。

当时在日本的学校内兴起了学英语的热潮，学校要求每位学生必须有一台录放机。索尼公司知道这一情况后，立即派出十名年轻的员工，携带"随身听"在学校的大门口来回走动，并且故意放大音量，作陶醉欣赏状。

学生们看到这一现象，便纷纷打听是从何处买的"随身听"。几天后，索尼的"随身听"遍及日本各大、中、小学校。

索尼的广告宣传真可谓一本万利，他们并没有向大众推荐他们的产品，而是锁定了一部分中小学生群体，利用他们的从众心理，让他们纷纷跟随潮流，加入了抢购"随身听"的行列中。

当然，这一心理战术的运用并非某些人的专利，只要你活学活用，也会有所收获的。

如果你想自主创业，开家小店，不妨在开张时，邀请你的各家亲戚或者各色朋友围在店里店外，或进进出出假装消费。这样，你就无须担心门庭冷落，那些亲戚朋友自会给你引来大批的顾客。

如果你想举行一次座谈会，又担心冷场，不妨事先安排几个人，让他们准备好问题，在会场上积极提问，以带动其他人提问。只要气氛足够活跃，那些原本不爱提问的人，看到大家都在提问，也可能跃跃欲试。

如果你负责主持公司会议，讨论某项棘手的改革方案，你知道改革的阻力很大，很可能大多数的参会者将在会上保持沉默，拒绝表态，你不妨在会议召开之前，私下找几个人交流意见，安排他们在会议上带头发言，迫使其他的人也跟着表态。

损失规避：得到的快乐没有失去的痛苦强烈

> 损失规避就是避免损失或者尽量降低损失，人们都有趋利避害的心理，这是本性使然。得到的快乐永远没有失去的痛苦强烈。在得到的时候，人们一般选择风险规避，而失去的时候，则倾向于选择风险喜好，理性的人则一直选择风险规避。

我们现在来做一个实验。有这样两道题目：

1. 假设你现在的资产总值为 30000 元人民币。今天你中了"头彩"，你必须在下面两种情况中作一个选择：

A. 确定损失人民币 5000 元。

B. 请你抛一枚硬币，如果正面朝上你没有损失，如果背面朝上你将损失人民币 10000 元。

2. 假设你现在的资产总值为 30000 元人民币。今天你运气不错，中彩票了。但是你必须在下面两种情况中作一个选择：

A. 确定获得人民币 5000 元。

B. 请你抛一枚硬币，如果正面朝上你可以获得人民币 10000 元，如果背面朝上你将一无所获。

面对这两道题目，你会选择什么样的答案？

第一道题目一般人会选择 B，而第二道题目则一般人会选择 A。对于第二道题目，人们一般都愿意规避风险，也就是为了让自己收益而不受损，那么选择 A 是属于正常心理。因为第二道题目中，A 答案的期望收益是 $100\% \times 5000 = 5000$ 元，B 答案的期望收益是 $50\% \times 10000 + 50\% \times 0 = 5000$ 元，两种答案的收益值是相同的，所以为了规避 B 答案中的风险，自然应该选择 A 答案。同样的道理我们可以计算一下第一道题目中的期望收益，A 答案的期望收益是 $100\% \times (-5000) = -5000$ 元，B 答案的期望收益是 $50\% \times (-10000) + 50\% \times 0 = -5000$ 元。在期望收益相同的情况下，应该是为了规避风险选择 A 才对，可为什么第一道题目选 B 的人更多呢？

对于这个问题，可以用普林斯顿大学行为科学教授卡尼曼和斯坦福大学教授沃斯基提出的前景理论很好地加以解释。前景理论认为：在得到的时候，人们一般选择风险规避；而在失去的时候，人们则一般选择风险喜好；而理性者则是一直选择风险规避的。这个结论从侧面说明，失去对人们产生的影响要比得到产生的影响更大。得到的时候选择风险规避，说明大多数人不愿意冒险去得到更多。但是失去的时候则不一样，大家都愿意冒险去减少自己的损失，这就叫做损失规避。损失规避是人们具有的一种有趣的心理。也就是说得到50元的快乐永远没有失去50元的痛苦强烈。

一位心理学教授做过这样一个实验：首先是卖杯子，老师拿着杯子，说售价4元，问学生们谁要买？然后是买杯子，老师先送给学生们每人一个一模一样的杯子。第二天，老师回来说：愿意出6元买回那个杯子，问有谁愿意卖？

有趣的是：在两种情况下，都没有学生愿意买或卖杯子。

心理学家把这称做赋予效应（损失规避心理的一种表现），是指人们对于同样的一件东西，往往得到时不觉得值钱，而一旦拥有后要放弃时，就感到这件东西的重要性，索取的价格要高于购买时愿意支付的价格。

现在有很多商家使用免费试用的方式促销，或大力宣传"不满意就退货"，就是利用人们的赋予效应。否则，如果大家都试用一段时间后再去退货，商家岂不是亏大了？其实，每个人对于可能会得到的东西，也存在这种损失规避的心理。

"十一"放假，一个女孩在逛商场，在某知名化妆品专柜前，她停下了脚步。

"您好！现在本产品一律八折，你需要哪一款产品？"售货小姐马上迎了过来。

"眼霜、晚霜和防晒的。"

"还需要别的吗？"

"不需要。"女孩刚说完忽然想起自己的姐姐，她也用该品牌，是否有必要代买呢？正犹豫着，售货小姐说话了："趁打折多买两样吧！"

"我不需要了，家里人可能会来买。打折活动到什么时候截止？"

"今天10月5号，是最后一天了"。

"以前活动不都到 7 号才截止吗?"

"买的人太多,我们的活动提前两天截止。"

女孩感到很庆幸,结果,又买了同样的几款产品。

"十一"假期的最后一天,女孩的姐姐去逛商场,她无意中发现,妹妹两天前买的化妆品仍在打折。

看到这里,你是否会惊讶或者不解呢?也许,你同样遇到过类似的情况。

为什么售货员会撒谎呢?她撒谎的目的只有一个:促使犹犹豫豫的顾客打消"以后再买"的念头,立刻掏钱消费。

她运用的技巧是什么?即打消对方"以后再买"的想法,让对方形成"最后机会"的意识,让对方感觉如不抓住机会就永远错过了。

通常,人都有等待的惯性。因此,对一件事总是迟迟不下结论。

从心理学角度来讲,损失规避心理常常与短缺原理交织在一起,由于短缺使得每一件物品的价值得到提升。

如果对方举棋不定,最稳妥的做法就是,告诉对方这是"最后……"或"只有一次",让对方认为这是最后的机会,明白他所面临的即将失去的形势,这样,对方通常会立马下决心购买。

因为这些所谓的"最后机会",很多人盲目地买下了原本不想买的东西。一旦对方明白这是最后的机会,他就会像你所期待的那样,早下决心。

自我求证心理：为什么算命师能猜中你的心思

由于人们的思维方式以自我为中心，所以人人都有自我求证的心理。我们从未停止过对自我的追寻，在认识自己的路途中，又常常受到周围信息的暗示，迷失在自我当中。听到别人说出的话，看到别人碰到的问题，我们会对号入座，从自己身上找到相似之处。

游览名山古刹的时候，我们常常会碰到看手相、面相的算命师。在他们周围总有几个游客围着要算命，有的人还不时地点头："嗯，真准。"神情虔诚至极。

为什么我们会相信算命师呢？

日本心理学教授多湖辉对算命现象进行过深刻的研究后发现：几乎所有的算命先生都了解人的心理，他们最惯用的心理招数就是："人们在听到对方语意不明确的几句话时，往往向自己理解的方向去推敲，从而产生'对方深知我'的错觉。"这是一种自我求证的心理现象。

每一个人都有自我求证的心理，自我求证根源于我们以自己为中心的思维方式。从古希腊哲学家苏格拉底"认识你自己"开始，我们就从来没有停止过对自我的追寻。但我们常常迷失在自我当中，很容易受到周围信息的暗示。当看到别人的一段经验总结，或者别人生活中遇到的问题时，我们会从内在去寻找，找到相似之处，然后就以为我们也有过这样的感慨或问题。

因此，当我们看到一段笼统的、一般性的人格描述时，都倾向于认为这段描述特别适合自己。而算命师所使用的诀窍就是：提供一些模糊的信息，让对方去寻找自己的体验，使信息的模糊性具体化。算命师只不过是很巧妙地而且在短时间内察知对方当前的心境和烦恼，并提供一些适当的忠告。一个人如果得到某种很模糊的信息，就会从自己的各方面推测，越想越多，从而变得疑神疑鬼。算命师能否巧妙地加以诱导，就是高明与笨拙的区别所在。

有位女性来找算命师算命。这位女性未满30岁，看起来个性很强，有点好胜。她似乎对算命没多大兴趣，但也并非完全不相信。

算命师首先发问。

"你相信巧合吗?"

"巧合?"

"就是本来没有关联的事件同时发生。例如,我今天算了6个人的命,这6个人的血型全是B型,当然你作为第七个人,也是B型。"

"是的,我是B型。你怎么知道?"

"那就是巧合呀!表面上是偶然的事件,也会被我们不知道的法则引导而发生。"

这就是算命术中相当高级的技巧,需要绝妙的时机和很有弹性的说话方式。

当然,今天来算命的6个人都是B型之类的话,完全是算命师杜撰的。算命师之所以推断出这位女性是B型,完全在于察言观色。具体说,算命师一边说"6个人的血型全是B型"时,一边观察她的表情。如果她没有太大的反应的话,就表示她不是B型。此时,只要说"好不容易遇到第七个人的你,不是B型"就好了。

但是此时,算命师看到她脸上掠过一丝惊讶,所以不用她开口,算命师就知道她是B型的人,因此算命师立刻断言:"当然,你作为第七个人,也是B型。"

算命师继续发问。

"你现在正为人际关系而烦恼吗?"

"人际关系?"

"职场问题啦,亲子问题啦,恋爱问题啦……"

"没错,恋情是有点问题……"

这就是算命术的"巧妙质问法"的应用。所谓人际关系,其实是个很宽泛的概念,而把算命师说的人际关系这个模糊的主题缩小到"恋爱烦恼"的,并不是别人,而是她自己。若无其事地从对方口中套出讯息,这就是巧妙质问法的技巧。

通常,向算命师求助的人多半是遇到了麻烦或难题,希望求得建议或答案,因此,如果算命师没有完成这个任务,即使说中咨询者的性格或现状,也没有什么意义。因为算命师存在的价值，就在于作出解答，从而帮助咨询者摆脱困境。即使只是一般人，如果能一语道破对方的烦恼，对方也会打开心扉。

算命师继续发问。

"你好像不知道如何是好，感到很困惑。"

"是的，的确如此，你怎么知道？"

"你心里几乎已有答案，但又缺乏自信。是不是这种状况？"

"是的。虽然已下决心分手，但他仍然对我很体贴，所以就糊里糊涂地拖下去……"

"他……在社会上似乎是个有成就的人……嗯……不是一般的恋爱？"

"是的……他是我们公司的副总裁……其实……"

"婚外情很辛苦吧？"

"是的……"

话说到这里时，她很可能马上就要哭了。对第一次见面的人，她如此之快就吐露出藏在心底的烦恼和秘密，这说明算命师完全取得了她的信任。此后大概算命师要她做什么她就会做什么，要她相信什么她就会相信什么。

算命师在使用模糊语言的时候，还有一个相当高明的技巧，可以把没说中的变成说中的，那就是扩大或缩小范围的方法。

例如，算命师首先发问。

"最近，你健康上有点问题。"

"没有啊，我很健康……"

"真的？心理健康方面不是有些失调吗？"

"啊，是的。事实上，新工作是有些压力……"

也就是说，把健康扩大到"精神健康"，这是利用扩大范围的方法。

"从你的口气中，感觉到你在人际关系方面遇到了麻烦。"

"是的，不过现在没什么问题……"

"现在当然没有问题，因为已经克服了。但是，你曾因为不易处理的人际关系而苦恼。"

"是的。在以前的公司曾遭到老板的性骚扰……"

这也是扩大范围的方法，把时间从目前扩大到以前。

当然也可以运用缩小范围的方法，找到问题的焦点。

"人际关系有问题？""是的。"

"是女性问题吧？""是的。"

"和恋爱有关？""不……"

"那是年长的女性？""是的。是公司的上司……"

"我知道了。和她相处不好，对吧？"

"是的，她是一个很难取悦的人……"

如此逐渐缩小推测的范围，慢慢就会逼近核心。这就是把笼统的推断逐渐缩小范围的技巧。

这样把问题不断地扩大、缩小，即使算命师推测错误，也可以随机应变，最后转变成说中。

当我们了解算命师的心理策略之后，我们也可以采取措施，找出一个不被冒牌算命师诈骗的方法，那就是"完全不动声色法"——不管对方说什么，你都不要有任何反应，说中了不要点头，说错了也不动声色，始终默默地听算命师说话。

例如，算命师故弄玄虚之后说："嗯，你的手相中出现了与水有关的纠纷。你应该想到一些事吧？"

这时候，你不要回答他，只要微笑地说："在我给你任何信息之前，请先说出你能看出的事情吧！"

听到这种回答，任何算命师都会投降。

但是，即使你心里下定决心决不反应，老练的算命师还是会利用一切可利用的机会，处心积虑地和你展开对答，这时你千万要小心。

自我求证的心理现象不仅被算命师广泛采用，生活中的许多人也在不知不觉中受到这种现象的影响。

小时候，当你听了恐怖的故事之后，晚上一个人独自走路回家，时常会感觉后面有个人跟着自己。当你紧张地回头张望时，黑暗中好像真的有个人影闪过。此时，你的心怦怦地跳，似乎要跳出喉咙。如果你因害怕而跑起来，就会越跑越快，越跑越怕。

"恋爱错觉"也是因为自我求证的心理在作怪。如某男对某女有意，于是他往往会产生"我见青山真妩媚，料青山见我也如是"的感觉，有意无意地寻找某些现象来证明自己的看法或想法的正确。只要那位女士偶然看他一眼，他就会认为这是"心有灵犀一点通"，于是神魂颠倒，想入非非，造成"恋爱错觉"。

老板在楼道见到你时，会拍拍你的肩膀说："你最近很忙，好好干吧。"你顿时感到老板很了解自己，有一种被理解的宽慰感。你会把老板的各种言语动作都解读成对自己的器重，你工作起来就会更加卖力气。其实，老板只是运用了你的自我求证心理而已。

锚定效应：在哪里抛锚，就会在哪里停下

我们知道轮船在哪里抛锚，就会在哪里停下，其实在生活中，也有这样一种现象，它的发生会依赖于最初的印象、信息、位置等，就像锚一样把人们的思想固定在某处，进而影响人们对事物的判断，这就叫锚定效应。

在心理学上有一种有趣的现象叫做锚定效应。锚定效应，顾名思义，就是有一些现象的发生会依赖于锚的位置，就像轮船一样，在哪儿抛锚，轮船就会在哪儿停。其实生活中人们在对某人某事作出判断时，很容易受第一印象或第一信息的支配，就像沉入海底的锚一样把人们的思想固定在某处。用专业语言来描述就是：个体的判断是以一个初始值，或者说一个"锚"为依据的，然后在此基础上进行调整，但是一般来说，调整都不够充分。

关于锚定效应，有一个很著名的故事：有两家卖粥的饭店挨在一起，结果其中一家生意惨淡，而另一家生意红火。这家生意惨淡的店主非常困惑，于是就跑去另外一家店里侦查。后来，秘密终于被他发现了，其实两家煮的粥味道和质量几乎差不多，唯一的差别就是这家饭店问客人的时候是问要一个还是两个鸡蛋，而自己的店则只问加不加鸡蛋。

这样一来就有区别了，问加不加鸡蛋的，第一信息告诉人们的就是可以不加，这就是"锚"，所以这样一来，就有不少人会选择不加。但是问要一个还是两个鸡蛋，人们这个时候得到的第一信息就是加鸡蛋，到底要加一个还是两个由自己决定，这样一来销量自然上去了。当然这个故事的真实性还有待商榷，不过它的确告诉我们一个道理，那就是锚定效应在现实生活中会影响我们对一些事物的判断。

锚定效应中对人们影响最大的就是"锚"的初始值，这个值会深刻影响到后来人们对事物的判断。因为人们虽然会在这个值上进行调整，但是一般调整都不会充分。举个例子，如果你问一些人："将全世界人的血液都集中在一个立方体中，这个立方体的棱长将是多大？"那么大多数人的答案都会非常大。这是因为全世界人口数据提供了一个很高的锚定值，因此当人们估计立方

体的宽度时并不能充分地从高锚定值上调整下来。而实际上，正确答案远远没有人们想象中那样大。

在生活中，人们很难抵御锚定效应的影响，原因在于锚定值通常不会引起人们的注意，但这很可能使决策产生偏差。所以合理利用这一效应，可以为我们的工作提供许多便利。同样地，为了避免这种情况在我们身上发生，你一定要时刻提醒自己要更加全面地认识事物，而不是仅凭一面之词。

谈判专家、广告宣传人、政治家从事的一个基本的工作就是说服别人。谈判专家要说服对方接受他的条件，广告宣传人要说服消费者购买他的产品，而政治家则要说服财阀或者民众从而得到他们的支持。但是大家都知道，说服是一门技术更是一种艺术，并不是每个人都具备这样的能力。烛之武能以三寸不烂之舌退秦师，你能吗？邹忌能凭借超人的口才说服齐王广纳群谏名扬天下，你能吗？苏秦滔滔雄辩而身挂六国相印，诸葛亮经天纬地而强于百万之师，这些都不是一般人能做到的。但是普通人并不是一点儿机会都没有，如果你采取一个极端的立场，你也可以成为说服别人的高手。当然你不一定会是那些大人物，你很可能只是一个律师，一个广告宣传人，一个普通的推销员。

为什么说采取一个极端的立场，这些从事说服工作的人会更容易成功呢？我们来看一个例子。

你的前面有一个大轮盘，大轮盘上有数字和指针，你随机旋转轮盘，最后指针会指向一个数字。假定现在你转了轮盘之后，指针指在了数字65上。这个时候你需要回答这样一个问题：非洲国家的数量在联合国国家总数中所占的百分比是大于65%还是小于65%？有人曾经做过同样的实验，最后的结论是几乎所有人都会选择小于65%。其实你遇到这道题的时候，也大概会选择小于65%，因为65%这个数字太大了。

接下来，你将被要求进一步回答，非洲国家的数量在整个联合国国家中占的实际百分比是多少？如果你不擅长地理，对这个问题的估计可能是45%，也可能是55%。当然，最后的实验结果是：大部分人平均答案是45%左右。

而另外一些没有做过上述测验的人，也被邀请来做同样的测验。但是这一次轮盘的数字不是65而是10。实验人员要求这些人回答：非洲国家的数量在联合国国家总数中所占的百分比是大于10%还是小于10%？几乎所有人都认为大于10%。接着实验人员又问：非洲国家的数量在联合国国家总数中所占的百分比是多少？经过一番思索之后，这些被随机选择出来的被试验者给出的答案是25%。

最先做这个实验的人是特韦尔斯基和卡尼曼，他们在1974年做了这个实验。而正是那个时候，他们使用了"锚定与调整"的概念来解释这样的现象，即所谓锚定效应的最初来源。

在这个实验中，一开始问的那个问题，即非洲国家数量在联合国国家总数中所占的百分比，这其实是一个具有引导性的问题，不管那是65%还是10%，都相当于给后面的那个问题定了一个初始值，即"锚"。这样一来，前面是65%的人，在后面的猜测中，也更接近65%；前面是10%的人，在后面的猜测中，也更接近10%。可见在两次实验中，被试验者都是以初始值为"锚"，在其上下左右调整。由于大家都不知道准确的百分比，所以这两组人调整得并不充分。

这个例子最终要说明什么呢？回到开始，既然人们在作出判断的时候会受锚定效应的影响，那么在说服别人的时候，就不妨应用这个原理。要知道，很多人其实根本意识不到自己受锚定效应的影响。在前面的那个例子里，一开始的"锚"值较高，那么人们最终给出的答案也较高。这样一来，根据锚定原理结合这个案例，我们就可以知道，为了达到目的，如果一开始采取极端措施，也就是提出了一个极端值，那么人们后来的决策或者判断就会受此影响。所以，谈判专家、广告宣传人、政治家如果要增大说服别人成功的几率，那么就不妨运用这一原理。比如商务谈判专家可以把条件定得苛刻一些；广告宣传人可以用一些极端的暗示来影响他人；而政治家在提出自己的方案之前，不妨提出一些比自己预期过分的方案，那么这样一来就更有可能使自己的方案得到通过。

在生活中，也是一样的。锚定效应告诉我们，在与别人打交道的时候，为了达成某种协议，采用这种战略就会容易很多。比如卖一件东西，如果市场价格50元就可以买到，那么你不妨说售价100元。通常顾客如果看得上这件商品，就会在50元到100元之间选择一个数字出价，很少有人出价比50元低的，因为在人们看来，降一半的价格实在是有些太疯狂。同样的，当你知道锚定效应会对人们的行为有深刻影响之后,你就要提防这种效应对你决策判断产生的重大影响。比如当股票升到6000点的时候,比一般人预期的要高,那么很多人认为还会涨,实际上他们已经是受高"锚"的影响而高估了;当股票跌到2000点的时候,人们又很悲观,这实际上也是受到了低"锚"的影响。明白了这个道理,你就会宠辱不惊,从容面对一切。

诱饵效应：怎样发现别人设置的诱饵

在商业活动或者社会生活中，人们有时候会发现自己面临着多种选择，其中某个选择并不具有优势，可有可无，但正因为有了这个选项，人们才有了比较的机会，从而果断地选择那些更有优势的。在心理学上，这个可有可无的选项就是诱饵，这一现象就是诱饵效应。

"单订电子版59美元；

单订印刷版125美元；

印刷版加电子版套餐125美元。"

这是《经济学人》杂志某年的定价表。假定你现在想预订下一年的《经济学人》，参考这个定价表，你准备选择哪个套餐？

麻省理工学院的斯隆管理学院的高材生们选择的结果是这样的：16%的人选择了第一种套餐，即单订电子版；没有人选择单订印刷版的；有84%的人选择了第三种，即印刷版加电子版套餐。

让我们来分析一下这个结果：单订电子版，59美元好像不算贵；买125美元的印刷版，价格有点高，但还算可以接受；第三种选择是印刷版加电子版，但是价格跟单订印刷版一样，都是125美元！

一般人会想，单订印刷版和印刷版加电子版的价格一样，我们自然应该订最后一种套餐，因为跟第二种比起来，它划算多了。但问题是，实际上59美元的电子版就完全可以满足购买者的需求。有一些比较聪明的人在这里可能会问，这么明显的好处，为什么销售人员会提供第二种选择方案呢？比较起来，它比第一种贵，也没有第三种有优势，为什么要设置它？

这个问题问得好，事实上如果我们抽掉它会发生什么情形呢？我们来看，抽掉了第二种方案之后，剩下的内容是：

"单订电子版59美元；

印刷版加电子版套餐125美元。"

面对这样一个套餐组合，你怎样选择呢？心理学家还是在同一所学校的不同班级做了这个实验，结果出乎人们的意料：大约有68%的人选择了第一种套餐；32%的人选择了第二种套餐，即印刷版加电子版。

这种现象表明：我们在去掉中间那个可有可无的选项之后，人们的选择竟然发生了如此巨大的变化。回过头来我们再看《经济学人》杂志的这个广告，就会发现他们的高明了。他们提供了一条不具有优势的套餐，以供人们来选择。在比较中，人们倾向于花更多的钱，来买他们认为最值的东西。

心理学上把那条可有可无的选项，叫做诱饵。这一现象就是诱饵效应。

我们都知道，钓鱼除了需要耐心和技术之外，诱饵是非常重要的。我们要钓不同的鱼就要用不同的诱饵，这样不同的鱼才会上钩。事实上在商业活动中，各种各样的诱饵随处可见，我们常常变成了别人的鱼时还不自知。

听过那个面包机的故事吗？故事讲的是威廉斯—所诺玛公司当年曾首次推出家用烤面包机，售价大约为275美元。但是多数消费者对这个新发明并不感兴趣。人们不熟悉这个新发明，自然也不知道它到底有什么便利，很多人无法接纳这个新产品，所以威廉斯—所诺玛公司的销量一直不见起色。无奈之下面包机公司请了一家营销调研公司。这家营销调研公司为他们提供了一个补救办法：再推出一款新型的面包机，体积要比现在这个大，价格也要比现在这个高。

面包机公司如法炮制，果然发现销量大涨，而且，卖出去的还不是大型的面包机。这是为什么呢？其实在这个策略中，消费者还是上了营销人员的当，营销人员采用的正是诱饵效应。一开始的时候，只有一种新产品，这个时候大家受成见和习惯影响，购买面包机的动力明显不足。但是人有一种喜欢比较的心理（又叫做联合评估），当营销人员推出另外一款面包机的时候，相当于一个诱饵，而顾客看见这个诱饵的时候，就开始对两种面包机进行比较。经过比较发现，大面包机虽然大了点，但是价格也比较贵，而且又不是十分美观，所以消费者就会选择购买小型面包机。因为与大面包机相比，选择小面包机显然是理智的。当然这个时候的人们一般不会去考虑自己到底是否需要这个面包机了。

事实上正是因为人们有这样的心理，所以有些时候也会给我们带来好处。比如我们在为某一个决定犹豫不决的时候，与其他方案进行比较，往往能够让我们更加坚定自己的选择。不过也应小心一些陷阱，尤其是商家。比如当你去买一双鞋子，商人会根据你的穿着打扮等向你推荐一款某个价位的鞋子，比如价值 150 元的，但是他们会把要价定的很高，比如 350 元。问题是这双要价 350 元的鞋子，你看上去感觉并不是很好，你还没有下决心要买，但是你觉得如果低于 200 元，你就有可能买。卖家为了多赚钱，当然不愿意给你降这么多，他会说他只能接受 250 元的价格。你当然不会买了，因为这个价格比你的心理预期要高。这个时候他就开始诱导你了。

此时，售货员指向另外一双鞋子，明显比你要买的这双差一些，他会告诉你说这双鞋子可以 200 元卖你，还会说出一系列支持他观点的理由。大多数人在这个时候，都会把焦点集中在两双鞋子上，即你要买的那双和售货员推荐的这双。售货员提供了诱饵，这个时候顾客的关注点就发生了变化，结果自然会选择一种更值的。所以这样一来，这双鞋子就很可能以 250 元的价格成交了。那么在这一交易过程中，商人至少赚了将近 100 元。相应的，你也多付了这么多。所以在这种情况下，我们就要时刻提醒自己：我只关注性价比，别的与我无关。

无论是餐馆还是旅行社，无论是卖面包机的还是卖鞋的，这些精明的商人都会把诱饵效应发挥到极致。而我们作为普通人常常难以意识到这一点，直到买了东西之后，才大呼上当。这跟我们的思维方式有密切关联。

竞争效应：资源越是稀缺，人们争夺得越激烈

> 每个人都有竞争意识。俗话说，"手快有，手慢无"。人们害怕输给竞争对手，不甘心错过降临的机会，也不愿放弃争取一下就可能得到的东西。精明的商家往往会利用竞争意识设置心理陷阱，一不小心，你就会陷进去。

在日常生活中，商家经常会开展一些让顾客限时抢购的活动，这种活动往往一开展，就能让商家赚得盆满钵满。

这究竟是什么原因呢？

第一，每个人都有竞争意识。广告商经常利用我们的这种心理倾向赚钱，他们会在广告中展示他们的商品是如何受欢迎，我们必须"赶快去买"，否则就买不到了。与此同时，在电视画面上我们能够看到，商店还没有营业，人们就已经将商店门口围得里三层外三层了。我们还能看到，很多手迅速伸向货架，货架上的东西被一抢而光。

这种情景传达的信息是，这种商品非常畅销，有很多人想得到这种商品，而且他们也在与我们直接竞争这种商品。

与人争夺稀缺资源的感觉具有很强的刺激性。冷漠的恋人会因为竞争对手的出现而变得热情奔放，因此恋爱中的男女常用的一个策略就是有意或无意地透露自己有了追求者。推销员也会使用这种手法。例如，一个售楼员在把房子推销给一个态度模糊的顾客时，他会告诉这位顾客有很多人想要这个房子，有的人已经看过房子或将要来看房子。这个策略通常会取得很好的效果，由于怕输给竞争对手，这位顾客马上会变得积极起来。

第二，希望拥有被争夺的事物的愿望，几乎是人的本能。在大规模的停业抛售或大降价中去抢购的顾客，几乎都是不由自主地被卷了进去。他们被疯狂的人群所感染，奋不顾身地挤入人群，加入到抢夺的行列，甚至连平时不屑一顾的商品都被装进了自己的购物袋。这与荒野中的动物群胡乱抢食没有太大的差别。

捕鱼人就善于利用这种心理。他们先将鱼饵投入水中，引诱鱼群一窝蜂地

拥上来。待整个水域被张大嘴巴争食的鱼儿覆盖之后，他们将没有放饵的鱼钩抛入水中，此时的鱼儿近乎疯狂，生怕自己的食物被其他的鱼儿吞掉，所以就连没有鱼饵的金属鱼钩也会咬。就这样，捕鱼人轻松地钓到了大量的鱼。

商家为了引人上钩而制造出疯狂争抢的手法，与捕鱼人捕鱼有异曲同工之妙。大甩卖的商家也会大肆宣传，声称自己是挥泪大甩卖、亏本大跳楼、鳄鱼大放血等。不论是哪一种形式的"鱼饵"，一旦起了作用，便会形成一个争抢鱼饵的人群。在你争我夺的过程中，受现场气氛的影响，顾客会变得焦躁不安、心急如焚，完全失去自控力。他们忘记了自己到底需要什么，只是盲目地争夺任何被争夺的东西，甚至疯狂到争抢别人手中的东西。最后，那些背着大包小包回到家的顾客，都会在内心之中困惑：我这是怎么了？

某种东西变得短缺时不仅会让我们更想得到它，而且当我们必须通过竞争才有可能得到它时，我们想得到它的愿望就变得更加强烈了。所以一个理性的人，应该判断自己究竟需要什么，然后才决定购买。而非理性的人，就有可能被广告攻势或者其他的信息所左右，去消费那些本可以不去消费的东西。

竞争有可能是商家给你设置的心理陷阱，反过来，你可以通过给对方制造竞争的假象来打压或者要挟对方。

比如在一个新建的小区里，只有一家理发店，理发店的老板就可能因为"独门冲"心理，抬高理发的价格以获利更多，而不是通过提高服务质量来吸引更多顾客。在这种情况下，即使小区居民多次反映价格太贵，估计这家理发店也不会降价，因为他吃定了你——只此一家，你别无选择。

如果某一天，小区里又新开了一家理发店，第一家理发店就有了竞争对手。如果对手的服务价格比自己低，或服务质量比自己好，那自己的顾客肯定会流失。在这种情况下，为了防止自己的顾客被第二家理发店抢去，第一家理发店就会主动提高服务质量，或者降低服务价格。

可见，让与你利益相对立的一方让步，最好的办法就是让他认为，他不是你唯一的选择。

在现实生活中，这种方法应用很广泛：

一个年轻男子去追求一个年轻女子，女子清高内向，男的好不容易走近了女的，但女的总是若即若离。一天，男的告诉女的，有人给他介绍了一个女孩，各方面条件都很好，家里人非逼着他去见面，他不知道怎么办。结果，女的一听，立马改变了态度，两人的关系急速升温。

一位项目经理，开发了某个项目，为公司创造了很大的利润。他期盼老板主动给他涨工资，结果却没有一点儿动静。于是，他对老板说，有一家更大的公司准备招揽他，职位比目前高，薪水比目前多，他打算年后就去上班。老板一听就急了，忙给他加薪，并承诺一旦机会成熟，就给他升职。

一个企业的谈判代表，在与对方谈判陷入僵局时，他的秘书敲门进来，说是有紧急电话需要马上去接。这时谈判代表显得很慌乱，手中的"机密材料"也忘记在谈判桌上。对方偷偷翻阅了这些材料，原来是其他竞争者的"报价单"。等他重返谈判桌时，对方的态度发生了180度的大转弯，作出了很大程度的让步。结果，谈判双方很快就达成了协议。其实，那些"机密材料"不过是谈判代表精心伪造的。

行为陷阱：一旦陷进去，就难以自拔

生活中常存在这样的情况，面对各种选择时，你常常犹豫不决，一些延期的事情也会让你无法迅速而果断地作出决定，这种情形在心理学上叫做行为陷阱。人们往往有这样一种心理：当你在一件事情上投入得越多时，你就越欲罢不能，这就是所谓的投入陷阱。

犹豫不决是一个令人头疼而又让人浪费时间的习惯。因为犹豫不决意味着你在决断方面存在一系列的问题，或者说你在作选择和决定的时候没有一条清晰的思路，不懂得舍得之道。你总是想眉毛胡子一把抓，但是在很多情况下，面对各种选择，你只能选择一种，于是你开始犹豫了。

这类由于性格原因而导致的犹豫不决，很难改掉。生活中还有另外一类犹豫，就是一些延期的事情会让你无法迅速而果断地作出决定。这类犹豫在生活中也比比皆是。比如从事一项很有前景的工作，但是最后却变得不尽如人意，于是你渐渐不能脱身。我们来看这样一个例子。

你拨打一个企业的客服电话，好不容易打通了，但是那边机器自动回应："谢谢您打电话过来。目前我们的接线员正忙。请您在线等待，您的电话会按照顺序得到回应。"

这个时候你等还是不等？当然是要等，因为我们好不容易才拨通。但是一分钟过去了，没有回应；两分钟，三分钟，一直等了五分钟，还是没有回应。时间在一点点过去，这个时候你是挂掉呢，还是继续等？

你可能会想，再给自己一次机会吧，如果一分钟之后还是没有回应就挂掉，于是你继续焦急地等待，10 秒，20 秒……时间如此漫长，又是一分钟了，还是没有回应。这时你下决心挂掉了，但是心里还总是觉得应该再等一分钟，万一一分钟之后接通了，那现在挂掉岂不是白等了。

我们回过头来计算一下，一开始打了五分钟，然后又等了一分钟，一共六分钟浪费掉了。与其这样，我们是不是不如在一开始就挂掉，然后找个别的时间段再打呢？

这种情形在心理学上叫做行为陷阱。上面这个例子是行为陷阱中的投入陷阱。其实所谓的投入陷阱，就是指人们往往有这样一种心理：当你在一件事情上投入得越多时，你就越欲罢不能。就像上面打电话的例子，等待一分钟的时候，如果有人劝你直接挂掉，你可能会觉得没什么损失；但是如果等待五分钟的时候有人劝你直接挂掉，你可能就会觉得不合适，似乎应该继续等下去，因为已经等了五分钟，再等一分钟又何妨。结果你连续等了六分钟，非常遗憾。但是你的的确确是自己要这么做的，你没有任何理由埋怨别人。

当然，你知道了这个心理之后，也是有好处的，下一次再遇到类似的情况，你就可以尽早离开泥潭。这个法则也可以反过来运用，比如你想让一个人帮你做成一件事，那你就要设法让他投入更多，或者资金，或者感情。

我们身边常常有这样一些例子，花男人钱的女人比不花男人钱的女人更受男人欢迎。这是为什么呢？这不是简单地因为男人花了钱就更有面子或者虚荣心，而是因为男人花了钱，甚至投入了感情，就会欲罢不能，陷入到这种关系中去了。换个角度说，如果女人想要牢牢抓住男人的心，有一个办法就是多花男人的钱，让男人给她买东西并投入感情。

也许有人会觉得这不算什么办法，但其实这是一个好办法。因为双方开始交往的时候，在请客这个问题上，出于面子考虑，女生让男生请客十有八九会成功。渐渐地你要求他花的钱越多，作为女生就越有主动权。大部分的男生认为他在你身上投入了很多，也就是说他在你身上花了不少"成本"，这个时候他就不会离开你了。人们为了挽回已经发生但是无法收回的损失的时候，往往会作出非理性的选择。

让我们来看一个有趣的拍卖游戏，这个游戏由心理学家马丁·舒比克发明。在该游戏中，1美元被卖给出价最高的人。这个游戏有四个简单的规则：

1. 拍卖进行时出价者之间不得有任何交流。
2. 出价由5美分开始，每次只能增加5美分。
3. 出价不能超过50美元。
4. 出价最高的前两名都必须付出他们所出的价格，即使这1美元只能卖给出价最高的那个人。

这个游戏有两个"无回报的点"值得注意：第一，当两个出价最高的人所出总额超 1 美元时，那么拍卖商就能稳获利润。比如，两人出价分别是 50 美分和 55 美分，此时，拍卖在单个竞价者眼中是有吸引力的，因为花 55 美分就可以拍到 1 美元；但是对于竞价者整体来说，这笔拍卖已经是得不偿失了。第二，当第一个人出价超过 1 美元时，比如正好有一个人出价 95 美分，而你出了 1 美元，这个时候别人会跟着出价吗？如果不出，那么他自己的 95 美分就赔进去了；如果出，他就赢得了拍卖，损失仅为几美分。但问题是，对手同样面临这样的状况。

结果你会发现有人用超出过 1 美元的价格来拍这 1 美元。这个游戏是不是很有意思？

事实上，随着竞拍的进行，情形已经逐渐发生了变化。一开始是为利益所驱使，但是当竞价超过 1 美元的时候，竞拍者开始关注赢得竞争、保住面子、使损失最小化，更有趣的是他们逐渐考虑惩罚竞拍者，因为他们把自己推到了窘境。但是这样竞争下去，结果将是两败俱伤的。双方都想惩罚对方，都不肯让步，终于有一方让步的时候，他们会发现彼此都已经陷得很深。

在这个游戏中存在两个行为陷阱。第一个是集体陷阱：如果竞拍者在一开始就都放弃的话，那么他们就不会赔太多。第二个是个人陷阱：对于单个竞拍者来说，当竞价超过 1 美元的时候，他们会在是否放弃的问题上犹豫不决，由于他们已经投入了 1 美元，在投入陷阱的诱惑之下，他们还是觉得应该继续跟拍。

行为陷阱根源于人性中的惰性和贪心。因为惰性，人们不愿意更改既定的策略；因为贪心，人们不舍得更改既定的目标。因此，我们要经常提醒自己，要高瞻远瞩，学会选择与放弃，每天都可以有一个崭新的开始，每次都可以有一个明智的选择。

沉没成本：有时候坚持到底并不明智

"沉没成本"是指已经付出且不可收回的成本。人们常把沉没成本和可变成本作比较，可变成本可以被改变，而沉没成本则不能被改变。在微观经济学理论中，一旦去考虑沉没成本（这被微观经济学理论认为是错误的），得出的结论就难免背离了价值最大化。最明智的做法，是仅仅考虑事物本身的成本和收益，不需要也不应该考虑已经付出的成本。

2001年诺贝尔经济学奖得主斯蒂格利茨教授在《经济学》一书中说："如果一项开支已经付出，并且无论作出什么样的选择都不能收回，一个理性的人就会忽略它。这类支出称为沉没成本（sunk cost）。"接着，他举了个例子：

"比如说，你现在已经以7美元的价格买了一张电影票，但你对这场电影是否值7美元持怀疑态度。不料，看了半小时后，你曾经抱有的怀疑应验了：这部电影像垃圾一样糟糕，认认真真地看下去简直就是一种折磨。那么，这种情况下你是否应该离开电影院呢？在作这一决策时，你应该忽略花掉的7美元。因为这7美元属于沉没成本，不管是去还是留，付出的成本都无法收回了。"

他进一步解释，普通人（非经济学家）常常不计算"机会成本"，而经济学家则往往忽略"沉没成本"——这是一种睿智。

斯蒂格利茨教授不愧是大师，他能够用通俗的语言道破天机，字里行间充满了生活和投资的智慧。

很多人非常害怕"浪费"资源、金钱、精力等等，这种现象被称为"损失憎恶"，有时也被叫做"沉没成本谬误"。请看一个具体的例子。

1962年11月29日，英法两国政府为了研制第一架民用超音速飞机，共同签署了一项协议——"超音速运输计划"。经过调查，协和公司认为超音速飞机虽然成本高于普通飞机，但市场需求比较旺盛，很有发展前景，于是投入了大量资金推进这一项目。当时，波音公司也在研制超音速飞机，不同的是，波音公司还在进行波音747飞机的研制，后者虽然不如超音速飞机快捷，但成本低，耗油少。过了不久，中东石油危机爆发了，油价大幅度上涨。协和公司与波音公司都开始重新审视自己的计划，觉得超音速飞机耗油多，成本高，恐怕很难盈利。于是，波音公司毅然停止了对超音速飞机的研制，倾力打造波音747飞机。而协和公司觉得半途而废会影响英法两国的声誉，而且已经投入了巨大的资金，一旦中断，前期的投入就打了水漂，于是，他们决定将研制计划坚持到底。待超音速飞机问世后，由于高昂的造价和运行成本，果然鲜有问津。按照原计划，英法两国准备制造1370架超音速飞机，但最后只生产了20架。而且由于没有买主，英法自己的国有航空公司不得不接手这些烫手山芋。

如果只考虑经济效益，协和公司超音速飞机的研制就是失败的，这一项目也被英国政府私下叫做"商业灾难"。因此，经济学家又将沉没成本谬误叫做"协和效应"。

刘嘉上班的路程约五站地，坐车却没有直达的，换车又很不方便，便斥资240元买了一辆自行车。3个月后，刘嘉搬家了，新家距离单位比较远，只能坐公交车上班了。这样一来，自行车便失去了用武之地。刘嘉想，与其让这辆自行车闲着，还不如将其处理掉，换回点资金。于是在一个休息日，刘嘉推着自行车来到二手市场。一个老板看过车子后，说："车子倒是很新，这样吧，110元收下。"刘嘉心疼地想，自己花240元买的新车，还没怎么损耗呢，现在却只值110元，竟然少了130元。刘嘉回答道："老板，我再去别处看看吧。"第二个收旧车的人上下打量了几眼车子，露出很挑剔的表情说："这车就给90元，行就留下。"刘嘉又推着车子走了，结果转了一圈，也没有找到合适的买主。最后又回到第一个老板那里，以110元的价格将自行车卖了出去。

在这个故事中，刘嘉买车的240元和卖车的110元之间的差价就是沉没成本，它会随着时间的流逝而改变。假如刘嘉仍不舍得卖掉自行车，过半年后再来卖它，到时候可能连90元都卖不到了。由于折旧等原因，自行车留在手中的时间越长，卖出的价格也就越低。所以经济学家一再告诫我们，如果你是理性的，就不要在决策时考虑沉没成本。

仔细想一想，你买了一支股票，在经济不景气的时候，是否一直在衡量是保本呢，还是出手呢？你买了一条领带，却不适合你，你是否想已经花了这么多钱，不戴就浪费了，因而坚持佩戴呢？外面大雨倾盆，但你已经买了王菲演唱会的票，是否会冒雨前往呢？你结婚后，发现妻子有很多令你难以忍受的习惯，两人性格也不合，你是否想，好不容易追到了手，能忍就忍吧？你花了巨金投资一个项目，最后发现项目不具有经济效益，你是否为了已经付出的成本而坚持下去呢？你去银行办理业务，排了一个小时的队，前面的人丝毫没有减少，你是否很想离开，又考虑到自己已经排了这么久，而坚持排下去呢？诸如此类，都是沉没成本在影响着人们的决策。

沉没成本是如此普遍，已经影响到我们生活的方方面面。但如果我们巧妙地加以利用，就会化腐朽为神奇。

比如，你打算每周练两次瑜伽。但是总有各种各样的事情，工作忙啊，做家务啊，带孩子啊，走亲访友啊，锻炼计划一次次落空。这时候，不妨把一季度的费用预先付清，等你考虑是否还去练瑜伽时，就会想到已经付了费用，不去就浪费了，于是你自然会坚持去锻炼。

再比如，林芳非常爱她的男友，想和他牵手一生，所以很害怕男友会变心。如果是你，你会怎么做呢？她的方法可谓一举两得。林芳不动声色地暗示男友请她吃饭，陪她看电影，带她逛街，给她买东西。日积月累，男友觉得已经在林芳身上投入了这么多的"成本"，一旦分手就前功尽弃了，所以从没动过分手的念头。

赌徒谬误：错误理解了概率论

赌徒谬误来自人们心理学上的认知偏差，又称为蒙地卡罗谬误。持这种观点的人认为，随机序列中一个事件发生的概率与之前发生的事件有关，然而事实上并没有关系，这是人们不恰当地预测逆转时发生的现象。

美国行为经济学家赫什·舍夫林在《超越恐惧和贪婪》一书中揭示了一种启发式心理——赌徒谬误（gamblers fallacy）。赌徒谬误是生活中常见的一种心理现象，认为在某种程度上，一系列事件的结果都隐含了自相关的关系。就是说，如果事件 A 的结果影响到事件 B，那么就说 B 是"依赖"于 A 的。

夜晚，赌场中人声鼎沸，乌烟瘴气，墙上挂着"万箭穿心，血本无归"的警示牌。李柯额头冷汗淋淋，双眼通红，全神贯注地盯着前方。他今夜已经输了十几次了。每一次，李柯都祈祷从那个口里掉出来的是红球，可是命运仿佛故意捉弄人，每次出来的总是黑球。他的妻子非常焦急，苦苦哀求他不要再赌了。李柯非但不肯罢休，反而愈挫愈勇："再玩几把，然后就走。"他想，已经出了这么多次黑球了，按照概率，下次肯定是红球！可是事与愿违，红球迟迟未出现。就这样，李柯输光了万贯家产。

这就是典型的赌徒谬误。李柯误解了概率规律，以为红球和黑球是交替出现的，这也是赌徒很难罢手的心理因素之一，尤其是那些输红了眼的赌徒。他们认为，既然出现红球仅仅靠运气，那么就该遵从概率规律。于是心想：再来一把，这次肯定能赢回来！事实上，每一次红球与黑球出现的概率总是相等的。赌徒最终落得倾家荡产。

早在 1909 年，一位研究赌博史的历史学家就指出："在偶然性的游戏中，同样的组合如果发生越频繁，那么我们就越可以肯定下次它就不会发生。如同由某一法则规定一样，在这一时刻偶然性成熟了，随后事物就开始走向平衡。"

赌徒谬误也可以由反复抛硬币来说明。

一枚正反两面的硬币，抛出去后正面向上的概率是 1/2。连续抛两次，正面均向上的概率是两个 1/2 相乘，结果是 1/4。同理，连续抛三次，全部出现正面的概率是 3 个 1/2 相乘，也就是 1/2 的 3 次方，即 1/8。依此类推。

假如你拿着硬币，连续抛了五次，出现的都是正面，那么第六次抛出去，出现的是正面还是反面呢？相信很多人会毫不犹豫地说："是反面！"甚至有人详细地解释："如果第六次再抛出正面，那就是连续六次了。连抛六次正面的概率是 1/2 的 6 次方，即 1/64。由于前五次都是正面，所以，下一次抛出正面的概率是 1/64。"这些人都犯了赌徒谬误的错误。

从理论上说，把硬币扔出去，正面向上的概率为 1/2，不会增加也不会减少；反面向上的概率也同样是 1/2。连续抛六次，全部出现正面的概率为 1/64，但这种概率统计适用于硬币抛出之前。假设你已抛了五次正面，由于结果已经知道，你就不能再计入了。无论硬币抛出了多少次，也无论结果如何，下一次你抛出硬币，正面向上的概率都是 1/2，与出现反面的几率一样大。

概率论只是告诉你，如果你抛了很多次硬币，出现正面的次数与出现反面的次数会大致相当。但硬币没有记忆，它也不会自我纠正，所以，即便你抛了五次正面，下一次硬币正面向上的概率仍为 1/2，不会受到前面结果的影响。

关于赌徒谬误的例子不胜枚举。即使在日常生活中，也存在许多赌徒谬误现象。

你是铁杆彩迷吗？许多彩票购买者也会表现出强烈的"赌徒谬误"倾向。每期中奖号码公布之后，随后数天选择该号码的人数急剧下降。过了一段时间，选择该号码的人数才会恢复到被抽中之前的水平。

赵强是个股民，当初因为看到许多人在股市发财了，也忍不住心痒，于是投了 2 万元开始炒股。结果，他买的股票连续大幅度上涨时，赵强就想，明天行情如何呢？会不会开始跌呢？还是赶紧卖了吧。当股票持续下跌时，他相信股票明天还会下跌的可能性偏低，再说卖出去就等于赔了，还不如持股观望好。赵强的这种心态也属于典型的赌徒谬误。

当股价处于上升的过程中，赌徒谬误会促使人们"不要追涨"。一旦股价短暂调整，他们便以为"赌徒谬误"得到了验证。但令人遗憾的是，股价又继续按照原来的趋势向上拓展更大的利润空间。这时候，信奉"赌徒谬误"理论的股民更加恐惧了，最终只能看着股价不断上涨而捶胸顿足。

另一种情况是,当股价下跌时,赌徒谬误又发出"不要杀跌"和"抄底买进"的指令,于是人们继续观望或者补仓。尽管股票一路狂跌,无奈被套牢了,他们总期望马上就要见谷底,东山再起指日可待。固然有东山再起的可能,但若生不逢时,比如碰上多年不遇的金融危机,你的钱就有去无回了。所以虽然很多人都炒股,但在牛市与熊市的轮回过程中,大多数人只是作了贡献,成就了个别人的暴富神话。

事实证明,在赌徒谬误的驱使下,人们产生的回避"追涨杀跌"的行为是符合心理承受力原理的。也就是说,人们很难完全摆脱赌徒谬误的影响,赌徒谬误已成为投资的一大心理障碍。正像证券交易所钱经理所说:"我曾经对身边的一些新股民反复提醒,该抛的应该抛了,但是他们都听不进去,结果原本盈利的变成亏损,原本亏损的变成深度套牢。"

道德风险：贪图安逸是人的天性吗

很多时候，因为不用自己负全责，人们就会产生松懈或者贪图省事的心理。这就是一种道德风险，具体则表现为人的一种天性——贪图安逸。我们要想彻底解决道德风险问题，最好的方法就是对其时刻进行监督。只有把责任具体细化，让其感受到压迫感，完成一定的工作量，才能避免这种贪图安逸的行为出现。

如果你买保险的话，可能会听到这样一些案例：某投保的房主点火烧掉自家房屋；某人把汽车推入山沟谎称出了交通事故；某人甚至试图自杀以换取高额的保险金。为什么人们会做出这样的行为呢？

原因之一就在于其资产保值超过了市值，这样做有利可图——按经济学家的解释，这属于典型的道德风险案例，是由于扭曲的奖励制度造成的。

道德风险是一个属于经济学范畴的词汇，是经济学家提出的关于人类在经济活动中出现的一些在最大限度地增进自身效用的同时做出不利于他人的行动。或者说是：当签约一方不完全承担风险后果时所采取的自身效用最大化的自私行为。道德风险也被称为道德危机，在经济活动中，道德风险问题非常普遍。

实际上，这个经济术语可以延伸到现实生活中的方方面面，泛指由于一方难以观测或监督另一方的行动而导致的风险。比如下面这个案例，可以让我们明白道德风险的具体含义。

美国某大学自行车盗窃事件频频发生，学生自行车被盗比率约为10%，学生们因为这件事很是苦恼。于是，有几个有经营头脑的学生发起了一个自行车保险，规定保费为保险标的价值的15%。按照常理，这几个有经营头脑的学生能够获得5%左右的利润。但这项保险业务运作一段时间后，这几个学生却惊异地发现自行车被盗比率竟然提高到了15%，这是什么原因呢？

经过认真观察和研究，他们发现，自行车被盗比率之所以增加，正是因为他们的这一保险行为。学生们认为自己投了保，所以就降低了戒备心，减少了对自行车的安全防范措施。

在这个故事中，投保的学生由于不需要完全承担自行车被盗的风险后果，所以都采取了对自行车安全防范的不作为行为。这些不作为的行为，就属于道德风险。

在日常工作中，我们也会遇到这样的情况，因为不用自己负全责，就会产生松懈或者贪图省事的心理。也就是说，这种道德风险更可能表现为一种人的天性——贪图安逸。

某天，人力资源部门的副经理为了给公司的产品开发搜集资料，需要一些兼职人员去找人做一份调查问卷。不久他就发现，收回来的问卷数量是少之又少。于是他想，可能是这些兼职人员并没有努力工作吧？正在一筹莫展之际，公司的前辈出主意说："你不妨试试以提交问卷的数量来支付兼职人员的工资，那样他们就不会偷懒了。"

那么，如果你是这位副经理，你觉得是否应该按照前辈的意见去做呢？当然，这样做也许会起到一定的作用。但是，我们还要想到这样一个问题，那些兼职人员会不会产生另外一些想法呢？比如："只要能够提高数量就可以了，至于问卷调查的内容嘛，反正也不关我的事。"这样兼职人员就可能以凑数的办法来偷懒。可见，那位前辈的建议并不能有效地纠正兼职人员的工作态度。

在这个案例中，兼职人员出现的问题就是心理学上所讲的"道德风险"。那位副经理由于时间关系，本人无法到场监督兼职人员的工作。在这种情况下，如何才能让兼职人员认真负责地进行问卷调查呢？很显然，这种情况在各个企业普遍存在。当老板无法直接有效地监督员工的工作状况时，员工就会想办法偷懒，这也是理所当然的事情，所以想要防止这种状况是非常困难的。那么如何来防止道德风险？如何抑制人们贪图安逸的心理呢？

当然，要解决问题首先要直面问题。我们必须承认，在现实生活中，道德风险问题无处不在。然后，我们还是继续用兼职人员进行问卷调查的例子来思考一下如何防止道德风险的发生。

现在让我们设想一下，若采用那位前辈所说的方法，按照提交问卷的数量支付兼职人员的工资，那么他们会努力工作吗？按照业绩支付工资，这种方法现在几乎被所有的大中型私人企业所采用，以达到激励员工的目的，这也确实是一个解决道德风险问题的方法。

但是,这个方法未必最有效,并且你会发现它在现实中的失败率非常高。为此,我们也应该清醒地认识到,即使按照业绩来支付报酬,也不能完全消除道德风险,因为那些原本只想偷懒的兼职人员不可能因为你的方法就朝着你希望的方向努力工作。为什么呢?因为他们会想到另一个方法去应对,那就是:为了轻松得到高工资,他们很可能会找一些胡乱填写的问卷来滥竽充数,更有可能根本不去找别人填问卷,而是自己随意填写后就去上交。在现实生活中,其实很难让道德风险问题完全消失。

所以,我们要想彻底解决道德风险问题,最好的方法就是对其时刻进行监督。只有把责任具体细化,让其感受到压迫感,完成一定的工作量,才能避免他们的贪图安逸行为出现。

第十二章
FBI教你群体心理学
——群体心理是如何被操纵的

　　FBI作为维护美国社会稳定的中流砥柱，他们在办案过程中不得不考虑社会群体的反应。FBI通过对群体心理学的不断研究，揭示了很多操纵群体心理的手段。

乌合之众：百口莫辩的集体幻觉

古斯塔夫·勒庞认为，乌合之众没有办法区别真实与幻觉，因为他们没有能力区别主观与客观。乌合之众丧失了敏锐的观察能力，所以群体的智力就泯灭了。在心理暗示中，乌合之众产生了集体的幻觉，于是批量的说谎者相继诞生。

乌合之众是临时凑到一起的一群人。他们的特征就是无组织、无纪律，当然也没有什么共同的理想和信仰，不过是无巧不巧，碰到一起而已。法国心理学家古斯塔夫·勒庞认为，乌合之众就像一面奇妙无比、光怪陆离的哈哈镜。为什么这样说呢？这是因为乌合之众有着形象的思维，最容易引发幻觉。哪怕是非常简单的小事情，经过乌合之众口口相传之后，也会变得面目全非，形成多个版本；哪怕是毫无争议的对或者错，经过时间的沉淀，也会在乌合之众眼中变得截然相反。

有一天，人们在法国巴黎发现了一具男孩的尸体。警察很快就赶到现场，大家都不知道死者究竟是谁。这时候，小约翰背着书包从旁边经过，他凭着自己的模糊记忆，认出这个死者就是他的同学费利贝。于是，一场缺乏事实和根据的辨认过程拉开了序幕。第二天，有个得知消息的妇女匆匆来到停放尸体的地方，她自称姓夏凡德雷，住在福尔街，是个守门人。由于行路匆匆，她大口大口地喘着气。这位女性情绪激动，怀着忐忑的心情走近尸体，先是仔细地观察男孩的衣服，接着又端详男孩额头上的伤疤，然后一口咬定，这个可怜的孩子就是他的儿子费利贝。不仅如此，她还信誓旦旦地声称，费利贝去年7月就失踪了，他是被人拐卖后，又被人杀死的。

不久，男孩的"舅舅"闻讯赶来。他经过查验后，再一次确认了这男孩就是他的外甥费利贝·夏凡德雷。邻居们也纷纷站出来，凭着模模糊糊的印象加以印证。这些人的证词如此有说服力，看起来人证物证都齐备了，但事实真的如此吗？6周以后，警察破获了此案。这个男孩根本就不是费利贝·夏凡德雷。死者是波尔多人，被人杀害后，由行凶者运到巴黎弃尸荒野。人们说童言无忌,母爱无疆,他们的话应该可信,但有时候,他们说的却是谎言,即使没有什么恶意,谎言仍是谎言。

无独有偶。露丝和安妮在街上走丢了,家人遍寻不获。3天以后,人们在塞纳河发现了两具尸体。有6个目击证人斩钉截铁地说,毫无疑问,这就是失踪的露丝和安妮。他们言之凿凿,即使以严谨著称的法官也相信了,于是签署了死亡证明。女孩的家人悲痛地举行了葬礼,就在哀乐齐鸣的时候,令人瞠目结舌的事情发生了:露丝和安妮毫发无损地出现在众人面前。

如果人们细心一点,就很容易发现,那两具尸体和露丝、安妮并不相似,众人不应该犯如此严重的错误。但是,第一个人依靠模糊记忆产生的幻觉,相信自己已经辨认出尸体是谁,受心理暗示的影响,他果真发现了一些相似之处。于是他认为这两个孩子就是前两天失踪的露丝和安妮。这种暗示传染到其他目击者身上,扼杀了他们冷静的判断力,于是形成了大范围的传染,结果制造出批量的说谎者。

因此,我们得出一个结论:乌合之众的证词毫无价值和意义。他们众口一词,看上去像是对的,却往往是想当然的结论,前来证明的人越多,结果就可能错得越离谱。在很多情况下,乌合之众只看到他们认为应该看到或者希望看到的东西,他们把扭曲的想象力和因此引发的幻觉同真实的事实混为一谈。到底是真实还是幻觉呢?他们已无法区别,因为他们失去了判断主观与客观的能力。那些暗示的信息经过乌合之众这个哈哈镜的放大,迅速地传播开来。当然,乌合之众中不乏智者,可是人潮滚滚,群体中的智力已经泯灭,即使那些原本严谨的人也不例外。由于乌合之众的证词背离了事实的真相,后人已无法对真假对错作出准确的判断。那些记载的东西,保留的是本来的原貌吗?有没有可能是纯粹幻想的产物呢?请看下面的例子。

16世纪,那不勒斯有个叫马萨尼罗的渔夫,在暴徒的簇拥下登上了皇帝的宝座。马萨尼罗生性残暴,当上皇帝后独断专行,从来不把人民放在心上,更无从关心民瘼。终于有一天,暴乱者劫持了马萨尼罗,一时间棍棒相加,将他打死在路上,并割下了他的头颅。至于马萨尼罗那具无头的尸体,则被扔到了泥塘里,最后又被抛到河中。

仅仅过了一个白昼,事情就发生了戏剧性的变化。不知道为什么,乌合之众对马萨尼罗的感情完全颠倒了。众人不约而同地点起火把，开始搜寻他的尸体。人们在河中发现并捞出那具无头尸体后，郑重其事地给他披上皇袍，在大教堂举行了声势浩大的葬礼。当时，举国上下如丧考妣，数以万计的武装分子和平民百姓失声恸哭，悲痛欲绝。马萨尼罗穿过的衣服，被哀伤的乌合之众撕成了碎片，当做至宝珍藏起来；他的门板也被割成了碎块，制成了各种各样的纪念品；那些普普通通的家具也身价倍增，成了贵重的物品；甚至马萨尼罗走过的泥土脚印也成了护身符的原料，其价值与黄金媲美……

这样的例子比比皆是。它们说明了乌合之众的看法是何等荒谬，其历史观是如何的善变而混乱。乌合之众凭借自己的想象力来猜测事情的真相，是真是假早已成了悬案；他们没有明确的判断标准，往往以群体的爱恨来赞扬或者批评某个人物，是对是错也无从校勘。这些评价又被当成真实的历史，被一些史学家载入史册。

千百年之后，历史的河流缓缓流淌，文明的节奏越来越快。当那些满腹经纶的学者面对着自相矛盾、莫衷一是的历史记载时，自然会疑惑重重：到底哪个是真实的，哪个是虚假的呢？究竟哪个是对的，哪个又是错的呢？

无论答案如何，我们看到、听到和想到的所谓历史，大概与真实的面目相去甚远。

斯坦福监狱实验：弄假成真的角色扮演

斯坦福监狱实验说明，人们在进行角色扮演的时候，往往会将自己融入这个角色，并把这个角色当成自己，去做出一些以前未曾想过的事情！所以，当你需要获得某方面的能力的时候，不妨试着让自己去扮演某个具备该能力的角色。也就是说，角色扮演可以帮助我们快速地成长，获得以前从未领略过的体验和能力。

德国某高中正在进行"国家体制"的主题活动周，教师赖纳·文格尔垂头丧气地拿到了一张讲授"独裁专治"的讲课单。本来他最喜欢讲的课程是"无政府主义"，但遗憾的是该课程被另一位教师抽走了。

这些学生是一群生活在自由世界的无忧无虑的高中生，对这些自由散漫的孩子们来说，所有课程都是为了学分而上。他们在课堂上大声聊天，丝毫没有把这位老师放在眼里。文格尔在第一堂课上就受到了这些孩子无情的嘲弄。

孩子们对远在希特勒时代的"独裁专制"毫无兴趣，他们也不想知道，因为所谓的"独裁"离他们实在是太遥远了。文格尔为了让这些高中生理解什么是独裁专制，决定改变教学方式，他别出心裁地提出了假想"独裁"实验。当然，要实验"独裁专制"，必须有一个大独裁者，文格尔作为老师，理所当然地成为了"元首"。

在这个为期一周的实验中，文格尔作为"最高统治者"被置于至高无上的地位，学生们对文格尔是绝对服从的。一开始，孩子们都抱着玩乐的心态，并没有过多地在意这件事。可是随着时间的推移和事情的演变，这些学生们渐渐地沉湎在了这个名为"浪潮"的组织中，他们被"元首"的"独裁"所征服，渐渐体会到了集体和纪律的重要性。就像所有的集体一样，每个集体都不能缺少狂热的积极分子。在"浪潮"组织中，有一些学生非常狂热，实际上他们比文格尔本人看上去要积极得多，他们在晚上把"浪潮"的标志刷到校园和城市的每一个角落，还设计了很多活动。当这个班级和其他班级、学校比赛的时候，全体同学一起高呼"浪潮"的口号，为队员加油……

事态发展越来越严峻，文格尔的实验课终于引起了他同在本校任教的女朋友的警惕，她善意地提醒文格尔，说他的所作所为可能已经失去了控制，很可能会引发严重的后果。一开始，文格尔简单地认为，女朋友是杞人忧天。可是，当他发现自己的门外每晚都有一个男孩在站岗时，他有些害怕了。

这个学生处于对"元首"的个人崇拜，每天都愿意牺牲自己的睡眠时间彻夜守在他的门外站岗，这让文格尔大吃一惊。于是，他决定挽回失控的局面。

周末，文格尔把大家召集起来，让"浪潮"组织的同学们谈谈过去5天的感受。这些已经成功扮演为"纳粹"的同学们慷慨激昂，纷纷表示自己找到了生命的意义，找到了新的关注点，找到了人生的目标……

只有一个同学对此提出了异议，对"浪潮"运动激进的表现进行了严厉的指责。可想而知，他的这番言论触动了所有"浪潮"运动参与者的神经，他们群起而攻之，几位积极分子竟然要把这位提出异议的同学揪上讲台，进行批斗！

文格尔再也看不下去了，他平静地说："同学们，还记得我们为什么要搞'浪潮'运动吗？起因是我们的实验课，我是想通过这堂课，让大家明白什么是法西斯主义，而不是让你们真的成为纳粹！"事情这才渐渐回落下去。

以上是一部电影的内容。这部电影是基于真实事件改编而成的，真实事件是这样的：1967年，在美国加利福尼亚的一所高中，教师Ron Jones在上历史课时，为了向学生们解释什么是法西斯主义，于是便在他的教室里建立了一个"微型的纳粹德国"。这位老师向他的班级灌输纪律、团结、集体主义精神，让学生们扮演了一把纳粹，结果事态的发展出乎所有人的想象和控制，甚至曾引起了极其强烈的社会反响。

这就告诉我们，人们在进行角色扮演的时候，往往会将自己融入这个角色，并把这个角色当成自己，去做出一些以前未曾想过的事情！

在办公室，你是否曾遇到这样的事情，一位非常和蔼可亲的老同事在成为你的领导后会忽然变得严厉起来，以前有说有笑的，而现在却几乎成为"陌生人"。这究竟是什么原因呢？很简单，这说明这位老同事已经迅速地完成了角色的转变，为了成功扮演当前的角色，他积极地采取了一些行为以使自己更加适合当前的角色。其实这反映的就是社会心理学上的一个著名实验——斯坦福监狱实验。

1971年8月，社会心理学家菲利普·津巴多为了考察人的角色转变对其行为的影响，在斯坦福大学进行了著名的斯坦福监狱实验。

尽管实验名称很恐怖，其实实验的思路很简单。津巴多先征募挑选了一些性格鲜明的男性大学生志愿者，他们没有任何犯罪前科，都是最健康、最"正常"的普通人，而且都顺利通过了心理学测试。

然后，津巴多将这些人的正常身份彻底改变，将被试者中的一半作为狱警，将另一半作为囚犯。这次实验为了达到真实的效果，完全模拟了现实生活中囚犯和狱警的经历。

一开始，"囚犯"们便被大鸣警笛的警车"逮捕"，然后被采集指纹、蒙上眼，最后关进了监狱。接下来，就像真正的犯人那样，"囚犯"们被剥光衣服、搜身、理发、换上囚服、得到一个犯人号码，还真的在一只脚上拴上了铁链子！而那些被指派做警察的实验参加者则变成了身穿警服、手持木棍的狱警。于是，实验就这样开始了。

接下来的几天，那些原本心理非常健康的学生全都性格都发生了改变。扮演警察的学生变得暴力、专制，扮演囚犯的学生则变得士气低落、冷漠无情。本来这个实验按照计划是要进行两个星期的，但旁观者清，津巴多当时的女朋友（现在是他的夫人），看到"警察"们在深夜暴打"囚犯"们，急忙让津巴多中止了实验，以免那些孩子们受到严重的伤害。

直到此时，津巴多才意识到，就连自己也未能逃过角色扮演的影响，自己也深陷于监狱长的角色而不能自拔。津巴多这样说："我叫实验停止，不是因为在监区看到的那些场面。"那他为什么要停止实验呢？他在实验报告里是这样解释的："因为我惊恐地意识到，我可以轻而易举地变成最残忍的警卫，或是最软弱的囚犯，对自己的无力充满恨意——未得许可，我不能吃、不能睡，甚至不能去上厕所。"

关于这些"变异"行为产生的心理学依据是这样的：因为这些实验参加者承担了自己被指派的社会角色，也就承担了与这些角色相关的隐含的社会标准，即：狱警就应该变得独裁，就应该虐待囚犯，而囚犯则必须忍受对方给予自己的惩罚！这个心理实验提供了对于人类行为的重要的洞察。也许，真的就是这样，当你扮演某个角色时，你就真的成了这个角色！

为此，我们可以借鉴一位日本专家的做法，他让一些小学生轮流扮演学习委员的角色，结果发现这些孩子们为了让自己适合这个学习委员的角色，都变得非常努力。当孩子们具备了这个学习委员身份的性格之后，就会受到老师的表扬，渐渐地他们的学习成绩变得越来越好。如此一来，激励加上努力，就形成了一个良性循环。

同样的道理，当你需要获得某方面的能力的时候，不妨试着让自己扮演某个具备该能力的角色。也就是说，角色扮演可以帮助我们快速地成长，获得以前从未领略过的体验和能力。这样看来，这个听起来有点可怕的监狱实验还是很有现实意义的！

去个性化效应：为什么老实人也会变疯狂

"人多胆子壮，恃众好逞强。"当一个人在群体中时，他不是以一个具体的个体形式存在，而是以群体的成员形式存在。他就会丧失个人责任感，有可能失去理性，做出一些有违社会准则或道德准则的过激行为，表现出非正常的行事倾向。

在你的周围，也许会发生这样一些现象：一个非常内向，甚至在平时都不敢大声说话的人，却在运动会上跟着其他加油喝彩的人一起呐喊；文静的女孩子们会在明星演唱会上跟着别人大声唱歌；一位平时非常老实的朋友，却很意外地被公安机关拘留了，原因是参与打群架，失手将人致伤。类似这样的事件，都反映了一个心理学现象——去个性化。

有句俗话是这样说的："人多胆子壮，恃众好逞强。"为什么同一个人在不同的场景下和不同的事件中会发生如此大的变化呢？也许这个问题可以用一个心理学实验来证明。

1969年，心理学家金巴尔多以女大学生为对象做了一项有趣的电击实验。金巴尔多让参加实验的女大学生对扮演犯错者的人进行电击惩罚。金巴尔多把这些实验参加者分成了两组，一组人胸前挂着自己的名字，也就是强调了她们的个性；另一组则被蒙上了一个头套，从外面看几乎分辨不出哪个是她们自身，这就是去掉了她们的个性化。

接下来，金巴尔多对所有的女大学生发出了惩罚"犯错者"的指示，让她们摁下电击刑具的按钮。她们都能够听到关在黑屋子里的犯错者发出痛苦的哭喊和呻吟声，实际上，这个被惩罚者并没有真正地接触到"刑具"。

结果，对这两组实验参加者对犯错者施以电击的时间进行统计分析，心理学家发现，蒙着头的那组大学生比没有蒙头的时间要长很多。也就是说，该实验显示了群体的"暴力特征"的确与"去个性化"有着密切的关系。

金巴尔多认为，之所以会发生"去个性化"现象有两个原因：一是匿名性。也就是说，当人们意识到自己的所作所为是在匿名的情况下，并没有人认识自己时，就会做出一些平时自己一个人绝不会做出的行为。二是责任模糊。当一个人进入一个集体时，他就会发现，自己在集体中的行动责任是模糊的。因为集体作为一个统一体参加了这一行动，所以压力感会减少，甚至会觉得自己的行动是被允许的、正确的。

《南方周末》曾报道过一个真实的案例。某年，湖南某县某村村民集体"刑讯"打死了一名司机。这名司机被误认为是小偷的同伙，激愤的村民连续几个小时毒打这名司机，最后等警察到来的时候，司机已经被打成了肉泥。

在百度上输入"打死小偷"这几个字进行搜索，你会惊奇地发现，有很多诸如"市民群殴打死小偷"、"百名学生群殴打死小偷"、"广州白云区十多村民乱棍打死小偷"之类的新闻事件。暂且不提打死小偷的行为在法律上如何定义，为什么会出现这样的群体暴力事件呢？

远在1931年，美国得克萨斯州李村的白人和黑人之间发生了一件本来很平常的事情。其实这件事完全可以通过法院来公正审判，但结果却因为牵扯到了种族问题，人越来越多，事情越闹越大，最后不得不出动军队进行镇压！这又是为什么呢？

是的，这不是某个人，而是一个群体。为什么这些人会做出自己一个人不可能做出的事情呢？从表面上看也许是这些人的法律意识淡薄，法制观念不强，其实，这是一个心理学问题，也就是我们要说的"去个性化"。

"去个性化"是指个体在群体中或与群体一起从事某项活动时，由于个体对群体的认同，或以群体自居，使个体的个性融于群体之中，从而失去了个性。也就是说，当一个人在群体中时，他们不是以一个具体的个体形式存在，而是以群体的成员形式存在。一个人一旦丧失责任感，极可能失去理性，做出一些有违社会准则或道德准则的过激行为，表现出非正常的行事倾向。

所以，在上面的故事中，如果在审讯司机的时候只有一个人，是绝对不可能把司机打成一团肉泥的。当一个人独自面对一些事情的时候，他不会受到太多的干扰，因此就会更理性地看待整个事件。当萌生恶意的时候，他就会考虑到自己将要面对的情况，就会意识到行凶是要受到法律制裁的，而且更会顾及到家里的亲人以及社会舆论。这样，个性化的思考就会让他们变得理性，从而战胜群体行为的弱点。

那么如何看待"去个性化"这一现象呢?

既然认识到这种心理效应的危害性,我们就要想办法去控制。对待这个心理问题,首先要辩证地分析看待,一方面要利用其积极性,另一方面要克服其消极性。

假如你是一个比较内向、胆小、孤僻的人,为了打破自己的这些社交障碍,你就可以多参加一些比较大型的社交活动。在热闹的人群中,你就会不由自主地融入这个集体中,跟随着那些"疯狂"的人一起"疯狂"。很可能平静下来之后,你会惊讶于自己的表现,产生一种恍然大悟的感觉:原来自己的性格中也有外向、开朗的一面!这样,你就能利用"去个性化"真正地改变自己的"个性"!

如果你是一个集体的管理者,为了避免团队"去个性化"心理导致的责任分散,你就可以先做好统筹安排,令自己的每一个下属都明白相关规章制度,清楚自己应当承担的责任和义务,这样就能有效地防止他们产生法不责众的侥幸心理。此外,要做到有赏有罚,以确保整个集体的井然有序,尽量避免无谓的纷争,提高团队的工作效率。

旁观者效应：围观的人越多，能帮忙的人就越少

心理学家研究发现，在紧急事件中，有他人在场会对个人的救助行为产生一定的抑制作用。也就是说，旁观者人数越多，抑制程度就越高，也就是我们所说的"旁观者效应"。所以，当你遇到了危急情况，需要别人的帮助时，为了避免受到旁观者效应的危害，你可以向某个具体的对象发出求助信号。

在危急时刻，需要求援的时候，你会选择向多人求助还是向某个具体的对象求助呢？如果你选择了前者，那你可能会大失所望。事实上，人越多，你得到帮助的机会就会越少，为什么呢？这就是我们要说的心理学上存在的一种效应：旁观者效应。

心理学家研究发现，在紧急事件中，有他人在场会对个人的救助行为产生一定的抑制作用。也就是说，旁观者人数越多，抑制程度就越高。为什么会这样呢？其原因主要是：多人在场，社会责任被分散；个人不知所措，不能确定自己的行动，还想看看在场的其他人如何行动。实际上，在场的所有人都有这样的想法。于是，就出现下面的悲剧：

在兰州发生过这样一件事，有两名餐馆服务员在黄河边上的一个沙坑游泳时发生了溺水。其中一名通过自己的奋力挣扎，上岸获救，而另一名却无声地沉入了坑底。在他们两人溺水的过程中，近千人前来围观。

据媒体报道，在这些围观人群中，虽然有一些关心者，却也只限于伸手拉一把，不会跳下去营救；而更多的人却漠然以对，站在旁边看着这两个不幸的溺水者挣扎。等营救人员赶来，惨剧已经发生了，这名溺水者已经死亡。为什么会出现一人溺水，千人围观的情景呢？这就是人们常说的世态炎凉、人心不古吗？还是其中有别的因素在起作用？的确，这不能仅仅归结为人们的道德问题，而是一种旁观者效应的体现。

心理专家分析表示，不能简单地通过这些围观者的反应来判定他们的道德观，也不能说明这个社会出现了这样那样的道德问题。实际上，围观人群的反应和"旁观者效应"有着不可分割的关系。人们都有这样的想法，因为有其

他目击者在场，所以自己会无动于衷。他们可能会这样认为："这么多人都看见了，总会有人去营救的。"而正是因为这种想法，才导致了悲剧的发生。

无独有偶，在美国也发生了这样一件事。

1964年3月，纽约州皇后区克尤公园发生了一起谋杀案。一位年轻女性，凌晨回家的途中被一个男性杀人狂杀死。令人震惊的是，这个杀人狂作案时间长达35分钟，在这期间，这名女子曾多次高声求救，当时住在公园附近公寓里的住户中有38人目击了这场残酷的杀人案，可是却没有一个人施以援手，甚至没有一个人及时报警。

当时，美国大大小小的媒体纷纷谴责这些冷漠的目击者，感叹当代社会的异化与残酷。尽管社会各界反响强烈，但有两位年轻的心理学家——巴利与拉塔内并不认同这样的说法。正如那些目击者们所说的："我没有想到当时的情况有那么可怕！""我以为别人比我先一步报警了呢。"两位心理学家基于这样的思维，也为了验证自己的假设，他们进行了一项心理实验。

首先，他们让一些不知真相的实验参加者，以一对一和四对一两种方式，与一位假扮癫痫病患者的助手使用对讲机通话。在通话的过程中，这名助手表现得很正常。

然后，在巴利与拉塔内的指示下，助手突然发出了癫痫病发作的声音，癫痫发作和大声求助的声音持续了大约5分钟，接着传来了咽气的声音，再接着就悄然无声了。大家猜猜看，在这种情况下，究竟有多少实验参加者会为了救人而冲出房间呢？

事后的统计数据出现了很有意思的一幕：当察觉到只有癫痫病患者和自己一对一通话的时候，有85%的人会冲出工作间去向心理学家报告；而当感觉到除自己之外还有3人以上同时听到病人呼救时，只有31%的人采取了行动，其余的人则心安理得地待在房间里！

这个心理实验为克尤公园发生的案件提供了令人信服的社会心理学解释，巴利与拉塔内将其称为"旁观者介入紧急事件的社会抑制"，也就是我们所说的"旁观者效应"。

正是出于这样的心理效应，于是一桩桩旁观者众多，却"见死不救"的悲剧产生了。这与人们普遍认为的"世态炎凉、人心不古"并不一致，这种

"旁观者效应"也与人们一般以为的看客的冷漠等集体性格缺陷混杂在一起。

那么为什么会产生这种心理现象呢？

是什么阻碍了人们采取行动施以援手呢？

心理学家们对这种现象所作出的第一个解释就是责任扩散。当只有一个人看到危急情况时，为了对处于危急中的人提供帮助，个体就必须感到自己有责任采取行动。但如果有很多人在场时，责任就会扩散，个体就会感到茫然，不清楚到底谁应该采取行动。帮助他人的责任感被扩散到每个旁观者身上，于是，每一个人都减少了这种责任感，出现等待别人去帮助或形成互相推诿的情况。

第二个解释是对自己举止失措的担心。在面对紧急事件时，为了帮助受难者，个体必须把自己正在做的事情暂停下来，然后去做一些不寻常的、没有预料到的、超出常规的行为。当只有个体一个人时，他可能会毫不犹豫地采取行动，不会顾及什么；但如果有其他人在场，即使他会行动，也会冷静地先去观察一下他人的反应，以免因自己举止失措而被他人嘲笑。

第三个解释是一种负罪感。这种负罪感源于责任分散，比如只有一个人看到受难者，如果他有能力去施救，他通常会及时作出反应。而一旦他有能力去施救而没有采取任何行动，他就会不由自主地产生一种负罪感。这种负罪感很可能会影响他的一生。而当有很多人在场时，这种负罪感就可能荡然无存，即使存在也会被众多的围观者相互分担。人们都会这样认为：这么多人都在场，出了问题大家一起负责，要怪也不能只怪我一个，这没什么大不了的。

大家发现，旁观者效应带来的负面作用是显而易见的。这种效应是一种不良的社会心理，它会让社会同情心变弱，让人们变得更加自私，更可能导致社会风气恶化。为了不受到这种不良社会心理效应的影响，我们每个人都需要了解这个问题，认识到它带来的危害，改变大家固有的心理定势和思维定势，从主观上打破、克服这个局限。而实际上，一旦有人冲出去营救，就能起到一定的表率作用，从而带动大家共同行动，使受难者得到营救！

反过来说，当你遇到了危急情况，需要别人的帮助时，为了避免受到旁观者效应的危害，你可以向某个具体的对象发出求助信号，这样就有更大的机会获得援助！

斯德哥尔摩效应：为什么美女会爱上绑架她的匪徒

> 斯德哥尔摩综合征，是指被害者对于施害者由恐惧到认同，最后对施害者产生情感，甚至反过来帮助施害者的一种情结。这种受虐情感往往会使被害者对施害者产生好感和依赖心，甚至还会协助施害者为虎作伥。

什么是斯德哥尔摩效应呢？这个心理效应又被称为斯德哥尔摩综合征，是指被害者对于施害者由恐惧到认同，最后对施害者产生情感，甚至反过来帮助施害者的一种情结。这种受虐情感往往会使被害者对施害者产生好感和依赖心，甚至还会协助施害者为虎作伥。

1973年8月，瑞典首都斯德哥尔摩市的一家银行发生了抢劫案：2名有前科的罪犯企图抢劫该银行，失败后，他们绑架了4名银行职员作为人质，并将他们在地下金库关押了131小时。经过长时间的僵持，最终因歹徒的放弃而告终。但是，几个月后，一件令人意想不到的事情发生了。4名人质非但对绑架者毫无恨意，反而认可和同情绑架者，因为歹徒非但没有伤害他们反而还照顾他们。他们却害怕警察，对警方采取敌对态度，并认为警察的营救行动毫无意义，并拒绝在法庭上指控这些劫匪，甚至还为他们筹措法律辩护的资金。

更有甚者，人质中一名女职员竟然爱上了其中一个劫匪，并在他服刑期间与他订了婚。后来，心理学家们将这种现象称为斯德哥尔摩效应。

我们不禁要问，为什么被伤害的人会反过来帮助施害者呢？为什么人们会产生这样的心理呢？下面就让我们来看看FBI的心理分析师是如何分析的。

FBI心理分析师研究认为，斯德哥尔摩综合征可能是由以下三个方面各自作用或复合作用的结果：

1. 人质对于当局的负性情绪，如对警方救援行动的失望或畏惧心理。

2. 人质对于绑架者的正性情绪，如对绑架者身世的同情或敢于抢劫的胆识的崇拜。

3. 绑架者回报于人质的正性情绪，如不虐待人质、对人质施以人道主义照顾。

事实上不仅如此，心理学家们还了解到，在斯德哥尔摩银行劫案中，劫持者与人质之间的这种感情，不是一种特例，而是一种普遍的心理现象，类似这样的事例屡见不鲜，集中营的囚犯、战俘、受虐妇女与乱伦的受害者等等，都有这样的心理现象。

历史上还有很多类似的经典案例。比如，1974年，美国报业大王赫斯的千金被美国恐怖分子"新人民军"绑架，最后，这位千金小姐不但没有怪罪这些暴徒，反而自己也穿上了军装，参与到抢劫银行的行动中去，也成为一名恐怖分子。基于这样的心理现象，斯德哥尔摩效应被刑侦领域广泛关注并予以运用。

通俗来讲，斯德哥尔摩效应也可以这样理解：

作为一个普通人，面对穷凶极恶的暴徒随时会取走自己的生命的时候，内心难免会产生一定的恐惧心理，而且这种恐惧有一条脆弱的底线。

当超越了这条底线，人们就会渐渐地把生命权托付给这些威胁自己生存权的歹徒。随着时间的流逝，人们就会感觉到自己的呼吸都是歹徒赐予的，更不要说是吃饭、喝水了。于是，人们就会把这些原本非常正常的行为误认为是歹徒对自己的仁慈和宽容。

这样一来，人们的情感就会发生变化，由最初的恐惧，逐渐演变为发自内心的感激，进而还可能演变为一种崇拜，最后下意识地认为歹徒的安全就是自己的安全。这也就解释了人们为什么会爱上绑架自己的匪徒的现象。

因此，为了避免爱上绑架你的匪徒，我们可以这样做：从见到绑匪的那一刻起，就马上确定他是一生中不共戴天的敌人。坚决反对对绑匪的依赖与同情，做好敢打必胜、斗智斗勇的心理准备，绝不可存有任何幻想，同时还要坚持"循安善处的原则"，学习革命导师毛主席的策略：敌进我退，敌驻我扰，敌疲我打，敌退我追。总之，我们一定要反抗，不能成为可悲的牺牲品！

群体压力:"大我"面前只能放弃"小我"

群体压力就是指群体对其成员的一种影响力。当群体成员的思想或行为与群体意见或规范发生冲突时,成员为了保持与群体的关系而需要遵守群体意见或规范。这时候,成员就会感受到一种无形的心理压力,这种压力会使他们作出为群体所接受或认可的反应。

在斯大林时代,俄罗斯政界、民众对领袖斯大林无比崇敬,在这期间发生了这样一件事。

一次在莫斯科省举行一场区党代表会议,主持会议的是一位新上任的区委书记。在这之前,前任区委书记刚刚被打入监狱。所以,这位新任职的官员非常谨慎。会议结束后,他要宣读一封致伟大领袖斯大林的效忠信。

出于对斯大林的崇拜,在宣读这封信的时候,大家全体起立,并且每当听到领袖的名字时,大家都会用力鼓掌。于是,这个小小的礼堂里掌声雷动,欢呼声经久不息。宣读完毕,大家更加卖力地鼓掌,更加大声地欢呼斯大林的名字。

就这样,3分钟,4分钟,5分钟……时间一分一秒地过去,可人们还在卖力地鼓掌,依然是经久不息的掌声和欢呼。但是,经过长时间的站立,人们腿也麻了,手也疼了,抬起的手臂也快要坚持不住了,那些上了年纪的老同志更是气喘吁吁,有的甚至快要喘不过气来了。渐渐地,连那些内心真正崇拜斯大林的年轻人也开始感到厌烦,甚至人们都觉得这样下去太愚蠢了。

可是,没有人敢主动停下来,更不想成为第一个停下来的傻瓜。本来,站在演讲台上刚刚宣读过效忠信的区委书记可以这样做,但他不敢去做。因为上一任区委书记就是因为对伟大领袖斯大林"不忠"而被打入监狱的,而自己刚刚上任,这样做显然风险太大了。要知道,在这个会场里,还有一些内务人民委员部的人员站在那里和大家一起鼓掌,他们时时刻刻在关注着谁第一个停手,让这个人吃不了兜着走。

于是,在领袖斯大林不知道的情况下,在这个不知名的小礼堂里,掌声一直在狂热地持续着，6分钟，7分钟，8分钟……虽然很多人已经坚持不住了，但他们还在卖力地鼓掌；虽然他们知道自己可能会因此送命，但总好过背上一个"忤逆伟大领袖"的罪名！

那些在会场后排的人们还能够稍微耍点滑头，表面上装作狂热，手上可以少用些力气。但是那些坐在主席台前，引人注目的人呢？其中有一位造纸厂的厂长就坐在那些人民委员部人员的旁边，时间越来越长，他可怜巴巴地看着区委书记，眼中饱含着痛苦，可手上还在卖力地鼓掌。大家都怀着微弱的希望面面相觑，脸上却不敢有丝毫懈怠的表现……

10分钟过去了，那位已经上了年纪的造纸厂厂长终于由于体力不支停止了鼓掌，然后如释重负地坐了下来。于是，奇迹出现了，当然也是大家所殷切期盼的，人们立刻停止了鼓掌，一瞬间人们欲罢不能的难以形容的热情都消失了。他们得救了！可是，就在当天晚上，那位第一个停止鼓掌的造纸厂厂长就被逮捕入狱了，自然是一大堆莫须有的罪名，根本不会有"第一个停止鼓掌"这个罪名。

之所以讲这个故事，不是说斯大林统治时期的不合理，也不是说"枪打出头鸟"，而是要强调一个社会心理学现象——群体压力。我们虽然体会不到当时人们的各种心理，却可以感受到人们在卖力鼓掌时的巨大压力。这种群体压力让人们窒息，甚至可能让这些人崩溃！

虽然，我们每一天都生存在形形色色的压力之下，说一些言不由衷的话，鼓一些敷衍了事的掌，过一些没滋没味的生活。但是，我们无法逃避这种群体压力，更不可能选择对抗。

那么什么是所谓的群体压力，又如何缓解这种群体压力呢？下面我们就看看社会心理学家阿希（Asch）进行的一个心理实验。

1956年，阿希进行了一个有关群体压力的经典实验，以考察影响人们从众的各种因素。人们总是认为，一些有鲜明个性、头脑聪明的人会遵从自己的理性，不会在群体压力面前失去本我。阿希也这样认为，他觉得聪明人在看到事情真相时不会从众。但事实证明，他的想法是错误的，那些聪明的人也会说谎，不管他们的内心是怎么想的，但都会在表面上保持与群体或他人惊人的一致！

这个心理实验是这样的：

阿希将实验参加者分成7个个人小组，名义上是请他们参加所谓的知觉判断实验，而实际上实验的真正目的是考察群体压力对从众行为的影响。在这7名实验参加者中间，只有编号为7的被试者为真正的被试者，而其他6位都是阿希的实验助手。

所有的实验参加者都被安排围着一张方桌坐下。阿希依次给他们展现50套两张一组的卡片。在这两张卡片中，一张画有一条标准的直线，另一张画有三条直线，其中只有一条同标准线一样长。实验成员的任务就是在每呈现一套卡片时，判断三条编号依次为1、2、3的比较线中，哪一条与标准线一样长。

实验开始了，开始的前两次，阿希的助手们都按照真实的情况选择了真正的被试者所选择的比较线。作为第七个进行判断的真被者试觉得这样的知觉判断很容易，几乎毫无难度。可是，随着判断次数的增多，他逐渐有些无所适从了。

因为，在进行第三组比较时，阿希的实验助手们开始按照事先的安排故意去作错误的判断。尽管正确的答案是显而易见的，可是真正的被试者却在这些判断中迷失了自己。因为他要等到最后才能说出自己的看法，而之前必须要先听前面6个人的判断。

结果，真被试者是相信自己的判断，还是跟随大家一起作错误判断呢？在这个两难问题面前，他犹豫徘徊了。事实上，任何人都可能面临这样的两难选择。而进行了多次实验后，结果表明，数十名自己独自判断时正确率超过99%的被试者，跟随大家一起作出错误判断的总比率占全部反应的37%。其中75%的被试者至少有一次屈从了群体压力，作了从众的判断。

这个实验充分说明了群体压力对个人意志的影响，事实上，群体压力就是指群体对其成员的一种影响力。

很显然，当群体成员的思想或行为与群体意见或规范发生冲突时，成员为了保持与群体的关系而需要遵守群体意见或规范。这时候，成员就会感受到一种无形的心理压力，这种压力会使他们作出为群体所接受或认可的反应。这样的压力造成的危害是显而易见的，有时候会把黑的说成白的，对的说成错的。

凡事有利也有弊。要想正确运用群体压力，关键要科学引导从众行为，以趋利避害。我们不能否认群体压力和顺从现象的存在，而应当真正重视这一心理学现象。

　　一般来说，为了避免群体压力，就不应压制群体成员的独创精神，但同时也不能认为群体压力只会带来消极作用。对于群体成员的不良行为给予适当的压力也是必要的，正确运用群体压力，还可以更好地发挥团体优势，众志成城、团结一心。

　　当我们面对群体压力时，即使是众口一词，要想坚持真理，就一定要相信自己是正确的，在潜意识里不停地鼓励自己。只要你坚信任何东西都不会让你改变主意，也许你就真的可以避免受到他人的影响。所以，要在潜意识里不断地坚持，用自己的方式做事情！

服从权威：权威拥有强迫他人服从的权力

> 社会等级制度形成的强大心理压力，使一直在服从权威的人已经习惯了被命令，天性已经被抑制，即使让他们去杀人他们也会毫不眨眼地去做。在生活中，如果我们盲目听从权威，就可能导致错误的发生。

1961年，美国康乃狄克州纽黑文市的报纸上有一天出现了这样一则广告：

"耶鲁大学寻求志愿者进行记忆力和学习方法的研究。任何非大中学在校生中20—55岁身体健康的成年男性都可报名申请，参加者可获每小时4美元报酬。"

耶鲁大学！每小时4美元！没听错吧！于是，很快就有15名工人、16名售货员、9名在校专家怀着各自的目的，成为了应征者。

然而，这40名应征者却不知道，他们将要成为时年27岁的耶鲁大学心理学助理教授斯坦利·米尔格兰姆精心设计的心理学实验的被试者。这个招聘广告是一个骗局，是依靠耶鲁大学的威名和高额报酬施展的小小阴谋。之所以说它是个阴谋，是因为米尔格兰姆的实验惊世骇俗，英国《焦点》月刊2005年将它列为震撼世界的十大实验之一。

这项实验引发了巨大的争议，为此，美国1975年颁布了针对人类心理学实验的严格准则，并在几十年间将所有企图重复这项实验的心理学家拒之门外。为什么会出现这样的现象呢？还是让我们从这项实验本身说起。

这项实验的初衷是研究普通人会不会执行有违道德准则的指令。米尔格兰姆除了招聘40名被试者，还专门聘请了两位合格的"演员"，其中一位扮演表情严肃、一丝不苟的权威人士，负责在实验中对被试者下达实验的各种命令；另一位负责扮演一名被要求进行联想记忆的学生，同时也是电击的"承受者"。

实验过程中，那名一丝不苟的"权威角色"向实验参加者发出指令——要求他们电击那名扮演"承受者"的学生，并且告诉他们，这边的电击强度越大，对面的受虐者越痛苦。于是，他们开始了电击，随之就传来了受虐者的惨叫声,当然这不是真的,叫声也是模拟的。

受虐者开始发出一些抗议,要求终止这项实验。施虐者这时询问那名"权威角色",接下来还要进行吗?"权威角色"回答道,是的,继续。通过这40位实验参加者的表现,米尔格兰姆惊奇地发现,有2/3的人一直在奉命行事,毫不理会对面的惨叫,而最可怕的是:当受虐者不再发出任何声音时,有些人还在执行"权威角色"发出的"荒唐"指令。

你可能会觉得这个心理实验有些残酷,但米尔格兰姆的服从权威实验却向我们展现了一个更加残酷的事实,说出来都有些可怕,因为你会对人性有更加深刻的理解。也许,你未曾想过一个心智正常的人会去听从某个所谓权威人士的命令而对一个无辜的人施以重刑!

之所以产生这种心理现象是由于施虐者把责任推到了权威身上。就像那些在第二次世界大战的集中营和大屠杀惨案中对无辜平民施以暴行的士兵在军事法庭上所说的那样:"我们对那些平民的死亡不应当负任何责任,因为我们只是在'简单地执行上级命令'。"

当然,除了责任分散还有一个原因,那就是身处"权威梯度"(authority gradient)底层的人,会在心理和道德上形成一种抑制效应。也就是说,社会等级制度形成的强大心理压力,使一直在服从权威的人已经习惯了被命令,天性已经被抑制,即使让他们去杀人他们也会毫不眨眼地去做。

据一份来自航空部门的统计,在20%的坠机空难中,副驾驶不愿挺身指出机长的错误判断是导致灾难发生的主要因素之一。这些副驾驶宁愿牺牲自己、乘客和其他同事的性命,也不愿去挑战机长的权威。这是一个令人吃惊的发现!

1993年12月1日,一架西北航联飞往美国明尼苏达州希宾市的班机发生了重大事故,机上所有人员无一幸免。事后,通过机舱录音显示,副驾驶警觉到飞机降落时飞行高度偏高,但他没有立刻指出机长的错误,仅仅是小心翼翼地试图提醒机长:"机长,您是不是要一直维持在这个高度啊?"最后,这架飞机由于下降角度过大,致使飞机完全偏离了跑道。而就在飞机坠毁的前一刻,副驾驶还在毕恭毕敬地回答着机长的问题。真是一个悲剧啊!

何谓权威?权威就是指在某种范围内最有地位的人或事物。权威相对而言只是指它的地位，并不能证明它就绝对正确，权威和正确是两个概念。如果盲目相信听从权威，就可能导致错误的发生。认识到盲目服从权威心理现象的危害性，我们就要理智地看待每一个所谓的权威人士。不能盲目地去服从他们的指令，我们要有自己的思想，千万不能唯命是从！每当遇到权威的时候，请先问自己一句：我为什么要对你言听计从？

公地悲剧：人人都关心自己那一亩三分地

人们具有这样一种自私心理，即不是自己的东西或者不需要自己承担责任就会大肆利用，即使被利用对象已经不堪重负，这就是一种公地悲剧的体现。在生活当中，人们都会关注和自己有关的东西，而对那些和自己无关的东西，一般都不予考虑。

一位刚刚辞职的新人对坐在一起聊天的大学同学说："刚毕业的人可真窝囊，哪里都不把你当人看。就拿我刚辞职的这家公司来说吧，我刚进去时，觉得作为一个新人就应该多做一些事情，我每天一进门就会帮大家打好开水，然后就是扫地、擦桌子；别的同事需要修电脑之类的事也是由我来做；那些所谓的前辈还一直让我帮着干活；更别提领导给安排的任务了。我每天都要拼命地干活，真是累死我了，我实在坚持不下去了……"

其实，这个没有职场经验的新人就被同事当成了一块"公地"，虽然人们也看到了他的苦恼和劳累，但是人们仍然会无意中经常让他帮助自己干活。长此以往，只有两种结果：一是继续被大家利用直至提升或者累垮；二是像现在这样一声不响地离开。

在经济学上这种现象被称为公地悲剧。其实也可以按照社会心理学去解释这种现象，因为人在心理上都存在这样一种自私心理，即不是自己的东西或者不需要自己承担责任就会大肆利用，即使被利用对象已经不堪重负。

什么是公地悲剧呢？

让我们先假设这样一个场景：假如你是一个牧民，在你的农场附近有一大片供大家一起放羊的草地。开始时，大家说好要共同管理这块草地，但实际上每个人都没有具体责任，更不可能把这块草地分成几部分。所以，大家都可以在这块草地上随意放羊，于是，就出现下面这种情况：

一个牧民想多养一只羊增加个人收益，虽然他知道这块草地不可能拥有无穷无尽的草资源，虽然他也知道草场上羊的数量已经太多了，如果自己再增加羊的数目，就会使草场的质量下降。但是，这个牧民还是从自己的私利出发，最后多养了一只羊。并且每个牧民都会这样想："与其让别人放羊把草吃光，还不如我多养一些羊，这样我才不会吃亏。"

如此一来，悲剧就不可避免地发生了，所有的牧民都毫无顾忌地增加了羊的数量。就这样，这片草地持续退化，直至无法放羊，致使原本茂盛的草地变成了一片荒地。而包括你在内的所有牧民都成了受害者，最终所有的牧民都将破产。这就是我们所说的公地悲剧。

自私是人的天性，在一定意义上说，对于自身利益的关心，是很合理很正常的事情。比如，我们在公共场所可能会乱扔垃圾，而很少有人在自己家里到处扔垃圾。这种"自私心理"，就是公地悲剧比较生动具体的阐释。

为了避免公地悲剧的发生，首先要从心理上克服狭隘自私的想法。我们知道，在生活当中，人们都会关注和自己有关的东西，而对那些和自己无关的东西，一般都不予考虑。因此，如果能够加以合理、正面的引导，利用人们关心自己利益的心理特点，就可以巧妙地解决一些问题，去做一些合理的事情。

在某座城市，远郊有一座水库，也是该市自来水厂的重要水源。但是，这个清澈干净的水库周围环境幽雅，每年夏天都会吸引大批游泳爱好者前去游泳。出于水源清洁的考虑，也为了减少事故的发生，自来水厂在库区周边竖起了很多"禁止游泳"、"发现游泳罚款"的牌子，但收效甚微，不仅浪费了资源，还出现了一些纠纷。

自来水厂为此非常头痛，不知该如何解决，于是就向一家广告公司求助。后来，那些一贯来水库游泳的人们发现，往常写着"禁止游泳"标语的牌子全被换掉了，只见公告牌上写着："你喝的水都来自于这里，为了你的身体健康，请保持清洁卫生。"人们一看，这才恍然大悟，从此再也没有人来这里游泳了。

如果你是一个管理者，假如正在为那些上班时间玩小游戏、磨洋工的员工发愁，不妨也利用人的自利心理，让他们把公司的事当成自己的事去做。

人们都有这样的心理：为别人做事的时候，一副无所谓的样子，总会拖来拖去；而当为自己做事的时候，他们则会拼命地去干。因此，如果条件允许，你完全可以采用股份制，把股份分给员工，这样就会增加员工的积极性，让他们觉得是在为自己干事业，而不是给老板打工。也许下面的案例会让你明白如何巧妙利用人的自私心理。

保罗·盖帝曾是美国首富，鼎鼎大名的石油大亨。身为老板，他常常到自己的各处油井去巡视。在巡视的过程中，他常常看到一些闲人，这些人消极怠工，丝毫不把工作放在心上，造成了很多的资源浪费现象。

保罗·盖帝看到这些情况非常生气，每次都会把工头找来，命令工头把这些不尽职干活的工人开除。然而，等他下一次巡视时发现，招来的新面孔中仍然不乏一些偷懒的家伙。保罗·盖帝对此百思不得其解：为什么我偶尔来一次都能看出这些事，而那些工头天天在此，又怎么会看不出问题呢？很显然这些工头都视而不见。即使我再三告知，他们也根本不放在心上。这可如何是好呢？

后来，保罗·盖帝聘用了一位名叫乔治·米勒的管理专家。米勒是一名非常优秀的管理者，他听完老板的叙述后只说了一句话："那是你自己的油田。"保罗·盖帝幡然醒悟，他马上把所有的工头都叫到自己的办公室，对他们这样说道："以后油井全权交给各位负责经营，每人管好自己的那块地，并且收益的25%由各位自主分配。"

果然，等保罗·盖帝再到各处油井巡视的时候，发现不仅没有偷懒的闲人了，而且产量还出现了很大幅度的增加。

人人都在关心自己那一亩三分地，人的天性就是如此。我们只要掌握了这个心理特点，就可以在生活、工作中加以利用，尽量避免公地悲剧的发生。

搭便车效应：人人都想不劳而获

搭便车效应的危害非常大，如果只是一味地强调"共同利益"而忽视了成员的个人需求，就可能会出现这样的情况：每个人都希望由别人来承担风险，自己坐享其成。这不仅会抑制成员为共同利益而努力的动力，而且还可能削弱整个团队的凝聚力。

古时，一位国王的生日马上就要到了，为了显示自己的威信，他决定在自己生日那天让都城所有的子民在某个时刻同时高呼"陛下万岁"。他非常期待这一时刻，都城的子民们也非常期待这一刻，他们一方面是出于对国王的尊敬，另一方面也想在那一刻听到世界上最大的声音。

正当大家憧憬壮观场景出现的时候，有一个聪明人发现了一个问题，他对自己的妻子说："如果我们自己也去喊话，那听到别人声音的效果就会大打折扣，那样我们就不能完全领略到世界上最大声音的壮观了。"于是，他劝自己的妻子在呼喊的时候一定要保持沉默，只要听着别人去呼喊就行。

他的妻子转身就把这个发现告诉了自己的父母和兄弟，也想让他们享受到这种乐趣。她的兄弟转身就告诉了自己的妻子，一传十，十传百，不到半天的时间，这个消息就传遍了整个都城。在国王的宴会上，随着传令官一声令下，国王和子民们都在翘首等待着最大声音的到来，但是，壮观的场景并没有出现，呼喊的人寥寥无几。

在这个故事中，所有的子民形成了一个利益的整体，只有共同努力才能呼喊出世界上最大的声音。但如果每个人都怀着"少我一个不要紧，我不喊其他人也会喊"的想法，那最终只能导致沉默的出现。

故事的结局我们不得而知，国王惩罚了所有的子民还是没有惩罚任何人？我们也没有必要知道。我们需要讨论的是这种现象的出现是不是偶然的，其中蕴含着什么道理呢？

假如每个子民都没有呼喊，被国王处罚，那结果很公平，因为大家都有责任；如果有一半人呼喊了，另一半人没有呼喊，国王不可能知道是谁没有呼喊，所以会惩罚所有人，那么，这对那些呼喊的人是非常不公平的。因为，呼喊的人会为没有呼喊的人承担责任，就会影响到他们的积极性；而没有呼喊的人，他们的罪过会被呼喊者分担，就会把这种情况当成一种侥幸，甚至还会形成一种习惯。

也就是说，一个利益集团的利益是由组成集团的每个成员的需求和动机决定的。因此，每个利益集团成员只有联手努力才能获得共同利益。如果有人没有为了共同利益去努力，而另外一些人付出了努力，那么就会抑制集团成员为本利益集团努力的动力。在利益群体内，某个成员为了本利益集团的利益所作的努力，集团内所有成员都有可能得益，但其成本则由此人单独承担，这就是搭便车效应。

虽然全体成员客观上存在着共同的利益，但是从社会心理学的角度分析，却很容易形成"搭便车"的心理预期。结果就会出现个别成员缺乏主动性，或者干脆坐享其成的现象；还可能出现有的人表面上看参与了活动，但实际上却没有发挥应有作用的现象。

搭便车效应产生的原因很多，可能是成员在客观上的动机、态度和个性有差异；也可能是有些成员没有合作技巧；还可能是"平均主义"在作祟，这和某些领导只看集体成绩不考虑个人成绩的做法也是密不可分的。

毫无疑问，搭便车效应的危害非常大，如果只是一味地强调"共同利益"而忽视了成员的个人需求，就可能会出现这样的情况：每个人都希望由别人来承担风险，自己坐享其成。这不仅会抑制成员为共同利益而努力的动力，而且还可能削弱整个团队的凝聚力。

事实上，经济学上的"智猪博弈"能够更好地说明搭便车效应，我们接下来便来看看这个实验。这个实验的前提是让猪们多踩踏板。

农场主养了一头大猪和一头小猪，在猪圈里安装了一个踏板，猪踩一下踏板，在踏板的另一边的投食口就会落下食物。如果一只猪去踩踏板，那另一只猪就有机会吃到食物。事实是，当小猪踩动踏板时，大猪就会吃光所有的食物；而当大猪踩动踏板时，小猪是不可能吃完所有的食物的，大猪还有机会吃到一些。那怎么才能让大猪和小猪都吃饱呢？答案很简单：小猪"搭便车"，什么都不用干，舒舒服服地守在食槽边就行了。

我们可以设想一下，小猪去踩踏板将会一无所获，而守在食槽边反而能吃上食物。对这头小猪而言，大猪做什么都无所谓。而大猪也知道小猪是不可能去踩踏板的，只好自己亲自去踩。这就是"小猪吃大猪"的搭便车效应。

那么如何来避免小猪去"搭便车"呢？一些专家学者研究出了以下几种方案：

1. 减量。这种方案比较失败，因为这两头猪都会饿死。如果把投食量缩减为原来的一半，小猪去踩，大猪会把食物吃完；大猪去踩，小猪也会把食物吃完。这样谁踩踏板就吃不到食物，那谁也不会有踩踏板的动力了。

2. 增量。这种方案虽然能够保证两头猪都能吃到食物，却不能增强他们的竞争意识。因为当食物为原来的一倍时，大猪和小猪都会去踩踏板。谁想吃，谁就去踩踏板，那么多的食物对方一次是吃不完的。所以，它们会非常安逸。但是对农场主来说，就会提高成本，因为首先要提供双份的食物，而且也不可能让猪们去多踩踏板，这样也达不到实验的目的。

3. 减量加移位。减量，并缩短踏板和投食口的距离，也就是把投食口移到踏板附近。这种方案很有效，大猪和小猪不存在抢食的情况，多劳者多得，都能吃到食物。这样，小猪就不能搭便车了，资源也得到了有效的配置。

其实在很多单位也存在这样的情况，谁都不愿意看到别人搭便车，所以只能制订较科学合理的"规则方案"，比如为猪们采取的第三种方案。

而且心理学研究也表明，合作团队的规模越小，搭便车现象越弱。因为在小团队中每个成员的努力都会对整个团队造成较大影响，所以个人的努力与奖励的不对称性相对比较小，这样就减弱了搭便车效应，也能够取得较高的合作效率和成果。

当然，很多时候不能缩减团队，还可以采取这些方法：明确任务与责任；合理分工；营造一种愉快的合作环境；加强观察、监控；建立合理的奖励机制等等。

替罪羊效应：群体会把过错推卸给别人

> 在心理学中，人们把这种寻找替罪羊发泄不良情绪引起的心理效应称为替罪羊效应。该理论认为，人们在遇到挫折或不愉快的时候，将产生把攻击转向被厌恶的、相对弱势的团体的倾向。

小白今天被领导狠狠地批评了一顿，因为上班又迟到了，不仅被扣钱还被大骂一通，真是够倒霉的，更可气的是一个同事还在旁边幸灾乐祸。在吃午餐的时候，饭店给他上错了菜，这让他更加恼火，他怒不可遏地喊来了服务员，并把这个小姑娘狠狠地数落了一番。虽然饭店经理对他非常客气，也向他表示了歉意，但他还是数落个不停，直到把那个服务员骂哭，他才善罢甘休，气鼓鼓地走了。

为什么平时温文尔雅的小白会做出这样过分的行为呢？在平时看来鸡毛蒜皮的一件小事竟然变成了一场轩然大波，这让那位对他已经十分熟悉的饭店经理很是不解。其实，这就是心理学上的"替罪羊理论"的体现。那个可怜的服务员成了小白愤怒心理下的替罪羊。

大家都很明白，在我们非常郁闷的时候需要发泄一下。如果我们不能把这种不良情绪直接向导致我们郁闷的人或物发泄出去的话，我们就很可能把这些情绪转移到其他人身上，即使这个人和我们毫无关系。

在心理学中，人们把这种寻找替罪羊发泄不良情绪引起的心理效应称为替罪羊效应。该理论认为，人们在遇到挫折或不愉快的时候，将产生把攻击转向被厌恶的、相对弱势的团体的倾向。

替罪羊原指古代犹太教在赎罪日用做祭品的羊，表示由它替人受罪，后比喻代人受过的人。让我们从源头说起吧。

在古犹太时代，每年的7月10日是人们的"赎罪日"，对犹太人来说，这是个非常重要的节日。在赎罪日，犹太人会举行赎罪祭，以请求上帝宽恕自己。在赎罪祭上，祭司会通过抓阄来决定两只活公羊的命运，一只称做"献给上帝的羊"；另一只则称做"被放逐的羊"。而这只被放逐的公羊就是犹太人所说的"替罪羊"。

在祭祀仪式上,犹太祭司用双手按着"替罪羊"的羊头宣称,犹太人过去一年所犯的罪都转移到它的头上了。然后,人们就会把这只无辜的公羊放逐旷野,犹太人觉得这就意味着自己的一切罪过都被它带走了。把无数人的罪过转移到一只羊的身上,这就是当时古犹太人的逻辑。

事实上,这样的现象在当代、在我们生活中也会时常发生。

把许多人的过错转嫁到一个人的身上,这已经成为一种社会现象。在个人心理上,也会存在诸如此类的问题。你不妨扪心自问,是不是也会把一些问题找个"替罪羊"来转移?可能因为自己不敢去面对,于是假装视而不见,去寻找别的事件去"替罪"。而那个事件,就成了你逃避问题的"替罪羊"。

这仅是个人的心态,但如果放在社会背景下,那就不得不提臭名昭著的希特勒了。熟悉第二次世界大战的人都知道,希特勒对犹太人实行了种族灭绝政策。为什么他要对犹太人实行惨无人道的大屠杀呢?

究其历史原因,我们必须联系到时代背景。第一次世界大战给德国造成了巨大的打击。第一次世界大战后,德国通货膨胀加剧,经济出现严重问题,人们生活贫困、意志消沉。当纳粹在20世纪30年代执政时,为了掌握国内非常难以掌握的中产阶级,转移德国人的这种不良情绪,他们给民众制造了这样的错觉——把那些有钱的犹太人彻底灭绝,所有困扰德国的问题都会因此而消失。

由于犹太人是容易辨认又没有势力的外族团体,也没有力量去预防或反击,于是他们成了希特勒纳粹分子转移国内矛盾的替罪羊。这头替罪羊的灭亡带来了纳粹政权的高度集中,自然而然地也将一切矛盾化解,德国国民精神得到了统一。单纯从心理学上来讲,这是利用替罪羊效应一个很成功的例子。

希特勒对犹太人的这种屠杀行为看起来很难理解,但只要我们明白了"替罪羊心理",就能明白希特勒为什么会大肆屠杀犹太人,其实原因就是这么简单。

明白了这个历史原因,我们就要学会解决生活中的问题。为了避免犯寻找"替罪羊"的错误,我们必须明白事情的真相。只有不逃避真相,才能去承担相应的责任,这样我们才不会陷入"替罪羊迷宫"中。

所谓"替罪羊迷宫",即将自己在事件 A 上的原因归结到事件 B 上,认为事件 B 应该为自己在事件 A 上的不利局面负责。显然,这种心理是不应当存在的。

在生活中,我们会常在事件 B 上纠缠不清,认为它应该为自己在事件 A 上的失败而负责。比如,有人说,我文凭低,根本不可能找到女朋友,现在的女孩都存在着严重的学历歧视,所以我觉得自己无论怎么努力都不行。于是,他就不再努力了。表面上看,这些人是被"高学历"击倒了,但实际上,学历低只是他们无能和懒惰的"替罪羊"。类似的借口还有,我很穷,我长得很丑,等等。

的确,在一定程度上,文凭低、过得穷、生得丑等因素会阻碍一个人的发展。但是,这并不是妨碍你成功的最主要因素,对成功而言,这些客观条件都不如主观因素重要。所以,请不要把自己的负面情绪归罪于客观因素,聪明的人不为失败找借口,只为成功找方法。

如果在处理事情的过程中你仍然存在这样的想法,那就让我们来作一个简单的假设,也许这个假设会让你彻底破除"替罪羊迷宫"心理——假设事件 B 是不存在的,那你还觉得事件 A 可以挽救吗?相信聪明的你已经得出答案了!

社会懈怠效应：人多不一定力量大

很明显，社会懈怠效应降低了群体的工作效率。减少社会情化的措施主要有三个。其一，不但公布群体的工作成绩，还要公布单个人的成绩，让众人处于有效的监督中。其二，让各个成员知道，每个人都是努力工作的。其三，群体的规模要适中，太大了就分成小团体，否则就更容易受到社会懈怠效应的影响。

春天，风和日丽。在一个宽敞的平地上，几个工人挽着袖子，正在兴致勃勃地进行拉力比赛。有时候他们独自去拉，有时分成 3 人一组去拉，有时则 8 人一组。他们每次都用比较灵敏的测力器来测量拉力的大小。

这是法国心理学家林格曼做的一项实验。他想知道：群体拔河比赛付出的力气是否等于个人单独比赛时付出的力气总和？如果不等于，又是为什么呢？人们对群体付出的努力程度应该抱什么期望呢？

实验数据如下：8 人一组时，总拉力为 248 公斤，平均每人拉力为 31 公斤；3 人一组时，总拉力为 160 公斤，平均每人拉力为 53 公斤；个体单独拉时，平均拉力为 63 公斤。多人组成一组的时候，个人的努力程度反而小于单个人拉的时候。俗话说"人多力量大"，上述实验却得出了相反的结论：人多未必力量大。林格曼把这种个体在群体中共同完成任务时不卖力的现象称为社会懈怠效应。

沿着这一方向，英厄姆率领着马萨诸塞研究小组继续深入研究。他们让被试者一个人拉绳子，却让他误以为是在和其他人一起拉。这些被试者如果知道自己一个人在拉时，所用的力气比认为和其他人共同拉时要多 18%。

1979 年，拉塔纳、威廉姆斯、哈金斯对社会懈怠效应提供了进一步证据。拉塔纳等心理学家召集了 6 位俄亥俄州立大学的学生，让他们蒙着眼睛，坐在半圆形中，戴着耳机，以鼓掌或者大声叫喊的方式竭尽全力制造噪音。实验分别在 1 人、2 人、4 人和 6 人的情况下进行。心理学家发现，6 个人一起发出的噪音还没有 1 个人单独发出的噪音的 3 倍大。和拔河比赛一样，制造噪音的任务也很容易受到群体懈怠效应的影响。甚至在中学生运动会上，在那些助威的拉拉队队员中也存在着社会懈怠效应。有意思的是，那些参与实验的人认为，在单独实验或者6个人共同实验时，自己的努力程度都是相同的，并没有偷懒。这就是说，社会懈怠效应的确发生了，确实存在着，但是这些人都不承认自己产生了懈怠。

在实际生活中，到处都有社会懈怠效应的影子，一加一小于二的现象俯拾皆是。群体行为给某些人浑水摸鱼提供了便利，他们不仅偷工减料，甚至还"滥竽充数"，只不过混在队伍中，装模作样地摆一下姿势而已。

1958年下半年，神州大地上开始了声势浩大的"人民公社"化运动，规定农民的口粮由公社、生产队掌管，农民不在自己家里吃"小锅饭"，而是到公共食堂一起吃"用大锅煮的饭"。在当时，干活实行"大呼隆"，社员下地劳动并不卖力，原本一个人一天就能干完的活，经常几个人几天也干不完。他们为什么不积极干活呢？因为"干多干少一个样，干好干坏一个样，干与不干一个样"，在这种情况下，谁还全力以赴地劳动呢？人懒地也懒，结果粮食收成一年不如一年。这种建立在绝对平均主义基础上的"大锅饭"制度，严重约束、影响了劳动者的积极性，最终于1961年上半年停止实施。

20世纪70年代末，中国在农村开始实行家庭联产承包责任制，翻开了改革开放的一页。从1982年到1991年10年间，中国的粮食产量每年增长8%——这是前二十多年粮食年增长率的2.5倍，中国成为世界上最大的粮食生产大国。中国仅仅用占世界7%的耕地和5%的水资源，解决了占世界人口22%的中国人的吃饭问题，其成就举世瞩目，当时的农业部部长因此获得了"世界食物奖"。

如今，有些改制不彻底的单位仍在实行计划经济体制下的一套管理模式，生产效率低下成了难以治愈的顽疾，这种现象和社会懈怠效应不无关系。

不仅仅中国存在着社会懈怠效应，其他国家也不例外。在苏联，农民大部分时间都在集体农场中工作，上个星期在一个农场工作，这个星期又跑到另一个农场劳动，他们对集体农场没有直接的责任感。农民的私有土地仅占1%，由农民决定在上面种什么，种出的粮食归个人所有。但是，这些仅占1%的私有土地，其产出却占全部土地产量的27%。

一个生产配件的工厂无法识别出某件产品是由哪个工人做的，因为上面没有任何标示，结果产品质量屡屡出现问题。后来工厂实行计件工资，每个工人生产的配件上都贴上属于个人的标志，令人惊讶的结果产生了：产品合格率一直保持在100%。

这就是说，当责任分散的时候，群体成员会认为功劳再大也不是自己一个人的，有了责任大家一起扛，因为"法不责众"。另一方面，他们会认为别人有可能偷工减料，自己若拼命干活就不划算，于是开始马马虎虎地工作。后来工厂实行了计件工资，而且每个产品都打上了个人的标志，一旦出现质量问题就能直接追溯到责任人，因此大家的责任心提高了，积极性也上去了，产品的合格率竟然达到了100%。在社会懈怠效应产生的时候，群体成了滥竽充数的舞台，团体成为浑水摸鱼的场所，社会成了"寄生虫的天堂"。

心理学家认为，社会懈怠效应的产生有三个原因。首先，在社会群体中，大家的工作不受监督，干好干坏一个样，于是开始放任自流。其次，团体中的成员会认为其他人可能偷懒，为了公平起见，自己也开始浑水摸鱼。再次，受社会作用力的影响，个人的责任感被分散了，所以付出的努力就打了折扣。

社会促进效应：有人关注，我就做得好

心理学家扎永茨认为，他人在场可以产生一种驱动力：有了别人的关注，你会希望做得更好，愿意展示自己更好的一面给人看。当然，也有可能事与愿违，你紧张焦虑，手忙脚乱，从而产生了社会抑制现象。身处社会之中，我们应该增强自己的心理素质，尽量将不利因素变为有利因素，争取产生社会促进效应。

小明是个非常淘气的孩子，一刻也安静不下来。上课的时候，小明不是和同学说话，就是吃东西、做小动作等，让老师操碎了心。有一天，数学老师正在上课，看到小明不但在下面摇头晃脑地吃东西，还不断地和同桌说话，这严重妨碍了其他同学听课。老师非常生气，为了惩罚小明，就决定让他到讲台上替老师擦黑板。不料，小明听了老师的命令后，居然高高兴兴地跑到讲台上。由于小明长得不够高，够不着黑板的上半部分，他就踩在椅子上擦黑板。结果他搬着椅子挪来挪去，不但没有丝毫受到惩罚的低落情绪，反而干劲十足，心情很是激动。

心理学家问小明："小朋友，你受到老师的惩罚，为什么还这么高兴呢？"小明兴奋地回答："擦黑板是帮老师做事情，我并没有觉得不好。再说，我站在凳子上擦黑板，同学们都不听老师讲课了，只顾着看我怎么擦黑板，所以我很自豪啊！"小明在擦黑板的时候，非但不觉得是一种惩罚，反而认为是很露脸的事情，这就是一种社会促进效应。

社会促进效应是指人们共同工作时，劳动效率高于单独进行时的效率，或者某些人工作，其他人在一旁观看的时候，这些工作的人干劲倍增，简直超水平发挥。从理论上来说，这种现象属于一种群体效应。

1924年11月，哈佛大学的心理学专家梅奥在国家研究委员会的支持下做了一项实验。梅奥在霍桑工厂的继电器车间选择了6名女工作为观察对象，试图通过改善工作条件和环境等外在因素，探索提高劳动生产率的有效途径。

这6名女工被抽出来成为观察对象的时候，就知道她们已经成为一个特殊

的团体了，每时每刻，都有专家在关注着她们的工作。这种备受瞩目的感觉非常奇特，女工们于是开始努力工作，想证明心理学家的眼光没有错，她们值得人们关注。她们在工作过程中紧密合作，配合默契，谁也不愿意给这个特殊的实验群体抹黑。

实验分为12个阶段，持续进行了一年多。

第一个阶段：让这6名女工在一般的车间里工作两个星期，测出她们正常情况下的劳动生产率。

第二个阶段：将这6名女工安排到一个特殊的车间工作5个星期，这个工作车间能够测出每个女工的生产能力，其他的条件和一般车间相同。

第三个阶段：改变对她们的付酬方式。原来每个女工的工资由整个车间的总产量决定，现在把她们独立出来，她们的工资仅仅由她们自己的生产量决定。

第四个阶段：在工作时间中，安排女工们上午和下午各休息5分钟。

第五个阶段：心理学家把女工们上下午的休息时间由5分钟延长至10分钟。

第六个阶段：建立了6个5分钟休息时间制度。

第七个阶段：公司为女工们提供一顿简单的午餐。

第八个阶段到第十个阶段：女工们每天提前半小时下班。

第十一个阶段：女工们每周工作5天。

第十二个阶段：所有工作条件恢复原状，即回到第一个阶段的状态。

在先后12个实验阶段中，尽管梅奥不断地改变照明状况、工资待遇、休息时间、午餐、环境等因素，但是无论外界情况如何变化，这6名女工越来越努力地工作，其生产效率一直在上升，根本和生产条件的变化无关。人们原来认为，工作效率会受到工作条件的影响，比如休息时间长了，工作效率会提高；工作条件忽然变坏了，工作效率就会降下来。但是实验的结果却打破了这种固有的思维，这让心理学家陷入了深深的困惑。

实际上，女工们由于受到心理学家的关注，团队精神不断地发挥作用，因而劳动热情空前高涨，劳动效率也相应提高，这就产生了社会促进效应。

仔细想一想，社会促进效应贯穿于生活、工作的方方面面。世界杯比赛的时候，为何数不清的拉拉队都在热火朝天地给钟爱的球队加油呢？拉拉队那震耳欲聋的加油声，不但活跃了比赛的氛围，令人情绪高涨，而且让喜爱的球队听了信心倍增，从而坚定了夺取胜利的决心。拉拉队的关注和支持，就产生了社会促进效应。有的孩子平时还算文静，但是有客人来的时候，或者在人群密集的公开场合，他们就会变得非常活跃，有着很强的表现欲，有人说这是"人来疯"。其实这种"人来疯"也属于社会促进作用，他人的存在与关注增强了孩子的表现欲望，促使孩子情绪高涨。

看到这里，或许有人会问：社会促进效应随时随地都会发生吗？答案是否定的。

心理学家扎永茨认为，在某些情况下，社会促进效应并没有发生。在众目睽睽之下，有些人上场表演，非但没有超水平发挥，反而心情格外紧张，结果连正常的水平都没有表现出来。还有些人参加非常重要的考试，比如面试、艺术表演考试、托福考试等，结果由于紧张和慌乱，大脑中一片空白，原本娴熟的东西也弄错了，回答考官的问题时更是结结巴巴，语无伦次。这些都是社会抑制现象。

在社会生活中，没有绝对独立的个人。我们经常处于群体之中，所以共同合作的时候，要尽量化消极因素为积极因素，增强团体精神；在他人存在的时候，激发自己超水平发挥，产生社会促进效应。